合格ガイド

3級

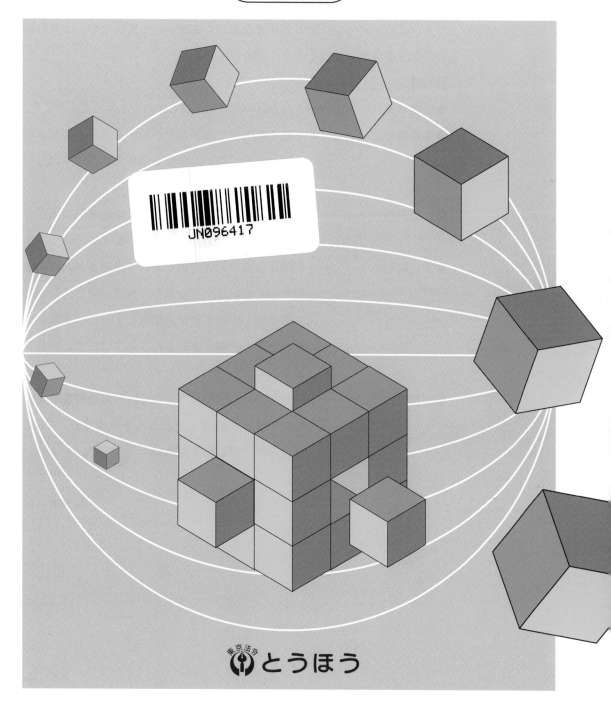

東京法令 とうほう

まえがき

　本書は複式簿記の理解を深め，全商簿記実務検定試験に合格できるように構成されています。現代は変化の速度が速く，企業を取り巻く環境も複雑になってきていますが，そうした時代だからこそ簿記の学習が役に立ちます。この問題集で簿記の基礎となるしくみを正しく習得して，より高度な考え方を理解していくようにしましょう。

【内容】

◆学習の要点……………それぞれの章で学ぶことがらをまとめてあります。

◆基本問題………………それぞれの章で学ぶことがらのうち，最も基本的な論点を取り扱い，理解を深められるようにしています。

◆応用問題………………基本問題よりも難易度が高く，検定試験の問題を解くための問題を取り揃えています。

◆検定問題………………実際に全商簿記実務検定試験で出題された問題を取り揃えています。なるべく検定試験と同じかたちで出題していますが，場合によっては元号を修正したり，一部を省略したりしていることがあります。

◆別冊解答………………別冊解答には正解だけでなく，丁寧な解説も記載しています。間違えたところを復習するために，ぜひとも活用してください。

編著者一同

もくじ

■ 簿記ってなんだろう？

1. 簿記とは—単式簿記

　簿記っていったいなんだろう。

　みなさんの身近な例から考えると，おこづかい帳をイメージしてもらえるとわかりやすい。では，以下に示す朋久くんの1か月の生活記録をもとに，おこづかい帳（現金の記録）をつけてみよう。

●朋久くんの生活記録

　①親からおこづかいを5,000円もらった。

　② 100円のボールペンを3本買って300円払った。

　③ 500円のマンガを3冊買って1,500円払った。

　④ 1,000円のCDを3枚買って3,000円払った。

　⑤ 100円のボールペンを1本買って100円払った。

　⑥お金がなくなってきたので友達に5,000円借りた。

　⑦ 500円のマンガを10冊買って5,000円払った。

以下の「現金」というTの字のなかに，ルールにしたがって記入してみよう。

〈ルール〉

　●増えた分は左側に記入する。減った分は右側に記入する。

　●①のみ記入しておくので，あとは自分で記入する。

　●②～⑦まですべて記入し終わったら，残高を計算して右側に記入する。

現　　　金		
左側（増えた分）	右側（減った分）	
＋	－	
（①）（　5,000）	（　）（　　）	
（　）（　　　）	（　）（　　）	
	（　）（　　）	
	（　）（　　）	
	（　）（　　）	
	残高（　　）	

答え　➡

現　　　金		
左側（増えた分）	右側（減った分）	
＋	－	
（①）（　5,000）	（②）（　　300）	
（⑥）（　5,000）	（③）（　1,500）	
	（④）（　3,000）	
	（⑤）（　　100）	
	（⑦）（　5,000）	
	残高（　　100）	
10,000	**10,000**	

　右側に残高を記入したら，右側と左側の合計金額が同じになったので，合計の金額を記入しておく。これでおこづかい帳は終わり。

　現金（おこづかい）は100円残っていることがわかった。

　このように，現金というひとつの項目についてだけ記帳する簿記を**単式簿記**という。

　　　覚えておこう！

　簿記では，Tの字（これを勘定という）の，左側のことを借方（かりかた），右側のことを貸方（かしかた）という。　　　　　※詳しくは，第Ⅰ編第4章「取引と勘定」で学ぶ。

2．簿記とは─複式簿記

(1)　現金以外の財産についても記帳する

　　どうも現金の有高だけ記帳したのではものたりないと思うようになった。現金だけでなく，どんなものを買って，今いくらもっているのかということも知りたくなった。

　　そこで

　　今度は，買ったものについて，いくらあるか記録しよう。

以下の「ボールペン」「マンガ」「ＣＤ」というＴの字のなかに，ルールにしたがって記入しよう。

〈ルール〉

　●さっきと同じように，増えた分を左側（借方）に，減った分を右側（貸方）に記入する。

　●残高を計算して右側（貸方）に記入する。

ボ ー ル ペ ン

左側：借方（増えた分）	右側：貸方（減った分）
＋	－
（　　）（　　　　）	
（　　）（　　　　）	残高　（　　　　　）

マ　　ン　　ガ

左側：借方（増えた分）	右側：貸方（減った分）
＋	－
（　　）（　　　　）	
（　　）（　　　　）	残高　　（　　　　）

Ｃ　　　　　Ｄ

左側：借方（増えた分）	右側：貸方（減った分）
＋	－
（　　）（　　　　）	残高　（　　　　　）

答え

ボ ー ル ペ ン

左側：借方（増えた分）	右側：貸方（減った分）
＋	－
（②）（　　300）	
（⑤）（　　100）	残高　（　　400）
400	400

マ　　ン　　ガ

左側：借方（増えた分）	右側：貸方（減った分）
＋	－
（③）（　1,500）	
（⑦）（　5,000）	残高　（　6,500）
6,500	6,500

Ｃ　　　　　Ｄ

左側：借方（増えた分）	右側：貸方（減った分）
＋	－
（④）（　3,000）	残高　（　3,000）
3,000	3,000

さあ，これで，「ボールペン」「マンガ」「CD」という財産をいくらもっているかがわかった。

今度は，この財産を買うためのお金はどうやって手に入れたのか，その原因についても知りたくなった。

そこで

お金が入ってきた原因について記録しよう。

(2) お金が入ってきた原因について記帳する

以下の「**おこづかい**」「**借金**」というＴの字のなかに，ルールにしたがって記入しよう。

〈ルール〉

● さっきとは反対で，増えた分を右側（貸方）に，減った分を左側（借方）に記入しよう。

おこづかい（親にもらった）

左側：借方（返した分）	右側：貸方（もらった分）
－	＋
残高　（　　　）	（　　）（　　　　）

借　　　金（友達に借りた）

左側：借方（返した分）	右側：貸方（借りた分）
－	＋
残高　（　　　）	（　　）（　　　　）

答え

おこづかい

左側：借方（返した分）	右側：貸方（もらった分）
－	＋
残高　（　*5,000*）	（①）（　*5,000*）
5,000	*5,000*

借　　　金

左側：借方（返した分）	右側：貸方（借りた分）
－	＋
残高　（　*5,000*）	（⑥）（　*5,000*）
5,000	*5,000*

(3) 試算表の作成

最後に，今まで記録してきたすべての項目について，表にまとめよう。

〈ルール〉

● 増えた分を左側（借方）に記入してきた財産については，左側（借方）に残高を記入する。
● 増えた分を右側（貸方）に記入してきた原因については，右側（貸方）に残高を記入する。

以下には，現金の残高だけ例として記入しておく。

この表を試算表という

借　方	勘定科目	貸　方
100	現　　　金	
	ボールペン	
	マ　ン　ガ	
	Ｃ　　　Ｄ	
	おこづかい	
	借　　　金	

答え

試　算　表

借　方	勘定科目	貸　方
100	現　　　金	
400	ボールペン	
6,500	マ　ン　ガ	
3,000	Ｃ　　　Ｄ	
	おこづかい	*5,000*
	借　　　金	*5,000*
10,000		*10,000*

※左側（借方）の合計金額と右側（貸方）の合計金額は一致する。

　今，朋久くんの生活記録はひとつの表にまとめられた。
●現金だけではなく，ボールペンをいくらもっているのか，マンガをいくらもっているのか，CDをいくらもっているのか，という財産の状態まで知ることができる。
●また，これらの財産をどうやって手に入れたのか，つまり親からもらったおこづかいがいくら，借金がいくら，という金額まで知ることができる。

　このように，ただ現金などが増えた，減ったということだけではなく，現金はどうして増えたのか，あるいは減ったのかを組織的に記録していく簿記を**複式簿記**という。

　この表から，どんなことがよみとれるだろう？

> ●左側……現金が100円しか残っていない。来月はほとんど買いものをすることができな
> 　（借方）　いぞ。また，財産10,000円のうち，マンガ6,500円というのはマンガを買い
> 　　　　　　すぎじゃないだろうか。来月は注意しよう。しかし，マンガは古本屋にもって
> 　　　　　　いけば，いくらかで売ることができるかもしれない。
> ●右側……財産10,000円のうち，5,000円はおこづかいである。ということは，来月も
> 　（貸方）　おこづかいを5,000円もらえると期待できる。しかし，5,000円の借金がある。
> 　　　　　　来月には返してあげないといけないから，来月のおこづかいは使えない。

　このように，左側（借方）を財産の運用形態（入ってきたお金をどう使ったか），右側（貸方）を財産の調達源泉（どうやってお金を手に入れたか）として，すべての記録が組織的に整理される。そして，これらの記録を見ることによって，その月を反省し，次の月の計画を立てることができるのである。
　これが簿記のすばらしさです。
　これから，このすばらしき学問の魅力を追究すべく，簿記を学習していきましょう。
　簿記には夢があり無限の可能性があります。その無限の可能性とは，みなさん自身のことにほかなりません。

簿記を学習したら……

　簿記を学習して将来，職業会計人とよばれる職業に就きたいと考えている人もいるでしょう。なかでも，公認会計士は会計のスペシャリスト，税理士は経理税務のスペシャリストとして活躍できます。
●公認会計士試験
1．試験日および試験科目
　イ．短答式試験　5月下旬または12月中旬の年2回　企業法，監査論，管理会計論，財務会計論
　　　　　　　　　　　　　　　　　　　　　　　　　　　　　　　→合格すれば論文式試験へ
　ロ．論文式試験　8月中旬（3日間）　監査論，租税法，会計学（管理会計論，財務会計論）
　　　　　　　　　企業法，選択科目（経営学，経済学，民法，統計学）→11月中旬合格発表
2．受験資格　年齢制限はなく，だれでも受験できます。
●税理士試験
1．試験日および試験科目　8月上旬に実施　1日目　簿記論・財務諸表論・消費税法又は酒税法
　　　　　　　　　　　　　　　　　　　　2日目　法人税法・相続税法・所得税法
　　　　　　　　　　　　　　　　　　　　3日目　固定資産税・国税徴収法・住民税又は事業税
2．受験資格　公認会計士試験とは違い，一定の受験制限はありますが，日商簿記検定1級または全経簿記能力検定上級の合格者は受験できます。

■章末チェックリスト■　クリアした項目に✓をつけよう！
□簿記のすばらしさを自分のことばで説明できる。または，あなたの夢を語ることができる。

Ⅰ 簿記の基本

第1章 企業の簿記

学習の要点 ●●●

1. 簿記の意味

簿記（Bookkeeping）とは，「企業のさまざまな経営活動を帳簿に記録・計算・整理すること」をいう。

2. 簿記の目的

簿記の目的として，次の2つがあげられる。

(1) 企業の一定期間の**経営成績**（Results of operation）を明らかにすること。

(2) 企業の一定時点の**財政状態**（Financial position）を明らかにすること。

企業は，簿記によって経営成績や財政状態を明らかにし，経営の状況を知り，将来の方針を立てるための資料とすることができる。

3. 簿記の種類

簿記は，記帳方法の違いや適用される業種の違いなどによって，次のように分けられる。

(1) 記帳方法による分類

 ①複式簿記（Double-entry bookkeeping）……企業の経営活動のすべてを二面的に把握し，組織的に記録・計算・整理する簿記。

 ②単式簿記（Single-entry bookkeeping）……特に定まった記帳方法はなく，現金の収入と支出を中心に記録・計算・整理する簿記。

(例) おこづかいを 5,000 円もらい，1,500 円の本と 500 円の文具を購入した。

 ●複式簿記……財産として，現金 3,000 円と本 1,500 円と文具 500 円をもっている（二面的に考える）。

 ●単式簿記……現金 3,000 円をもっている（一面的にしか考えない）。

(2) 業種による分類

 ①商業簿記……商品売買業などに用いられる簿記。

 ②工業簿記……製造業に用いられる簿記。

 ③銀行簿記……銀行業に用いられる簿記。

(3) 目的による分類

 ①営 利 簿 記……営利を目的とした企業に用いられる簿記。

 ②非営利簿記……営利を目的としない官庁などに用いられる簿記。

3級では，複式簿記による商業簿記について学習する。

4．簿記の歴史

主な簿記の歴史を示すと次のようになる。

1494年　　　　　　　世界最初の簿記書『ズムマ』発行　ルカ・パチョーリ著

1873年（明治6年）日本語での最初の複式簿記書『銀行簿記精法』出版

　　　　　　　　　　　　　　　　　　　　　　　　　　アラン・シャンド著

1874年（明治7年）『帳合之法第二編』出版　福沢諭吉著

5．簿記の前提

簿記の前提として次の3つがある。

(1)　会計単位……簿記の対象は，経営活動をおこなうそれぞれの企業である。

(2)　会計期間（Accounting period）……簿記の目的を達成するために，一定期間に区切って報告する必要がある。この期間のことをいい，会計期間の始まりを期首，終わりを期末という。

〈イメージ〉

期首　　1/1　　　　　　　　期末　　12/31

※個人企業（個人商店）では，1月1日を期首，12月31日を期末とする1年間を会計期間としている。

(3)　貨幣表示……簿記の対象は，貨幣金額で表示できるものである。

基本問題

解答p.2

1　次の各文の　　　　のなかに，下記の語群のなかから適当なものを選び，番号を記入しなさい。

(1)　簿記とは，企業の　ア　を　イ　に記録・　ウ　・　エ　することをいう。

(2)　簿記の目的は2つある。ひとつは企業の一定期間の　オ　を明らかにすることであり，もうひとつは，企業の一定時点の　カ　を明らかにすることである。

　語　群
　1．財政状態　　2．帳　　簿　　3．整　　理
　4．経営成績　　5．計　　算　　6．経営活動

(1)				(2)	
ア	イ	ウ	エ	オ	カ

2　次の文の[]にあてはまるもっとも適当な語を，下記の語群から選び，その番号を記入しなさい。

　企業の簿記は，経営活動に関する金銭や物品などと事業主個人の生活で使用する現金や物品などを区別し，記録・計算・整理することを前提としている。この前提条件を[]という。

　　1．会計単位　　　2．会計期間　　　3．貨幣金額表示

応用問題

解答p.2

1　次の文の[]のなかに，下記の語群のなかから適当なものを選び，番号を記入しなさい。

　簿記の目的は2つある。ひとつは[ア]における仕入れ・売り上げなどの経営活動の状況と結果，つまり[イ]を明らかにすることと，もうひとつは[ウ]における債権・債務の状態，つまり[エ]を明らかにすることである。

　簿記は，さまざまな観点から分類することができる。記帳方法の違いから，経営活動を一定の方式にしたがって，記録・計算・整理するかによって，[オ]と[カ]に分類できる。また，営利を目的にするかどうかによって[キ]と[ク]とに分類できる。商品売買業に用いられる簿記を[ケ]という。この商品売買業の主な営業活動は，[コ]から商品を買い入れ，[サ]に商品を売り渡すことである。

　簿記の前提は[シ]・[ス]・[セ]の3つである。

語　群
　　1．会計単位　　2．一定時点　　3．営利簿記　　4．会計期間　　5．商業簿記
　　6．財政状態　　7．単式簿記　　8．得意先　　9．一定期間　　10．複式簿記
　　11．貨幣表示　　12．仕入先　　13．経営成績　　14．非営利簿記

ア	イ	ウ	エ	オ
カ	キ	ク	ケ	コ
サ	シ	ス	セ	

簿記で進路を決めた人

　商業高校に入学したSさんは「卒業後は事務職でも就ければいいや」と漠然とした目標しかもっていませんでした。ところが，簿記の勉強を始めたところ興味をもち，簿記部へ入部しました。入部後6月に全商2級に合格し，11月に日商2級に合格，1月には全商1級に合格，2年次の11月に日商1級に合格，2月に全経上級に合格しました。この間，学校の成績も上がり簿記の学習で自信をもち，ほかにもいい影響が出たようです。

　Sさんは，3年次の8月に税理士の簿記論に合格しました。進路は，大学進学を決意し，簿記の資格を胸にAO入試を受験，見事合格を果たしました。

　現在，社会人となったSさんは税理士を目指し，会計事務所に勤務しています。

■**章末チェックリスト**■　クリアした項目に✓をつけよう！

□簿記の意味を説明できる。
□簿記の目的を2つ説明できる。
□記帳方法による簿記の分類を2つ言える。
□商業簿記は，どの業種に適用されますか。
□工業簿記は，どの業種に適用されますか。

□銀行簿記は，どの業種に適用されますか。
□目的の違いによる簿記の分類を2つ言える。
□世界最初の簿記書を言える。
□簿記の前提を3つ言える。

第2章　資産・負債・純資産 ―貸借対照表―

学習の要点 ●●●

1. 資産（Assets）

　企業がもっている現金・商品・建物・備品などの財貨や，売掛金・貸付金などの債権（将来，金銭などを受け取る権利）を**資産**という。

　〈イメージ〉　資産……もっていてうれしいもの

2. 負債（Liability）

　買掛金・借入金などの，企業が負っている債務（将来，金銭を支払う義務）を**負債**という。

　〈イメージ〉　負債……あるといやなもの

3. 純資産（資本）（Net assets）

　資産の総額から負債の総額を差し引いた額を**純資産**という。ただし，純資産は，計算上求められるものであるので，具体的な形はもっていない。

　〈イメージ〉　純資産……自由に使えるもの

　（例）今，財布のなかに現金1,000円がある。友達に200円借りている。自由に使える
　　　　お金はいくらか。

　（答）800円……1,000円 － 200円 ＝ 800円

$$\underset{現\ 金}{\downarrow} \quad \underset{借入金}{\downarrow} \quad \underset{自由に使えるお金}{\downarrow}$$

　　　資　産 － 負　債 ＝ 純資産

4. 貸借対照表等式（Balance Sheet equation）

　貸借対照表等式は，次に説明する貸借対照表を計算式の形で表したものである。

　　　資　産 ＝ 負　債 ＋ 純資産

5. 貸借対照表（Balance Sheet ; B/S）

　企業は，一定時点における財政状態を明らかにするために，資産・負債・純資産の内容を示す報告書を作成する。この報告書を**貸借対照表**という。貸借対照表は左側に資産，右側に負債と純資産を記入する。これには，企業名と作成年月日も記載する。なお，貸借対照表は作成される時点によって(期首)貸借対照表と(期末)貸借対照表がある。

(1)　(期首)貸借対照表……会計期間の始まり（期首）に作成される。

貸　借　対　照　表

大分商店　　　　　　　　令和○年1月1日　　　　　　　　（単位：円）

資　　産	金　　額	負債および純資産	金　　額
現　　金	50,000	買　掛　金	80,000
商　　品	170,000	資　本　金	270,000
備　　品	130,000		
	350,000		350,000

※純資産は，貸借対照表に示すときは「資本金」という名称で表示する。

　　¥350,000 － ¥80,000 ＝ ¥270,000
　　（資産総額）（負債総額）（資 本 金）

(2)　(期末)貸借対照表……会計期間の終わり（期末）に作成され，当期純損益（もうけまたは損）が示される。

貸　借　対　照　表

大分商店　　　　　　　　令和○年12月31日　　　　　　　（単位：円）

資　　産	金　　額	負債および純資産	金　　額
現　　金	100,000	買　掛　金	120,000
商　　品	250,000	資　本　金	270,000
備　　品	130,000	当 期 純 利 益	90,000
	480,000		480,000

※(期末)貸借対照表では，期末純資産を期首資本金（期末時点の純資産）と当期純利益（もうけ）に分けて表示する。

期首B／S（上記の(1)）　　　期末B／S（上記の(2)）
　（期首）資本金　　　　　　　（期首）資本金
　　（期首純資産）　　　　　　　（期首純資産）　→期末純資産
　　　　　　　　　　　　　　　当 期 純 利 益

6. 財産法

期末純資産　－　期首純資産　＝　当期純利益（マイナスは当期純損失）

基本問題
解答p.2

1　次の各項目は，資産・負債・純資産のいずれに属するか，番号で答えなさい。

　　1．商　品　　2．備　品　　3．借入金　　4．現　金　　5．貸付金
　　6．土　地　　7．売掛金　　8．建　物　　9．資本金　　10．買掛金

資　産	
負　債	
純資産	

2 次の等式を完成しなさい。また，等式の名称を記入しなさい。

$\boxed{\quad ア \quad}$ ＝ 負 債 ＋ 純資産 ……$\boxed{\quad イ \quad}$ 等式

$\boxed{\quad ウ \quad}$ － 期首純資産 ＝ $\boxed{\quad エ \quad}$ ……$\boxed{\quad オ \quad}$ 法による当期純損益の計算方法

ア	イ	ウ

エ	オ

3 福岡商店の令和○年1月1日（期首）現在の資産と負債は次のとおりである。よって，(1)資産の総額，(2)負債の総額，(3)純資産の額を計算し，(4)貸借対照表を完成しなさい。

現 金 ￥	80,000	売掛金 ￥	300,000	商 品 ￥	240,000
備 品	200,000	買掛金	240,000	借入金	180,000

(1)資産の総額 ￥	(2)負債の総額 ￥
(3)純資産の額 ￥	

(4)貸借対照表

貸 借 対 照 表

（ ）商店　　　　　　　　　　令和○年 月 日　　　　　　　　　　　（単位：円）

資　　産	金　　額	負債および純資産	金　　額

4 熊本商店の令和○年12月31日（期末）現在の資産と負債は次のとおりである。よって，貸借対照表を完成しなさい。ただし，期首の資本金は￥500,000である。

現 金 ￥	360,000	売掛金 ￥	420,000	商 品 ￥	432,000
備 品	480,000	買掛金	240,000	借入金	648,000

貸 借 対 照 表

（ ）商店　　　　　　　　　　令和○年 月 日　　　　　　　　　　　（単位：円）

資　　産	金　　額	負債および純資産	金　　額

5 宮崎商店の令和○年1月1日と同年12月31日の資産と負債はそれぞれ次のとおりであった。よって，(1)(期首)貸借対照表と，(2)(期末)貸借対照表を完成しなさい。

1月 1日	現 金 ¥ 540,000	売掛金 ¥ 840,000	商 品 ¥ 600,000
	買掛金 580,000		
12月31日	現 金 ¥ 960,000	売掛金 ¥ 1,320,000	商 品 ¥ 540,000
	備 品 300,000	買掛金 1,020,000	借入金 360,000

(1)(期首)貸借対照表

貸 借 対 照 表

( ) 商店　　　　　　　　令和○年 月 日　　　　　　　　　　（単位：円）

資　　産	金　　額	負債および純資産	金　　額

(2)(期末)貸借対照表

貸 借 対 照 表

( ) 商店　　　　　　　　令和○年 月 日　　　　　　　　　　（単位：円）

資　　産	金　　額	負債および純資産	金　　額

応用問題

解答p.4

1 令和○年1月1日に現金¥720,000 備品¥240,000 を元入れして開業した佐賀商店の同年12月31日における資産と負債は次のとおりであった。よって，貸借対照表を完成しなさい。

現 金 ¥ 450,000	売掛金 ¥ 520,000	商 品 ¥ 430,000
建 物 960,000	備 品 240,000	買掛金 570,000
借入金 780,000		

貸 借 対 照 表

( ) 商店　　　　　　　　令和○年 月 日　　　　　　　　　　（単位：円）

資　　産	金　　額	負債および純資産	金　　額

2 次の表の空欄に適当な金額を記入しなさい。ただし，当期純損益の欄の－（マイナス）の符号は当期純損失を示している。

	期首資産	期首負債	期首純資産	期末資産	期末負債	期末純資産	当期純損益
(1)	180,000	110,000	ア	イ	70,000	90,000	ウ
(2)	300,000	エ	240,000	340,000	120,000	オ	カ
(3)	420,000	キ	ク	480,000	ケ	390,000	70,000
(4)	コ	150,000	360,000	460,000	サ	シ	−50,000

ア	イ	ウ	エ	オ	カ
¥	¥	¥	¥	¥	¥
キ	**ク**	**ケ**	**コ**	**サ**	**シ**
¥	¥	¥	¥	¥	¥

3 次の文の [____] に入る金額を記入しなさい。

期末資産 ¥2,750,000　期末負債¥1,100,000　当期純利益¥420,000であるとき，期首純資産は [ア] であり，期首負債が¥2,500,000であると，期首資産は [イ] である。

ア	¥	イ	¥

検定問題

解答p.5

1 次の各文の [____] にあてはまる語を，下記の語群のなかから選び，その番号を記入しなさい。

(1) 企業では，資産・負債・純資産の内容を示した [ア] を作成することによって，簿記の目的の一つである企業の一定時点における [イ] を明らかにすることができる。　　（第73回－部修正）

(2) 簿記では，現金や備品などの財貨や，売掛金や貸付金などの債権を [ウ] という。　（第76回）

(3) 簿記では，買掛金や借入金のように，将来，一定の金額を支払わなければならない義務を [エ] という。　　（第71回－部修正）

語　群
1. 負債　　2. 経営成績　　3. 財政状態　　4. 資産　　5. 貸借対照表　　6. 損益計算書

(1)ア	(1)イ	(2)ウ	(2)エ

2 次の文の [____] に入る金額を求めなさい。

(1) 鹿児島商店（個人企業）の期首の資産総額は¥4,380,000　負債総額は¥2,750,000であった。期末の資産総額は¥5,190,000で，この期間中の当期純利益が¥420,000であるとき，期末の負債総額は¥[____]である。　　（第89回）

(2) 愛媛商店（個人企業）の期首の資産総額は¥3,180,000負債総額は¥2,246,000であった。当期純利益が¥210,000で，期末の負債総額が¥2,546,000であるとき，期末の資産総額¥[____]である。　　（第92回）

(1)	¥	(2)	¥

■章末チェックリスト■　クリアした項目に✓をつけよう！

☐資産とは何か，簡単に説明できる。
☐負債とは何か，簡単に説明できる。
☐純資産とは何か，簡単に説明できる。
☐貸借対照表等式が言える。

☐貸借対照表の作成目的を説明できる。
☐期末の貸借対照表の作成時に注意しなければならないことを説明できる。
☐財産法の計算式が言える。

第3章　収益・費用　―損益計算書―

学習の要点 ●●●

1. 収益（Revenue／Income）

企業の経営活動によって，純利益が増加する原因となることがらをいう。

〈イメージ〉　受取〜，〜益，売上

2. 費用（Expense）

企業の経営活動によって，純利益が減少する原因となることがらをいう。

〈イメージ〉　支払〜，〜損，〜費，仕入，給料，広告料

3. 損益法（当期純損益の計算）

　収益 − 費用 ＝ 当期純利益（マイナスは当期純損失）

※損益法で求めた当期純損益と財産法で求めた当期純損益は必ず一致する。

4. 損益計算書（Profit and Loss Statement；P/L／Income Statement；I/S）

企業は，１会計期間の経営成績を明らかにするために，収益・費用の内容を示す報告書を作成する。この報告書を**損益計算書**という。損益計算書は左側に費用，右側に収益を記入する。これには，企業名と会計期間も記入する。

損　益　計　算　書

青森商店　　　令和○年1月1日から令和○年12月31日まで　　　（単位：円）

費　　用	金　　額	収　　益	金　　額
売 上 原 価	285,000	売 上 高	475,000
給　　料	120,000	受 取 手 数 料	10,000
広 告 料	10,000		
支 払 利 息	3,000		
※当 期 純 利 益	67,000		
	485,000		485,000

※当期純利益は赤記する。ただし実務では，黒記することが多い。

5. 損益計算書等式

損益計算書を計算式の形で表すと次のようになる。

　費　　用 ＋ 当期純利益（マイナスは当期純損失） ＝ 収　　益

6. 損益計算書と期末貸借対照表の関係

期末には，損益計算書と貸借対照表を作成するが，両者の当期純損益は必ず一致する。損益法で求めた当期純損益と，財産法で求めた当期純損益は一致するからである。

（例）秋田商店は，令和○年1月1日に現金¥1,200を元入れして開業した。同年12月

31日における資産と負債および会計期間中の収益と費用は次のとおりであった。
よって，この期間中の損益計算書と期末の貸借対照表を完成しなさい。

現　　　金 ¥	820	売 掛 金 ¥	900	建　　　物 ¥	780
備　　　品	600	買 掛 金	790	借 入 金	600
売　　　上	4,050	受取手数料	320	仕　　　入	2,430
給　　　料	810	支 払 家 賃	450	雑　　　費	160
支 払 利 息	10				

損 益 計 算 書

秋田商店　　　　令和○年1月1日から令和○年12月31日まで　　　（単位：円）

費　　用	金　額	収　　益	金　額
売 上 原 価 ②	2,430	売　上　高 ①	4,050
給　　　料	810	受 取 手 数 料	320
支 払 家 賃	450		
雑　　　費	160		
支 払 利 息	10		
当 期 純 利 益	510		
	4,370		4,370

① 売上は損益計算書には「売上高」と表記する。
② 仕入れた商品が販売されると損益計算書には「売上原価」と表記する。
③ 損益計算書の当期純利益と貸借対照表の当期純利益は一致する。
④ ここでは当期に仕入れた商品はすべて売り切れたと仮定して貸借対照表を作成しているが，もし売れ残った商品があれば，貸借対照表には「商品」として表示する。

―― 必ず一致する ――

貸 借 対 照 表

秋田商店　　　　令和○年12月31日　　　（単位：円）

資　　産	金　額	負債および純資産	金　額
現　　　金	820	買　掛　金	790
売　掛　金	900	借　入　金	600
建　　　物	780	資　本　金	1,200
備　　　品	600	当 期 純 利 益	510
	3,100		3,100

基本問題

解答p.6

1 次の各項目は，収益・費用のいずれに属するか，番号を記入しなさい。

　　　1. 売　　　　上　　2. 給　　　　料　　3. 受取手数料　　4. 支払利息
　　　5. 雑　　　　費　　6. 受取家賃　　7. 仕　　　　入　　8. 支払家賃

収　益	
費　用	

2 次の等式を完成しなさい。また，等式の名称を記入しなさい。

　　　　　ア 　－費用＝当期純利益（マイナスは当期純損失）……　イ 　法による当期純損益の計算方法
　　　　　ウ 　＋当期純利益＝収益 ……………………………　エ 　等式

ア		イ		ウ		エ	

3 北海道商店の令和○年1月1日から令和○年12月31日までの収益・費用は次のとおりであった。よって，(1)収益の総額，(2)費用の総額，(3)当期純利益を求め，(4)損益計算書を完成しなさい。

　　　売　　　上　¥ 1,700,000　　受取利息　¥　60,000　　仕　　　入　¥ 1,020,000
　　　給　　　料　　　400,000　　支払家賃　　225,000　　雑　　　費　　　35,000

(1)収益の総額	(2)費用の総額	(3)当期純利益
¥	¥	¥

(4)損益計算書

損　益　計　算　書

（　　　　）商店　　令和○年　　月　　日から令和○年　　月　　日まで　　　　　　（単位：円）

費　　用	金　　額	収　　益	金　　額

4 岩手商店の期末（令和○年12月31日）の資産・負債および同期間中（令和○年1月1日から令和○年12月31日まで）の収益と費用は次のとおりであった。よって，(1)(期末)貸借対照表，(2)損益計算書を完成しなさい。ただし，期首の資本金は¥90,000である。

<u>期末の資産・負債</u>

現　　金	¥ 70,000	売 掛 金	¥ 45,000	建　　物	¥ 80,000
備　　品	35,000	買 掛 金	96,000	借 入 金	24,000

<u>期間中の収益・費用</u>

売　　上	¥ 268,000	受取手数料	¥ 60,000	仕　　入	¥ 161,000
給　　料	96,000	支払家賃	36,000	支払利息	15,000

(1)(期末)貸借対照表

貸 借 対 照 表

（　　　）商店	令和○年　月　日		（単位：円）

資　　　産	金　　額	負債および純資産	金　　額

(2)損益計算書

損 益 計 算 書

（　　　）商店	令和○年　月　日から令和○年　月　日まで		（単位：円）

費　　　用	金　　額	収　　　益	金　　額

応用問題

解答 p.7

1　宮城商店は，令和○年1月1日に現金￥*1,300,000* を出資して営業を開始した。同年12月31日の資産と負債，および期間中の収益と費用は次のとおりであった。よって，(1)貸借対照表と，(2)損益計算書を完成しなさい。

　　期末の資産・負債

現　　金 ￥ *810,000*	売 掛 金 ￥ *902,000*	建　　物 ￥ *784,000*
備　　品　　*384,000*	買 掛 金　　*642,000*	借 入 金　　*600,000*

　　期間中の収益・費用

売　　上 ￥ *1,650,000*	受取手数料 ￥ *139,000*	仕　　入 ￥ *990,000*
給　　料　　*287,000*	広 告 料　　*132,000*	通 信 費　　*42,000*

(1)貸借対照表

貸 借 対 照 表

（　　　）商店　　　　　　令和○年　　月　　日　　　　　　　　（単位：円）

資　　　産	金　　　額	負債および純資産	金　　　額

(2)損益計算書

損 益 計 算 書

（　　　）商店　　　令和○年　　月　　日から令和○年　　月　　日まで　　　（単位：円）

費　　　用	金　　　額	収　　　益	金　　　額

2 次の表の空欄に適当な金額を記入しなさい。

	期首純資産	期末資産	期末負債	期末純資産	収益総額	費用総額	当期純損益
(1)	980,000	2,130,000	ア	イ	ウ	660,000	+ 310,000
(2)	エ	オ	500,000	690,000	792,000	カ	− 80,000
(3)	960,000	キ	420,000	1,040,000	510,000	ク	ケ

※＋は当期純利益を示し，−は当期純損失を示す。

(1)			(2)		
ア	イ	ウ	エ	オ	カ
¥	¥	¥	¥	¥	¥

(3)		
キ	ク	ケ
¥	¥	¥

3 次の表の空欄に適当な金額を記入しなさい。ただし，不要な欄には斜線を引くこと。

	期首純資産	期　　　末			収益総額	費用総額	当期純利益	当期純損失
		資　　産	負　　債	純資産				
(1)	ア	イ	460,000	640,000	810,000	ウ		100,000
(2)	860,000	1,830,000	エ	オ	カ	780,000	310,000	
(3)	840,000	キ	420,000	910,000	1,500,000	ク	ケ	コ

(1)			(2)		
ア	イ	ウ	エ	オ	カ
¥	¥	¥	¥	¥	¥

(3)			
キ	ク	ケ	コ
¥	¥	¥	

検定問題

解答p.9

1 次の各文の □□□ のなかに，下記の語群のなかから，もっとも適当なものを選び，その番号を記入しなさい。

(1) 企業の経営活動によって，純資産が減少する原因となることがらを □ア□ という。そのおもなものには給料や □イ□ などがある。　　　　　　　　　　　　　　　　　　（第49回一部修正）

(2) 企業の一会計期間の収益と費用の内容を示した報告書を □ウ□ という。企業がこれを作成するのは一会計期間の □エ□ を明らかにするためである。　　　　　　　　（第78回一部修正）

語　群

1．財政状態　　　2．広告料　　　3．経営成績　　　4．費　　用
5．貸借対照表　　6．受取家賃　　7．損益計算書　　8．収　　益

(1)		(2)	
ア	イ	ウ	エ

2　次の各問いに答えなさい。

(1)　松山商店（個人企業）の当期の資料は下記のとおりである。よって，次の金額を計算しなさい。

（第82回）

　　　費　用　総　額……　ア　　　　期末の負債総額……　イ

　資　料

　　i　収　益　総　額　¥2,720,000　　ii　当期純利益　¥　95,000
　　iii　期首の資産総額　¥2,200,000　　iv　期首の負債総額　¥　628,000
　　v　期末の資産総額　¥2,385,000

(2)　群馬商店（個人企業）の下記の資本金勘定と資料によって，次の金額を計算しなさい。（第79回）

　　　期間中の収益総額……　ウ　　　　期　首　の　資　本　金……　エ

資　本　金

12/31	次期繰越	4,450,000	1/ 1	前期繰越	（　　　）
			12/31	損　　益	（　　　）
		4,450,000			4,450,000

資　料

　　i　期間中の費用総額　¥6,300,000
　　ii　当期純利益　¥　650,000

(3)　山梨商店（個人企業）の下記の資料によって，次の金額を計算しなさい。　（第84回一部修正）

　　　期間中の費用総額……　オ　　　　期首の負債総額……　カ

　資　料

　　i　期首の資産総額　¥6,500,000
　　ii　期末の資産および負債

　　　現　　金　¥1,500,000　　当座預金　¥3,530,000　　商　　品　¥　600,000
　　　備　　品　　900,000　　買　掛　金　　1,310,000　　借　入　金　　1,200,000
　　iii　期間中の収益総額　¥6,400,000　　iv　当　期　純　利　益　¥　320,000

(4)　鹿児島商店の下記の資料によって，次の金額を計算しなさい。

（第58回一部修正）

　　　収　益　総　額……　キ　　　　期末の純資産……　ク

　資　料

　　i　期首の資産および負債

　　　現　　金　¥740,000　　当座預金　¥1,630,000　　商　　品　¥400,000
　　　備　　品　　530,000　　買　掛　金　　600,000　　借　入　金　　250,000
　　ii　期間中の費用総額　¥6,700,000　　iii　当　期　純　利　益　¥　480,000

(5)　三重商店の下記の資料によって，次の金額を計算しなさい。

（第74回）

　　　期間中の費用総額……　ケ　　　　期末の資産総額……　コ

　資　料

　　i　期首の資産および負債

　　　現　　金　¥720,000　　当座預金　¥1,710,000　　商　　品　¥350,000
　　　備　　品　　520,000　　買　掛　金　　580,000　　借　入　金　　230,000
　　ii　期末の負債総額　¥　970,000　　iii　期間中の収益総額　¥6,900,000
　　iv　当　期　純　利　益　¥　380,000

(6)　京都商店（個人企業）の下記の資料によって，次の金額を計算しなさい。

（第77回）

　　　期間中の収益総額……　サ　　　　期末の資産総額……　シ

　資　料

　　i　期首の資産および負債

　　　現　　金　¥650,000　　当座預金　¥1,550,000　　商　　品　¥300,000
　　　備　　品　　700,000　　買　掛　金　　440,000　　借　入　金　　500,000
　　ii　期末の負債総額　¥　870,000　　iii　期間中の費用総額　¥3,895,000
　　iv　当　期　純　利　益　¥　305,000

(7)　三重商店（個人企業）の期首の資産総額は¥4,750,000であり，期末の資産総額は¥5,400,000　負債総額は¥2,310,000であった。なお，この期間中の収益総額は¥6,680,000で当期純利益が¥440,000であるとき，費用総額は¥ □ス で，期首の負債総額は¥ □セ である。　（第80回）

(8)　東北商店の期首の資産総額は¥1,460,000　負債総額は¥520,000であった。なお，この期間中の収益総額が¥3,290,000　当期純利益が¥310,000であるとき，費用総額は □ソ で，期末の純資産は □タ である。　（第63回）

(9)　奈良商店の期首の資産総額は¥3,620,000　負債総額は¥2,030,000であり，期末の資産総額は¥3,910,000であった。なお，この期間中の収益総額は¥7,900,000　当期純利益が¥360,000であるとき，費用総額は □チ で，期末の負債総額は □ツ である。　（第69回）

(10)　松山商店（個人企業）の期首の負債総額は¥1,340,000であり，期末の資産総額は¥6,230,000　負債総額は¥1,500,000であった。なお，この期間中の費用総額は¥7,940,000で当期純利益が¥580,000であるとき，収益総額は □テ で，期首の資産総額は □ト である。　（第78回）

(11)　群馬商店の期首の資産総額は¥3,690,000　負債総額は¥1,560,000であり，期末の資産総額は¥3,850,000であった。なお，この期間中の費用総額は¥6,700,000　当期純利益が¥490,000であるとき，収益総額は □ナ で，期末の負債総額は □ニ である。　（第73回）

(12)　東京商店の期首の資産総額は¥2,400,000　負債総額は¥900,000であり，期末の貸借対照表は下記のとおりであった。この期間中の収益総額が¥6,740,000であるとき，次の金額を計算しなさい。　（第64回一部修正）

　　費　用　総　額……　□ヌ 　　　期末の負債総額……　□ネ

貸　借　対　照　表

東京商店		令和○年12月31日	（単位：円）
現　　　金	920,000	買　掛　金	700,000
売　掛　金	890,000	借　入　金	
商　　　品	580,000	資　本　金	
備　　　品	510,000	当期純利益	200,000
	2,900,000		2,900,000

(1)		(2)		(3)	
ア	イ	ウ	エ	オ	カ
¥	¥	¥	¥	¥	¥

(4)		(5)		(6)	
キ	ク	ケ	コ	サ	シ
¥	¥	¥	¥	¥	¥

(7)		(8)		(9)	
ス	セ	ソ	タ	チ	ツ
¥	¥	¥	¥	¥	¥

(10)		(11)		(12)	
テ	ト	ナ	ニ	ヌ	ネ
¥	¥	¥	¥	¥	¥

■**章末チェックリスト**■　クリアした項目に✓をつけよう！

- □収益とは何か，簡単に説明できる。
- □費用とは何か，簡単に説明できる。
- □損益法の計算式が言える。
- □損益計算書の作成目的を説明できる。
- □損益計算書等式が言える。
- □損益計算書と期末の貸借対照表では，何が一致するか言える。

第4章　取引と勘定

学習の要点 ● ● ●

1. 取引 (Transaction) の意味

簿記上，資産・負債・純資産を増減させたり，収益・費用を発生させることがらをいう。
簿記上の取引は，日常の用語と異なる部分があるので注意する必要がある。

日常で使う「取引」　　簿記上の取引

2. 勘定の意味

資産・負債・純資産の増減や，収益・費用の発生を記録・計算する単位をいう。
勘定の左側を**借方**（debit），右側を**貸方**（credit）という。

勘　　定	
借　　方	貸　　方

3. 勘定の種類と勘定科目（Account title）

勘定は，資産・負債・純資産・収益・費用の五つの要素に分けられる。
これらの五つの要素をさらに細分した各勘定の名称を**勘定科目**という。

貸借対照表勘定	
資産の勘定	負債の勘定
現　　　　金	買　掛　金
売　掛　金	借　入　金　など
繰　越　商　品	**純資産の勘定**
貸　付　金	資　本　金　など
備　　　　品	
建　　　物	
土　地　など	

損益計算書勘定	
費用の勘定	収益の勘定
仕　　　　入	売　　　上
給　　　料	受取手数料
広　告　料	受取利息　など
支　払　家　賃	
通　信　費	
消　耗　品　費	
水　道　光　熱　費	
雑　　　費	
支　払　利　息　など	

4. 勘定口座

各勘定科目について，帳簿に設けられた一定の記録・計算の場所を**勘定口座**という。
勘定口座の形式には，**標準式**と**残高式**がある。

(1)　標準式　　　　　　　　　現　　　金　　　　　　　　　　1

令和○年	摘　　要	仕丁	借　　方	令和○年	摘　　要	仕丁	貸　　方

(2)　残高式　　　　　　　　　現　　　金　　　　　　　　　　1

令和○年	摘　　要	仕丁	借　　方	貸　　方	借または貸	残　　高

なお，勘定口座は学習の便宜上，次のようなＴ字形の勘定形式であらわすこともある。

（借方）　　現　　　　金　　（貸方）

5. 勘定口座への記入法

　資産の勘定は，増加を借方に，減少を貸方に記入し，負債と純資産の勘定は，増加を貸方に，減少を借方に記入する。また，費用の発生は借方に，収益の発生は貸方に記入する。

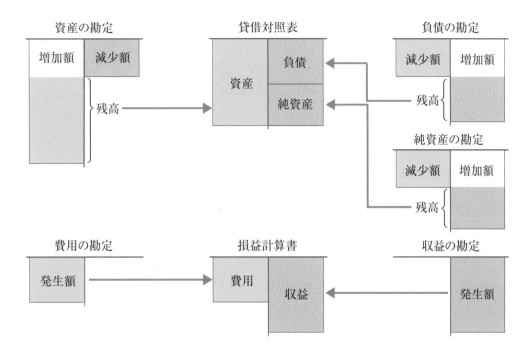

6. 取引要素の結合関係

　取引を構成する要素を**取引要素**という。結合関係は以下のとおりである。

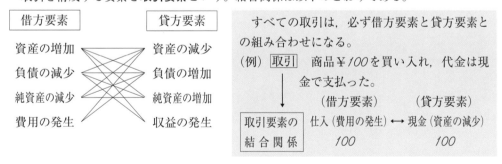

7. 貸借平均の原理

　一つの取引を勘定口座に記入する場合，ある勘定の借方に記入された金額は，必ずほかの勘定の貸方にも記入される。したがって，すべての勘定口座の記録を集めると，借方の合計金額と貸方の合計金額は等しくなる。これを**貸借平均の原理**といい，複式簿記の大きな特徴である。

全部の勘定の借方合計金額 ＝ 全部の勘定の貸方合計金額

基本問題

解答p.11

1 次の各文のうち，簿記上の取引となるものには○印，そうでないものには×印を（　　　）のなかに記入しなさい。

(1) 商品を現金で仕入れた。　　　　　　　（　　　）

(2) 得意先から商品の注文を受けた。　　　（　　　）

(3) 建物を借りる契約を結んだ。　　　　　（　　　）

(4) 火災によって建物を焼失した。　　　　（　　　）

(5) 商品の保管を倉庫会社に依頼した。　　（　　　）

(6) 現金の一部が盗まれた。　　　　　　　（　　　）

2 次の勘定科目は，資産・負債・純資産および収益・費用のいずれに属するか，番号を記入しなさい。

1. 給 料	2. 売 掛 金	3. 広 告 料	4. 売 上
5. 買 掛 金	6. 備 品	7. 貸 付 金	8. 支払家賃
9. 仕 入	10. 借 入 金	11. 受取手数料	12. 支払利息
13. 資 本 金	14. 建 物	15. 雑 費	

資　産		負　債		純資産	
収　益		費　用			

3 次の勘定口座の（　　　）のなかに，増加・減少・発生の適語を記入しなさい。

資 産 の 勘 定			負 債 の 勘 定			純 資 産 の 勘 定	
（　　）	（　　）		（　　）	（　　）		（　　）	（　　）

収 益 の 勘 定		費 用 の 勘 定		現　　　金	
	（　　）	（　　）		（　　）	（　　）

売　掛　金		買　掛　金		資　本　金	
（　　）	（　　）	（　　）	（　　）	（　　）	（　　）

売　　　上		仕　　　入	
	（　　）	（　　）	

4 次の各文の（　　　）のなかに，借方・貸方のいずれかを記入しなさい。

(1) 各勘定の左側を（　　　　），右側を（　　　　）という。

(2) 資産の増加は（　　　）に記入し，資産の減少は（　　　）に記入する。

(3) 負債の増加は（　　　）に記入し，負債の減少は（　　　）に記入する。

(4) 純資産の増加は（　　　）に記入し，純資産の減少は（　　　）に記入する。

(5) 収益の発生は（　　　）に記入し，費用の発生は（　　　）に記入する。

応用問題

解答 p.12

1 次の取引は，どのような取引要素の結合関係から成り立っているか。右から適当なものを選び，その番号を（　　　）のなかに記入しなさい。

(1) 備品 ¥180,000 を購入し，代金は現金で支払った。（　　　）

(2) 現金 ¥1,000,000 を出資して営業を開始した。　（　　　）

(3) 買掛金 ¥60,000 を現金で支払った。　　　　　（　　　）

(4) 商品 ¥90,000 を仕入れ，代金は掛けとした。　（　　　）

(5) 給料 ¥120,000 を現金で支払った。　　　　　（　　　）

(6) 手数料 ¥50,000 を現金で受け取った。　　　　（　　　）

> 1．資産の増加—資産の減少
> 2．費用の発生—負債の増加
> 3．負債の減少—資産の減少
> 4．資産の増加—純資産の増加
> 5．費用の発生—資産の減少
> 6．資産の増加—収益の発生

2 次のことがらを，下の勘定口座に記入しなさい。ただし，番号と金額を記入すること。

(1) 資　本　金　¥　　100,000 の増加　　(2) 借　入　金　¥　　50,000 の増加

(3) 現　　　金　¥　　180,000 の増加　　(4) 受取手数料　¥　　10,000 の増加

(5) 借　入　金　¥　　40,000 の減少　　(6) 売　掛　金　¥　　80,000 の増加

(7) 支　払　家　賃　¥　20,000 の発生　　(8) 現　　　金　¥　　80,000 の減少

(9) 売　掛　金　¥　　20,000 の減少　　(10) 資　本　金　¥　　30,000 の減少

(11) 仕　　　入　¥　　70,000 の発生　　(12) 買　掛　金　¥　　60,000 の増加

(13) 売　　　上　¥　　80,000 の発生　　(14) 買　掛　金　¥　　10,000 の減少

総　勘　定　元　帳

現　　金　　1	売　掛　金　　2

買　掛　金　　3	借　入　金　　4

資　本　金　　5	売　　上　　6

受　取　手　数　料　　7	仕　　入　　8

支　払　家　賃　　9	

3 次の取引について，取引要素の結合関係を例にならって記入しなさい。

〔例〕 商品￥70,000を仕入れ，代金は現金で支払った。

(1) 現金￥1,000,000を元入れして開業した。

(2) 商品￥360,000を仕入れ，代金は掛けとした。

(3) 商品￥200,000を売り渡し，代金は掛けとした。

(4) 備品￥120,000を買い入れ，代金は現金で支払った。

(5) 銀行から￥600,000を借り入れ，利息￥40,000を差し引かれた残額を現金で受け取った。

(6) 商品￥180,000を仕入れ，代金のうち￥100,000は現金で支払い，残額は掛けとした。

(7) 貸付金に対する利息￥80,000を現金で受け取った。

(8) 買掛金￥140,000を現金で支払った。

(9) 従業員の給料￥90,000を現金で支払った。

〔例〕	費用（仕　　入）の発生	￥	70,000 ——— 資産（現　　金）の減少	￥	70,000
(1)	（　　　　　）	￥	——— （　　　　　）	￥	
(2)	（　　　　　）	￥	——— （　　　　　）	￥	
(3)	（　　　　　）	￥	——— （　　　　　）	￥	
(4)	（　　　　　）	￥	——— （　　　　　）	￥	
(5)	（　　　　　）	￥	（　　　　　）	￥	
	（　　　　　）	￥			
(6)	（　　　　　）	￥	（　　　　　）	￥	
			（　　　　　）	￥	
(7)	（　　　　　）	￥	——— （　　　　　）	￥	
(8)	（　　　　　）	￥	——— （　　　　　）	￥	
(9)	（　　　　　）	￥	——— （　　　　　）	￥	

4 次の取引を勘定口座に記入しなさい。ただし，日付と金額を記入すること。また，すべての勘定の借方合計金額と貸方合計金額とを計算しなさい。

7月1日　現金￥1,000,000を元入れして開業した。

　　3日　備品￥360,000を買い入れ，代金は現金で支払った。

　　6日　商品￥300,000を仕入れ，代金は掛けとした。

　　8日　商品￥320,000を売り渡し，代金は掛けとした。

　　14日　商品￥480,000を仕入れ，代金は現金で支払った。

　　19日　商品￥380,000を売り渡し，代金のうち￥120,000は現金で受け取り，残額は掛けとした。

　　22日　買掛金の一部￥190,000を現金で支払った。

　　25日　売掛金の一部￥440,000を現金で受け取った。

　　27日　従業員の給料￥130,000を現金で支払った。

　　31日　雑費￥60,000を現金で支払った。

総 勘 定 元 帳

現　　　金　　　1

売　　掛　　金　　　2

備　　　品　　　3

買　　掛　　金　　　4

資　　本　　金　　　5

売　　　上　　　6

仕　　　入　　　7

給　　　料　　　8

雑　　　費　　　9

借方合計金額	￥	貸方合計金額	￥

■借方・貸方ってなに？

もともと簿記は債権・債務の記録から始まりました。

たとえば，なおき君がまさお君にお金を100円貸したとしましょう。

この場合，なおき君が債権者（貸した人），まさお君が債務者（借りた人）です。

なおき君	100円	まさお君
（貸した人）		（借りた人）

なおき君は，まさお君に対する債権をノートに記録する時に，

まさお君は，自分にとって借り手であるとして，ノートの左側に名前を書きました。

なおき君のノート

借　方	貸　方
まさお君　100円	

反対に，まさお君は，なおき君に対する債務をノートに記録する時に，

なおき君は，自分にとって貸し手であるとして，ノートの右側に名前を書きました。

まさお君のノート

借　方	貸　方
	なおき君　100円

つまり，元々は，借方とは借り手，貸方とは貸し手という意味だったのです。

■章末チェックリスト■　クリアした項目に✓をつけよう！

□簿記上の取引と一般的にいう取引とのちがいが説明できる。

□勘定とは何か，説明できる。

□借方とは何か，貸方とは何か，説明できる。

□資産の増加は，借方・貸方のどちらに記入するか。

□資産の減少は，借方・貸方のどちらに記入するか。

□負債の増加は，借方・貸方のどちらに記入するか。

□純資産の増加は，借方・貸方のどちらに記入するか。

□収益の発生は，借方・貸方のどちらに記入するか。

□費用の発生は，借方・貸方のどちらに記入するか。

□貸借平均の原理とは何か，説明できる。

第5章 仕訳と勘定への記入

学習の要点 ●●●

1. 仕訳（Journalizing／Journal Entry）

各取引について，記入する勘定科目と金額を確かめ，借方か貸方かの記入を決定することを**仕訳**という。

(1) 仕訳のポイント

仕訳は次の手順でおこなうとよい。

❶ 取引を分解（原因と結果）する。

❷ 取引の8要素より（第4章参照），借方・貸方のどちら側に記入するかを決定する。

❸ 勘定科目にあてはまる金額を記入する。

（取引例）8月2日 商品¥30,000を現金で仕入れた。

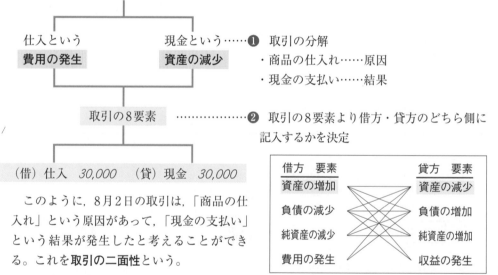

❶ 取引の分解
・商品の仕入れ……原因
・現金の支払い……結果

❷ 取引の8要素より借方・貸方のどちら側に記入するかを決定

このように，8月2日の取引は，「商品の仕入れ」という原因があって，「現金の支払い」という結果が発生したと考えることができる。これを**取引の二面性**という。

(2) どうして仕訳が必要なのか？

取引を勘定口座に直接記入しようとすると，記入もれや誤りが生じることが多い。

そこで，勘定口座に記入するまえに仕訳をおこない，勘定科目，借方と貸方，金額を決めておくのである。

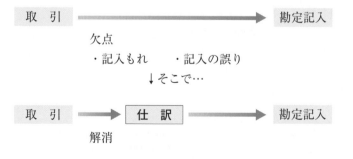

2. 転記（Posting）

仕訳を勘定口座に書き移すことを**転記**という。

(1) 転記のしかた

❶ 借方に仕訳した勘定科目は，その勘定口座の借方に日付と金額を記入する。

❷ 貸方に仕訳した勘定科目は，その勘定口座の貸方に日付と金額を記入する。

8月2日の取引の仕訳を転記すると・・・

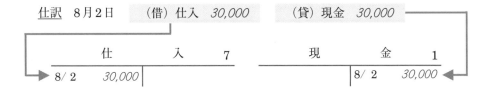

仕訳　8月2日　　（借）仕入　30,000　　　（貸）現金　30,000

仕　　　入　　7		現　　　金　　1	
8/ 2　30,000			8/ 2　30,000

基本問題

解答 p.15

1　次の取引の仕訳を示し，勘定口座に転記しなさい。ただし，勘定口座には日付と金額を記入すること。

4月2日　備品¥450,000を買い入れ，代金は現金で支払った。

（借）	（貸）

備　　　品　　4		現　　　金　　1	

6日　商品¥330,000を仕入れ，代金は掛けとした。

（借）	（貸）

仕　　　入　　7		買　掛　金　　5	

9日　商品を¥240,000で売り渡し，代金は掛けとした。

（借）	（貸）

売　掛　金　　2		売　　　上　　6	

12日　給料¥100,000を現金で支払った。

（借）	（貸）

給　　　料　　8		現　　　金　　1	

2　次の取引の仕訳を示しなさい。

　　4月1日　現金¥*400,000* を元入れして開業した。
　　　7日　商品¥*165,000* を仕入れ，代金は掛けとした。
　　　12日　商品を¥*120,000* で売り渡し，代金は掛けとした。
　　　15日　買掛金の一部¥*36,000* を現金で支払った。
　　　19日　給料¥*50,000* を現金で支払った。
　　　24日　売掛金の一部¥*18,000* を現金で受け取った。

	借　　　方	貸　　　方
4/ 1		
7		
12		
15		
19		
24		

3　2の仕訳を勘定口座に転記しなさい。ただし，日付と金額を記入すること。また，すべての勘定の借方合計金額と貸方合計金額とを計算しなさい。

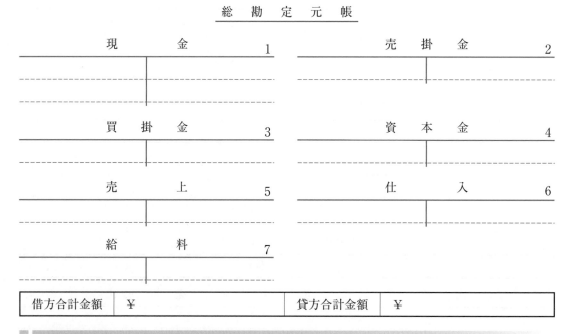

総　勘　定　元　帳

現　　　金　　　1　　　　　　売　掛　金　　　2

買　掛　金　　　3　　　　　　資　本　金　　　4

売　　　上　　　5　　　　　　仕　　　入　　　6

給　　　料　　　7

借方合計金額	¥	貸方合計金額	¥

応用問題

解答 p.16

1　次の取引の仕訳を示し，勘定口座に転記しなさい。ただし，勘定口座には日付と金額を記入すること。

　　5月1日　現金¥*1,000,000* を元入れして開業した。
　　　4日　事務用机・いすなどの備品¥*300,000* を買い入れ，代金は現金で支払った。

5月10日　商品￥660,000を仕入れ，代金のうち￥260,000は現金で支払い，残額は掛けとした。
　　15日　商品を￥150,000で売り渡し，代金は掛けとした。
　　20日　5月分の家賃￥60,000を現金で支払った。
　　25日　従業員に給料￥100,000を現金で支払った。
　　28日　商品を￥650,000で売り渡し，代金は掛けとした。
　　30日　買掛金の一部￥180,000を現金で支払った。

	借　　　　　方	貸　　　　　方
5/1		
4		
10		
15		
20		
25		
28		
30		

総　勘　定　元　帳

	現　　　金　　1	

	売　掛　金　　2	

	備　　　品　　3	

	買　掛　金　　4	

	資　本　金　　5	

	売　　　上　　6	

	仕　　　入　　7	

	給　　　料　　8	

	支　払　家　賃　　9	

2 次の取引の仕訳を示し，勘定口座に転記しなさい。ただし，勘定口座には日付と金額を記入すること。また，すべての勘定の借方合計金額と貸方合計金額とを計算しなさい。

6月1日 現金¥1,000,000と備品¥500,000を元入れして開業した。

6日 商品¥840,000を仕入れ，代金のうち¥360,000は現金で支払い，残額は掛けとした。

12日 商品¥520,000を売り渡し，代金は掛けとした。

17日 銀行から¥300,000を借り入れ，利息¥10,000を差し引かれた手取金を現金で受け取った。

18日 売掛金の一部¥180,000を現金で回収した。

25日 従業員に給料¥100,000を現金で支払った。

27日 商品¥280,000を売り渡し，代金のうち¥100,000は現金で受け取り，残額は掛けとした。

28日 本月分の水道料・電気料など¥60,000を現金で支払った（水道光熱費）。

	借 方	貸 方
6/1		
6		
12		
17		
18		
25		
27		
28		

総 勘 定 元 帳

現 金 　　　　　1

売 掛 金 　　　　　2

備 品 　　　　　3

買　掛　金	4

借　入　金	5

資　本　金	6

売　　　上	7

仕　　　入	8

給　　　料	9

水　道　光　熱　費	10

支　払　利　息	11

借方合計金額	￥	貸方合計金額	￥

■英文会計

「会計の国際化」が進展しているといわれています。これは，会計基準が国際的にも統一化されそうな流れからくるものです。現在は各国で対応がバラバラの状態ですが，企業が国際的な活動を活発化してくれば，ある国で株式を上場するときなど，その国の会計基準に合わせることをするよりも国際的に統一化された基準があれば，企業の負担も軽くなるはずです。

そこで，これからは英語で財務諸表を作成したり，分析できる能力が必要とされてきます。外国企業の財務諸表は英語で表記されていますので，英文会計の知識はますます必要とされるでしょう。しかし，基本となる簿記の知識は万国共通です。簿記を学習すれば国際舞台で活躍できることはまちがいないでしょう。

ちなみに，みなさんが勉強している簿記の用語は英語で表記すると次のようになります。

・簿記→ Bookkeeping
・会計→ Accounting
・貸借対照表→ Balance Sheet
・損益計算書→ Profit and Loss Statement
・財務諸表→ Financial Statement
・資産→ Assets
・負債→ Liabilities
・収益→ Revenue
・費用→ Expense　などです。

■章末チェックリスト■　クリアした項目に✓をつけよう！

□仕訳とは何か，説明できる。
□なぜ仕訳をする必要があるのか，説明できる。
□転記とは何か，説明できる。
□転記の手順を説明できる。

第6章 仕訳帳と総勘定元帳

学習の要点 ●●●

1. 仕訳帳（Journal）・総勘定元帳（General Ledger）

仕訳を取引の発生順に記録する帳簿を**仕訳帳**という。

すべての勘定口座を集めた帳簿を**総勘定元帳**（または**元帳**）という。

仕訳帳に記入した取引は，総勘定元帳に転記される。仕訳帳と総勘定元帳はすべての取引を記入する重要な帳簿であるため，**主要簿**とよばれる。

(1) 仕訳帳の記入方法

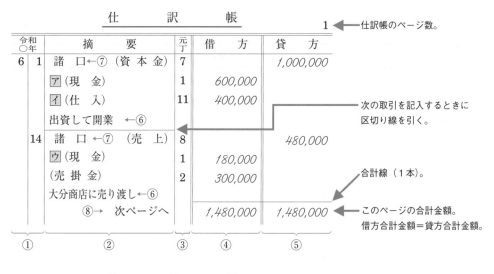

①日付欄……取引の発生した月日を記入する。

②摘要欄……左側に借方の勘定科目，右側に貸方の勘定科目を記入する。

③元丁欄……総勘定元帳に転記したあと，転記した勘定口座の番号を記入する（どこに転記したか）。さきに記入しないこと。必ず転記をさきにおこなう。

④借方欄……借方の勘定科目の金額を記入する。

　　⑤貸方欄……貸方の勘定科目の金額を記入する。

　　⑥小書き……取引の内容を簡単に記入する。

　　⑦諸　　口……借方または貸方の勘定科目が2つ以上になる場合，その勘定科目の上に記入する。

　　⑧繰越記入…ページの終わりに「次ページへ」と記入し，そのページの合計金額を記入する。また，次ページの初めに「前ページから」と記入し，前ページの合計金額を記入する。

(2)　総勘定元帳の記入方法

　　(1)の仕訳帳から総勘定元帳の現金・仕入・雑費勘定への転記を示す。

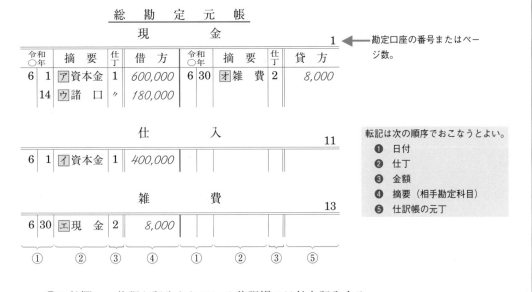

①日付欄……仕訳が記入されている仕訳帳の日付を記入する。

②摘要欄……仕訳の相手勘定科目を記入する。相手勘定科目が2つ以上の場合は「諸口」と記入する。

③仕丁欄……仕訳が記入されている仕訳帳のページ数を記入する（どこから転記したか）。

④借方欄……仕訳帳の借方欄に記入されている金額を記入する。

⑤貸方欄……仕訳帳の貸方欄に記入されている金額を記入する。

仕訳帳と総勘定元帳は，もっとも重要な帳簿だよ！

基本問題

解答 p.18

1 次の取引を仕訳帳に記入しなさい。ただし，元丁欄は記入しなくてよい。

　7月1日　現金￥1,000,000を元入れして開業した。

　　　7日　埼玉商店から商品￥360,000を仕入れ，代金のうち￥120,000は現金で支払い，残額は掛けとした。

　　14日　関東銀行から￥250,000を借り入れ，利息￥10,000を差し引かれた手取金は現金で受け取った。

　　18日　千葉商店に商品を￥300,000で売り渡し，代金のうち￥220,000は現金で受け取り，残額は掛けとした。

仕　　訳　　帳

1

令和○年	摘　　　　要	元丁	借　　方	貸　　方
	（　　　　）			
	（　　　　）			
	（　　　　）			
	（　　　　）			
	（　　　　）			
	（　　　　）			
	（　　　　）			
	（　　　　）			
	（　　　　）			
	（　　　　）			
	（　　　　）			

2　次の取引を仕訳帳に記入しなさい。なお，8月23日の取引から仕訳帳の4ページ目に記入し，繰越記入をおこなうこと。ただし，元丁欄は記入しなくてよい。

8月21日　栃木商店に対する買掛金の一部￥96,000を現金で支払った。

23日　群馬商店から商品￥400,000を仕入れ，代金のうち￥250,000は現金で支払い，残額は掛けとした。

30日　神奈川商店から売掛金の一部￥60,000を現金で受け取った。

仕　訳　帳　3

令和○年	摘　　　要	元丁	借　方	貸　方
	前ページから		3,200,000	3,200,000
	（　　　　　）			
	（　　　　　）			

仕　訳　帳　4

令和○年	摘　　　要	元丁	借　方	貸　方
	（　　　　　）			
	（　　　　　）			
	（　　　　　）			
	（　　　　　）			
	（　　　　　）			

■仕訳帳は「仕訳日記帳」とよばれる

　仕訳帳は，取引をその発生順に仕訳・記録する帳簿ですが，仕訳のほかに取引の内容，つまり営業上の日記に相当する簡単な説明（小書き）も記入するので，仕訳日記帳ともよばれます。

　仕訳帳は日々の取引を日記のように仕訳して記録していく大切な主要簿なのです。

3 次の仕訳帳に記入されている仕訳を総勘定元帳に転記して，仕訳帳の元丁欄に記入しなさい。また，別に設けた残高式の現金勘定に記入しなさい。

仕　訳　帳　　　1

令和○年		摘　　要		元丁	借　方	貸　方
9	1	（現　　金）			1,000,000	
			（資　本　金）			1,000,000
	9	（仕　　入）			280,000	
			（買　掛　金）			280,000
	12	諸　　口　（売　　上）				330,000
		（現　　金）			90,000	
		（売　掛　金）			240,000	
	17	（買　掛　金）			160,000	
			（現　　金）			160,000

総　勘　定　元　帳

現　　金　　1

令和○年	摘　要	仕丁	借　方	令和○年	摘　要	仕丁	貸　方

売　掛　金　　2

買　掛　金　　7

資　本　金　　8

売　　上　　10

仕　　入　　12

現　　　金

1

令和〇年	摘　　要	仕丁	借　　方	貸　　方	借または貸	残　　高

4　次の取引を仕訳帳に記入して，総勘定元帳に転記しなさい。

9月5日　山形商店から商品￥420,000を掛けで仕入れた。

10日　茨城商店に商品￥320,000を掛けで売り渡した。

18日　福島商店から売掛金の一部￥220,000を現金で受け取った。

仕　　訳　　帳

1

令和〇年	摘　　　要	元丁	借　　方	貸　　方

総　勘　定　元　帳

現　　　金

1

令和〇年	摘　　要	仕丁	借　　方	令和〇年	摘　　要	仕丁	貸　　方

売　　掛　　金

2

買　　掛　　金

14

売　　　上

21

仕　　　入

24

応用問題

解答p.21

1 次の取引を仕訳帳に記入して，総勘定元帳に転記しなさい。ただし，仕訳帳の1ページには4月26日までの取引を記入し，繰越記入もおこない，仕訳帳を締め切りなさい。

4月1日　現金¥900,000を元入れして開業した。

2日　徳島家具店から事務用机・いすなどの備品¥360,000を買い入れ，代金は現金で支払った。

6日　香川商店から商品¥480,000を仕入れ，代金のうち¥100,000は現金で支払い，残額は掛けとした。

19日　高知商店に商品¥130,000を売り渡し，代金は掛けとした。

26日　香川商店に買掛金の一部¥240,000を現金で支払った。

28日　高知商店から売掛金の一部¥70,000を現金で受け取った。

30日　愛媛商店に商品¥350,000を売り渡し，代金のうち¥90,000は現金で受け取り，残額は掛けとした。

仕　　　訳　　　帳　　　1

令和 ○年	摘　　　　　要	元丁	借　　方	貸　　方

仕　訳　帳

2

令和 ○年	摘　　　　要	元 丁	借　　方	貸　　方

総　勘　定　元　帳

現　　　金

1

令和 ○年	摘　　要	仕 丁	借　　方	令和 ○年	摘　　要	仕 丁	貸　　方

売　　掛　　金

2

備　　　品

7

買　　掛　　金

14

資　　本　　金

16

売　　　上

21

仕　　　入

24

―――　■**章末チェックリスト**■　クリアした項目に✓をつけよう！

□仕訳帳とは何か，説明できる。　　　　　　　□主要簿とは何か，説明できる。

□総勘定元帳とは何か，説明できる。　　　　　□総勘定元帳の記入の手順を説明できる。

第7章 試算表

1. 試算表（Trial Balance；T／B）

　貸借平均の原理を利用して，仕訳帳から総勘定元帳への転記が正しくおこなわれたかどうかを確かめるために作成する表を**試算表**という。

　総勘定元帳に転記した金額はつねに貸借が平均しており，すべての勘定の借方合計金額と貸方合計金額は一致する。

2. 試算表の種類と作成方法

（1）試算表の種類

　　①合計試算表……総勘定元帳の各勘定の借方合計金額と貸方合計金額を集めて作成する。合計試算表の借方金額合計と貸方金額合計は必ず一致し，仕訳帳の合計金額とも一致する。

　　②残高試算表……総勘定元帳の各勘定の残高を集めて作成する。残高試算表も借方金額合計と貸方金額合計は必ず一致する。

　　③合計残高試算表……合計試算表と残高試算表を合わせて一つの表にしたものである。

（2）試算表の作成方法（仕訳から試算表作成までの手順）

　　①仕訳

	借	方	貸	方
a	現　　　　金	10,000	資　本　金	10,000
b	仕　　　　入	5,000	買　掛　金	5,000
c	売　掛　金	7,000	売　　　上	7,000
d	広　告　料	3,000	現　　　金	3,000

※借方合計金額　¥25,000　　　　　　　※貸方合計金額　¥25,000

　　②総勘定元帳への転記（相手科目は省略してある）

```
       現    金    1            売 掛 金    2            買 掛 金    3
a  10,000 | d   3,000    c   7,000 |                        |  b   5,000

       資 本 金    4            売    上    5            仕    入    6
          | a  10,000            | c   7,000    b   5,000 |
```

```
広 告 料     7
d     3,000  |
```

③試算表の作成

各勘定の借方合計・貸方合計を記入する。　　　　　各勘定の残高を記入する。（金額の多い側に記入する）

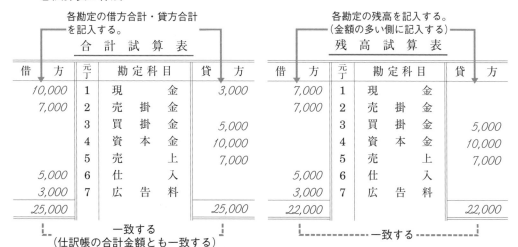

借　　方	元丁	勘 定 科 目	貸　　方
		合 計 試 算 表	
10,000	1	現　　　　金	3,000
7,000	2	売　掛　金	
	3	買　掛　金	5,000
	4	資　本　金	10,000
	5	売　　　上	7,000
5,000	6	仕　　　入	
3,000	7	広　告　料	
25,000			25,000

借　　方	元丁	勘 定 科 目	貸　　方
		残 高 試 算 表	
7,000	1	現　　　　金	
7,000	2	売　掛　金	
	3	買　掛　金	5,000
	4	資　本　金	10,000
	5	売　　　上	7,000
5,000	6	仕　　　入	
3,000	7	広　告　料	
22,000			22,000

一致する
（仕訳帳の合計金額とも一致する）　　　　　　　一致する

合 計 残 高 試 算 表

借　　方		元丁	勘定科目	貸　　方	
残　　高	合　　計			合　　計	残　　高
7,000	10,000	1	現　　　　金	3,000	
7,000	7,000	2	売　掛　金		
		3	買　掛　金	5,000	5,000
		4	資　本　金	10,000	10,000
		5	売　　　上	7,000	7,000
5,000	5,000	6	仕　　　入		
3,000	3,000	7	広　告　料		
22,000	25,000			25,000	22,000

一致する
一致する

3．試算表での誤り

（1）試算表で発見できる誤り

① 貸借いずれか一方の転記をしていない場合。

② ある勘定の借方に記入すべき金額を貸方に，またはその逆に記入した場合。

③ 貸借いずれか一方の金額の計算違いやけた違いをした場合。

（2）試算表で発見できない誤り

① 仕訳の勘定科目に誤りがあるが，貸借の金額が等しい場合。

② 仕訳の記入額が，貸借ともに同額誤った場合。

③ 勘定科目を間違えて転記した場合。

④ 一組の仕訳の貸借を，科目・金額とも正反対に転記した場合。

⑤ 誤りが貸借相殺されている場合（たとえば，借方側に¥200の転記または計算の誤りがあり，貸方側にも同額の誤りがある場合）。

基本問題

解答 p.22

1 次の6月中の勘定口座の記録から，合計試算表，残高試算表および合計残高試算表を完成しなさい。

現 金 1	
6/1 500,000	6/2 50,000
15 160,000	10 40,000
	25 140,000
	30 40,000

売 掛 金 2	
6/7 210,000	6/15 160,000

買 掛 金 3	
6/10 40,000	6/2 150,000

資 本 金 4	
	6/1 500,000

売 上 5	
	6/7 210,000

仕 入 6	
6/2 200,000	

消 耗 品 費 7	
6/30 40,000	

支 払 家 賃 8	
6/25 140,000	

合 計 試 算 表
令和○年6月30日

借 方	元丁	勘定科目	貸 方

残 高 試 算 表
令和○年6月30日

借 方	元丁	勘定科目	貸 方

合 計 残 高 試 算 表
令和○年6月30日

借 方		元丁	勘 定 科 目	貸 方	
残 高	合 計			合 計	残 高

2 次の残高試算表の間違いを訂正し，正しい残高試算表に修正しなさい。

残 高 試 算 表
令和○年12月31日

借　　方	元丁	勘 定 科 目	貸　　方
737,000	1	現　　　　　金	
	2	売　　掛　　金	350,000
430,000	3	備　　　　　品	
210,000	4	買　　掛　　金	
280,000	5	借　　入　　金	
	6	資　　本　　金	1,000,000
210,000	7	売　　　　　上	
	8	受　取　地　代	128,000
147,000	9	仕　　　　　入	
	10	給　　　　　料	150,000
14,000	11	支　払　利　息	
2,028,000			1,628,000

残 高 試 算 表
令和○年12月31日

借　　方	元丁	勘 定 科 目	貸　　方

応用問題

解答 p.23

1　新潟商店の下記の取引について，仕訳帳に記入して総勘定元帳に転記し，月末に合計残高試算表を作成しなさい。ただし，仕訳帳は月末に締め切ること。

　　取　　引

　　6月1日　現金 ¥1,500,000　備品 ¥250,000 を元入れして開業した。

　　　5日　富山商店から商品 ¥800,000 を仕入れ，代金は掛けとした。

　　10日　福井商店へ商品 ¥400,000 を売り渡し，代金は掛けとした。

　　15日　富山商店に対する買掛金のうち，¥500,000 を現金で支払った。

　　20日　広告料 ¥260,000 を現金で支払った。

　　30日　福井商店から売掛金 ¥200,000 を現金で受け取った。

仕　　　訳　　　帳

1

令和 ○年	摘　　　　　　要	元丁	借　　方	貸　　方

総 勘 定 元 帳

現　　金　　　　　1

令和○年	摘　要	仕丁	借　方	令和○年	摘　要	仕丁	貸　方

売　掛　金　　　　2

備　　品　　　　　3

買　掛　金　　　　4

資　本　金　　　　5

売　　上　　　　　6

仕　　入　　　　　7

広　告　料　　　　8

合 計 残 高 試 算 表

令和○年6月30日

借　方		元丁	勘 定 科 目	貸　方	
残　高	合　計			合　計	残　高

2 滋賀商店の下記の取引について，仕訳帳に記入して総勘定元帳に転記し，月末に合計残高試算表を作成しなさい。

ただし，ⅰ 仕訳帳の1ページについては，記帳がおこなわれ，総勘定元帳にも転記されている。なお，金額は合計で示してある。

ⅱ 仕訳帳の小書きは省略し，月末に締め切ること。

ⅲ 総勘定元帳には，日付・相手科目・金額を記入すること。

取　　引

6月15日　奈良商店から商品￥240,000を仕入れ，代金は掛けとした。

18日　三重商店に商品を￥300,000で売り渡し，代金は掛けとした。

21日　本月分の給料￥100,000を現金で支払った。

26日　商品売買の仲介をおこない，手数料￥70,000を現金で受け取った。

29日　奈良商店に対する買掛金￥250,000を現金で支払った。

30日　三重商店に対する売掛金￥170,000を現金で受け取った。

仕　　訳　　帳　　　　2

令和○年	摘　　　　要	元丁	借　　方	貸　　方
	前ページから		1,200,000	1,200,000

総　勘　定　元　帳

現　　金　　　1

540,000		180,000	

売　　掛　　金　　　2

290,000		25,000	

備　　品　　　3

100,000			

	買　掛　金		4
	90,000	*170,000*	

	借　入　金		5
	50,000	*100,000*	

	資　本　金		6
		700,000	

	売　　上		7
		185,000	

	受 取 手 数 料		8

	仕　　入		9
	250,000		

	給　　料		10

	支 払 家 賃		11
	35,000		

	雑　　費		12
	4,000		

	支 払 利 息		13
	1,000		

合 計 残 高 試 算 表
令和○年6月30日

借　　方		元丁	勘 定 科 目	貸　　方	
残　　高	合　　計			合　　計	残　　高

検定問題

解答p.26

1 次の各文の　　　　のなかに，下記の語群のなかから，もっとも適当なものを選び，その番号を記入しなさい。

(1) 総勘定元帳のすべての勘定の記録を集計すると，借方に記入した金額の合計と貸方に記入した金額の合計は，必ず等しくなる。これは　ア　によるものである。　　　　　　　　　　　　（第80回）

(2) 総勘定元帳への転記が正しくおこなわれているかを確かめるために，総勘定元帳の借方合計と貸方合計の差額を集めて　イ　を作成する。この表は，精算表の作成や決算の基礎的な資料としても用いられる。　　　　　　　　　　　　　　　　　　　　　　　　　　　　　　　　　（第68回）

(3) 仕訳帳から総勘定元帳への転記が，正しくおこなわれていたかどうかを確かめるために，総勘定元帳の各勘定の借方合計金額と貸方合計金額を集めて　ウ　を作成する。　　　　　　　（第74回）

語　　群
1. 総勘定元帳　　　2. 仕　訳　帳　　　3. 合計試算表
4. 貸借対照表等式　5. 残高試算表　　　6. 貸借平均の原理（原則）

(1)	(2)	(3)
ア	イ	ウ

2 南西商店は，決算にあたり合計試算表を作成したが，借方合計金額と貸方合計金額が一致しなかった。そこで，その原因を調査したところ，ある勘定の借方に転記すべき金額を，誤ってその勘定の貸方に転記したものが1箇所あることがわかった。よって，

a. 合計試算表の借方合計金額と貸方合計金額の一致額を求めなさい。なお，取引はすべて仕訳帳に正しく記入されている。

b. 貸借反対に転記した勘定科目を記入しなさい。

c. 合計試算表の　ア　の金額を求めなさい。なお，商品はすべて掛けで仕入れている。

d. 現金勘定の残高を求めなさい。　　　　　　　　　　　　　　　　　　　　（第62回一部修正）

仕　　訳　　帳

令和○年	摘　　要	元丁	借　方	貸　方
	前ページから		6,350,000	6,350,000
			8,000,000	8,000,000
	決算仕訳			

合　計　試　算　表
令和○年12月31日

借　　方	元丁	勘定科目	貸　　方
3,800,000	1	現　　　　金	2,200,000
	2	備　　　　品	500,000
1,000,000	3	買　掛　金	ア
	4	資　本　金	1,000,000
	5	売　　　　上	2,800,000
2,000,000	6	仕　　　　入	
700,000	7	広　告　料	
7,500,000			8,500,000

a	b	c	d
¥		¥	¥

■章末チェックリスト■　クリアした項目に✓をつけよう！
□試算表の意味を説明できる。　　　　　□与えられた資料から，試算表を作成できる。
□試算表の種類を説明できる。　　　　　□仕訳帳→総勘定元帳→試算表の流れを理解している。

第8章　決　算

学習の要点 ●●●

1. 決算の意味

(1) 決算とは

　　簿記の目的は，企業の経営成績と財政状態を的確に把握することである。そこで，一定期間を区切り，その期間の当期純損益を計算するとともに，期末における資産・負債および純資産の状態を明らかにする必要がある。そのため，一定期間ごとに総勘定元帳の各勘定口座の記録を計算・整理し，諸帳簿を締め切り，損益計算書や貸借対照表を作成する。この一連の手続きを**決算**という。

(2) 決算日と会計期間

　　決算をおこなう日を**決算日**といい，決算日の翌日から次の決算日までの期間を**会計期間**または**会計年度**という。会計期間は個人企業では1年であり，1月1日から12月31日までとすることになっている。

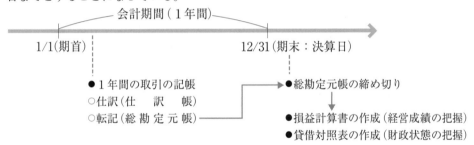

2. 決算の手続き

　決算は，ふつう，次のような手順でおこなわれる。

(1) **決算の予備手続き**……決算の前におこなわれる手続きであり，決算の準備に必要不可欠である。

　①試算表の作成……仕訳帳から総勘定元帳への転記が正しいかどうかを確認するために作成する（第7章参照）。

　②棚卸表の作成および精算表の作成……試算表の数値は必ずしも適切なものを示しているとは限らない。そこで，決算の手続きで必要な修正（決算整理）をおこなう。これを一覧表にまとめた表を棚卸表という。また，残高試算表から決算整理を経て，損益計算書および貸借対照表を作成する過程を一覧表にまとめた精算表を作成する。

(2) **決算の本手続き**……決算の手続きで，中心をなすものである。

　①仕訳帳・総勘定元帳を締め切る（英米式決算法）。

　　●仕訳帳（期中取引）を締め切る。

　　●収益・費用の各勘定の残高を損益勘定へ振り替える。

　　●損益勘定で計算された当期純利益または当期純損失を，資本金勘定へ振り替える。

　　●収益・費用の各勘定と損益勘定を締め切る。

　　●資産・負債および純資産の各勘定を締め切り，残高を次期へ繰り越す。

　②資産・負債および純資産の各勘定残高を集計して繰越試算表を作成する。

　③仕訳帳（決算整理）を締め切る。　④補助簿を締め切る。

(3)　決算報告……決算の最終手続きであり，経営成績や財政状態を報告するものである。

　①損益勘定をもとに損益計算書を作成する。

　②繰越試算表をもとに貸借対照表を作成する。

3．精算表（Work Sheet）

　残高試算表から損益計算書および貸借対照表を作成する過程を一覧表にまとめた表で，ここでは金額欄が六つある6けた精算表を学習する。

精　算　表
令和○年12月31日

勘定科目	残高試算表		損益計算書		貸借対照表	
	借　方	貸　方	借　方	貸　方	借　方	貸　方
現　　　金	360,000				360,000	
売　掛　金	500,000				500,000	
買　掛　金		160,000				160,000
資　本　金		500,000				500,000
売　　　上		500,000		500,000		
仕　　　入	300,000		300,000			
当期純利益			200,000			200,000
	1,160,000	1,160,000	500,000	500,000	860,000	860,000

一致

総勘定元帳の残高を記入する。

損益計算書項目を移し，少ない方に差額を記入する。

貸借対照表項目を移し，少ない方に差額を黒で記入する。

4．決算の本手続き

(1)　仕訳帳・総勘定元帳を締め切る（英米式決算法）

　①仕訳帳（期中取引）を締め切る（決算日を12月31日とする）

　　なお，仕訳帳を締め切った後に改めて「決算仕訳」と記入し，決算仕訳を開始する。

仕　訳　帳
4

令和○年		摘　　　　　要	元丁	借　　方	貸　　方
12	30	（現　　　金）	1	70,000	
		（売　掛　金）	2		70,000
		大分商店ら売掛金回収			
				1,376,000	1,376,000
		決　算　仕　訳			
12	31	（売　　　上）	5	500,000	
		（損　　　益）	7		500,000
		収益の勘定を損益に振り替え			
	〃	（損　　　益）	7	300,000	
		（仕　　　入）	6		300,000
		費用の勘定を損益に振り替え			

②収益・費用の各勘定残高を損益勘定へ振り替える

売	上	5		仕	入	6
		500,000	*300,000*			

●手順

❶　収益の勘定は，残高が貸方にあるので，いったん借方に記入し，損益勘定の貸方
　に振り替える。

<u>仕訳</u>　12/31 (借)売　　　　上　　　*500,000*　　　(貸)損　　　益　　　*500,000*

<u>勘定記入</u>

売	上	5		損	益	7
12/31損　益 *500,000*		*500,000*			12/31売　上 *500,000*	

❷　費用の勘定は，残高が借方にあるので，いったん貸方に記入し，損益勘定の借方
　に振り替える。

<u>仕訳</u>　12/31 (借)損　　　　益　　　*300,000*　　　(貸)仕　　　入　　　*300,000*

<u>勘定記入</u>

仕	入	6		損	益	7
300,000	12/31損　益 *300,000*		12/31仕　入 *300,000*		12/31売　上 *500,000*	

③損益勘定で算出された当期純利益または当期純損失を，資本金勘定へ振り替える

●手順

❶　②の手続きによって，損益勘定の貸方には収益の金額が，借方には費用の金額が
　振り替えられているので，当期純利益または当期純損失が算出される。

❷　損益勘定を締め切るために，少ない側に金額を記入できるように仕訳をおこなう。
　つまり，借方合計と貸方合計が同じになるようにする。

❸　当期純利益であれば，損益勘定の借方に記入する。当期純損失であれば，損益勘
　定の貸方に記入する。

❹　仕訳の相手科目はいずれも資本金勘定で処理する。

　したがって，例示された損益勘定であれば，次のようになる。

<u>仕訳</u>　12/31 (借)損　　　　益　　　*200,000*　　　(貸)資　本　金　　　*200,000*

<u>勘定記入</u>

損	益	7		資 本	金	4
12/31仕　入 *300,000*	12/31売　上 *500,000*				1/ 1前期繰越 *500,000*※	
〃　資本金 *200,000*					12/31損　益 *200,000*	

※前期繰越が¥*500,000* あるものとする。

④収益・費用の各勘定と損益勘定を締め切る

②の手続きによって，収益・費用の勘定は，借方合計と貸方合計が一致することになるので，締め切りをおこなう。

売	上	5
12/31 損　益 *500,000*		*500,000*

仕	入	6
	300,000	12/31 損　益 *300,000*

例示のように，借方・貸方ともに，行と金額がそろっていれば，締め切り線を引いて締め切ってよい。ただし，次の損益勘定のような場合はいったん合計線を引き，借方合計と貸方合計が一致するのを確かめて締め切り線を引く。

損	益	7
12/31 仕　　入 *300,000*	12/31 売　　上 *500,000*
〃　資　本　金 *200,000*	
500,000	*500,000*

⑤資産・負債および純資産の各勘定を締め切り，残高を次期へ繰り越す

資産・負債および純資産の各勘定残高は収益・費用とは異なり，仕訳を用いずに直接残高を「次期繰越」として赤記し，締め切る。

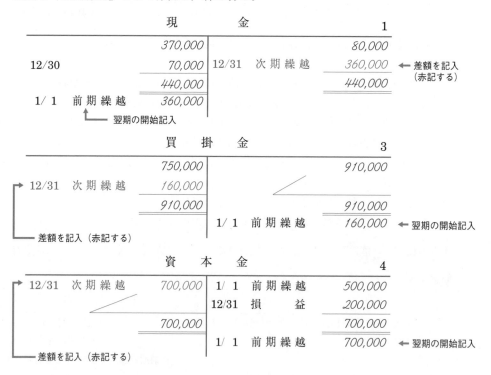

また，締め切り線以後は翌期になるため，「前期繰越」として記入をおこなう。

⑥資産・負債および純資産の各勘定残高を集計して繰越試算表を作成する

　繰越試算表は，資産・負債および純資産の「次期繰越」を集計して作成する。

　この場合，資本金は当期純利益をふくんだ期末純資産をあらわす。

⑦損益勘定をもとに損益計算書を作成する

　資本金勘定の貸方に振り替えた金額は，「当期純利益」と赤記または黒記する。

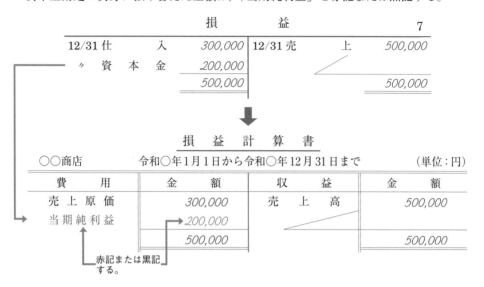

⑧繰越試算表をもとに貸借対照表を作成する

　「資本金」は期末純資産を意味しているので，期首純資産と当期純利益に分けて記載する。

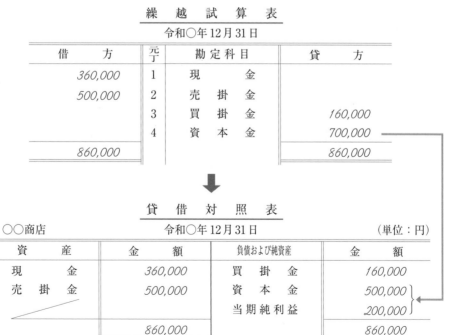

基本問題

解答 p.26

1 次の精算表を完成しなさい。

精 算 表
令和○年 12 月 31 日

勘 定 科 目	元丁	残 高 試 算 表		損 益 計 算 書		貸 借 対 照 表	
		借 方	貸 方	借 方	貸 方	借 方	貸 方
現　　　　金	1	560,000					
売　掛　金	2	780,000					
備　　　品	3	940,000					
買　掛　金	4		720,000				
借　入　金	5		280,000				
資　本　金	6		1,200,000				
売　　　上	7		1,190,000				
受 取 手 数 料	8		70,000				
仕　　　入	9	714,000					
給　　　料	10	440,000					
支 払 利 息	11	26,000					
（　　　　　）							

2 次の総勘定元帳勘定残高によって，精算表を完成しなさい。

現　　金 ¥	747,000	売 掛 金 ¥	1,158,000	備　　品 ¥	1,575,000		
買 掛 金	1,470,000	資 本 金	1,500,000	売　　上	2,472,000		
受取手数料	99,000	仕　　入	1,483,500	給　　料	381,000		
支払利息	196,500						

精 算 表
令和○年 12 月 31 日

勘 定 科 目	元丁	残 高 試 算 表		損 益 計 算 書		貸 借 対 照 表	
		借 方	貸 方	借 方	貸 方	借 方	貸 方
現　　　　金	1						
売　掛　金	2						
備　　　品	3						
買　掛　金	4						
資　本　金	5						
売　　　上	6						
受 取 手 数 料	7						
仕　　　入	8						
給　　　料	9						
支 払 利 息	10						
（　　　　　）							

3 下記の収益・費用の各勘定残高を損益勘定に振り替える仕訳を示し，これを転記して締め切りなさい。ただし，勘定には日付・相手科目・金額を記入すること。なお，損益勘定は締め切らなくてよい。（決算日 12 月 31 日）

	借　　　　　方	貸　　　　　方
収益の各勘定 残高の振替仕訳		
費用の各勘定 残高の振替仕訳		

総 勘 定 元 帳

売　　上　　8

	370,000
	107,500
	70,000

受 取 手 数 料　　9

	80,000

仕　　入　　10

222,000	
106,500	

給　　料　　11

199,000	

損　　益　　12

4 下記の損益勘定の記録をもとに当期純損益を計算し，資本金勘定に振り替える仕訳を示し，これを転記して締め切りなさい。ただし，勘定には日付・相手科目・金額を記入し，開始記入も示すこと。（決算日 12 月 31 日）

	借　　　　　方	貸　　　　　方
当期純損益の振替仕訳		

総 勘 定 元 帳

資　本　金　　7

	1/ 1 前期繰越	500,000

損　　益　　12

12/31 仕　入	328,500	12/31 売　上	547,500
〃 給　料	199,000	〃 受取手数料	80,000

5 下記の収益・費用の各勘定残高を損益勘定に振り替える仕訳を示し，これを転記して締め切りなさい。また，損益勘定で当期純損益を計算し，資本金勘定に振り替える仕訳を示しなさい。ただし，勘定には日付・相手科目・金額を記入すること。（決算日 12 月 31 日）

	借　　　　　方	貸　　　　　方
収益の各勘定残高の振替仕訳		
費用の各勘定残高の振替仕訳		
当期純損益の振替仕訳		

総　勘　定　元　帳

資　本　金　　7

	1/ 1 前期繰越	500,000	

売　上　　8

		740,000	
		430,000	

受　取　手　数　料　　9

		180,000	

仕　入　　10

702,000			

給　料　　11

400,000			

損　益　　12

■当期純利益は赤？　黒？

貸借対照表では当期純利益は黒記します。損益計算書では赤記します。みなさんは，どう覚えますか？

次のように理解してはどうでしょうか？

まずは，貸借対照表ですが，当期純利益は資本金（期首純資産）の増加分と考えられます。資本金は黒記されているので，当期純利益は黒記します。

次に損益計算書です。当期純利益は損益計算書の借方に記入されます。しかし，借方は費用を記入します。当期純利「益」は記入できません。では，貸方に記入するのか？　それでは，借方と貸方の合計は一致しなくなります。結局，借方に記入することになるのですが，そのままの色（黒）では矛盾します。そこで色を変えて（赤で）記入し，わかりやすく区別する。どうでしょうか？

6 四谷商店（個人商店　決算年 1 回　12 月 31 日）の総勘定元帳の各勘定残高は次のとおりであった。よって，決算に必要な仕訳を示し，総勘定元帳に転記して締め切りなさい。ただし，勘定には日付・相手科目・金額を記入し，開始記入も示すこと。

	借　　　　　方	貸　　　　　方
収益の各勘定 残高の振替仕訳		
費用の各勘定 残高の振替仕訳		
当期純損益の振替仕訳		

総 勘 定 元 帳

現　　　金　　　　1

435,000	107,000

売 掛 金　　　　2

323,000	130,000

備　　　品　　　　3

240,000	60,000

買 掛 金　　　　4

124,000	265,000

資 本 金　　　　5

	500,000

売　　　上　　　　6

	370,000

仕　　　入　　　　7

222,000	

給　　　料　　　　8

88,000	

損　　　益　　　　9

7 下記の総勘定元帳の収益および費用の各勘定記録をもとに，仕訳帳を完成し，総勘定元帳の各勘定に転記して締め切りなさい。（決算日12月31日）

仕　訳　帳

4

令和○年		摘　　　　要	元丁	借　方	貸　方
		決　算　仕　訳			
12	31				
		収益の各勘定を損益勘定に振り替えた。			
	〃				
		費用の各勘定を損益勘定に振り替えた。			
	〃				
		当期純利益を資本金勘定に振り替えた。			

総　勘　定　元　帳
資　本　金

7

令和○年		摘　要	仕丁	借　方	令和○年		摘　要	仕丁	貸　方
					1	1	諸　　口	1	1,000,000

売　上

8

令和○年		摘　要	仕丁	借　方	令和○年		摘　要	仕丁	貸　方
							（前月分まで）		3,500,000
					12	11	売　掛　金	3	300,000
						26	売　掛　金	〃	600,000

受 取 利 息　　　　　　　　　　　9

令和○年		摘　要	仕丁	借　方	令和○年		摘　要	仕丁	貸　方
					8	16	現　　金	2	80,000

仕　　入　　　　　　　　　　　10

		（前月分まで）		2,100,000					
12	3	買　掛　金	3	540,000					

給　　料　　　　　　　　　　　11

		（前月分まで）		1,100,000					
12	25	現　　金	3	100,000					

広　告　料　　　　　　　　　　12

11	10	現　　金	3	100,000					

損　　益　　　　　　　　　　　13

8　次の資産・負債の各勘定を締め切りなさい。（決算日12月31日）

総 勘 定 元 帳

現　　金　　　　1

780,000	430,000

売　掛　金　　　　2

870,000	387,000

買　掛　金　　　　5

120,000	960,000

借　入　金　　　　6

	170,000

9　次の資産・負債および純資産の各勘定を締め切り，繰越試算表を完成しなさい。なお，開始記入も示すこと。（決算日12月31日）

総　勘　定　元　帳

現　　金	1
360,000	220,000

売　掛　金	2
390,000	110,000

備　　品	3
320,000	

買　掛　金	4
210,000	430,000

借　入　金	5
	50,000

資　本　金	6
	1/ 1 前期繰越　400,000
	12/31 損　益　70,000

繰　越　試　算　表
令和○年12月31日

借　　方	元丁	勘　定　科　目	貸　　方

10 次の損益勘定の記録と繰越試算表をもとに，損益計算書と貸借対照表を完成しなさい。

損　　益

12/31 仕　入	1,475,000	12/31 売　上	2,458,000
〃　給　料	480,000		
〃　広告料	160,000		
〃　支払家賃	30,000		
〃　支払利息	6,000		
〃　資本金	307,000		
	2,458,000		2,458,000

繰　越　試　算　表
令和○年 12 月 31 日

借　　方	元丁	勘定科目	貸　　方
900,000	1	現　　　　金	
400,000	2	売　掛　金	
500,000	3	備　　　品	
	4	買　掛　金	593,000
	5	借　入　金	400,000
	6	資　本　金	807,000
1,800,000			1,800,000

損　益　計　算　書

○○商店　　　　令和○年 1 月 1 日から令和○年 12 月 31 日まで　　　　（単位：円）

費　　用	金　　額	収　　益	金　　額

貸　借　対　照　表

○○商店　　　　令和○年 1 月 1 日から令和○年 12 月 31 日まで　　　　（単位：円）

資　　産	金　　額	負債および純資産	金　　額

応用問題

解答 p.32

1　九州商店（個人商店　決算年1回　12月31日）における総勘定元帳勘定残高は次のとおりであった。よって，

(1) 決算に必要な仕訳を示し，各勘定に転記して締め切りなさい。ただし，勘定には日付・相手科目・金額を記入し，開始記入も示すこと。

(2) 繰越試算表を完成しなさい。

(3) 損益計算書および貸借対照表を完成しなさい。

(1)

	借　　　　方	貸　　　　方
12/31		
〃		
〃		

総　勘　定　元　帳

現　　金	1
987,000	

売　掛　金	2
123,000	

備　　品	3
534,000	

買　掛　金	4
	246,000

借　入　金	5
	180,000

資　本　金	6
	1,000,000

売　　上	7
	2,450,000

受　取　手　数　料	8
	55,000

仕　　入	9
1,470,000	

給　　料	10
588,000	

雑 費	11
189,000	

支 払 利 息	12
40,000	

損 益	13

(2)

繰 越 試 算 表

令和○年12月31日

借 方	元丁	勘 定 科 目	貸 方

(3)

損 益 計 算 書

九州商店 　　　令和○年1月1日から令和○年12月31日まで 　　　（単位：円）

費 用	金 額	収 益	金 額

貸 借 対 照 表

九州商店 　　　令和○年12月31日まで 　　　（単位：円）

資 産	金 額	負債および純資産	金 額

■Q&A

簿記の寄り道

Q　繰越試算表は他の試算表と違い，収益・費用がのらない試算表ですか？

A　繰越試算表には，実は収益と費用がのっているのです。

　繰越試算表は他の試算表（合計・残高・合計残高試算表）と違い，英米式決算法を採用していなければ作成されない試算表です。目的は，繰越記入が合っているかを確認するためです。このことから，収益・費用の各勘定科目は記載しません。しかし，収益・費用を損益勘定に集合させ，そこから算定された当期純利益を資本金勘定に振り替える仕訳をおこない，そののちに資本金勘定を「次期繰越」として締め切ります。つまり，収益・費用の各勘定科目として繰越試算表にはのりませんが，差額として資本金勘定のなかに入っているのです。

2　次の勘定記録をもとに，精算表を完成しなさい。

現　　金				1
資　本　金	500,000	仕　　　入	20,000	
借　入　金	200,000	給　　　料	80,000	
売　　　上	40,000	備　　　品	177,000	
受取手数料	120,000	貸　付　金	80,000	
売　掛　金	100,000	買　掛　金	100,000	
貸　付　金	30,000	諸　　　口	120,000	
		諸　　　口	80,000	

売　掛　金				2
売　　上	110,000	現　　　金	100,000	
売　　上	175,000			

貸　付　金				3
現　　金	80,000	現　　　金	30,000	

備　　品				4
現　　金	177,000			

買　掛　金				5
現　　金	100,000	仕　　　入	100,000	
		仕　　　入	140,000	

借　入　金				6
現　　金	100,000	現　　　金	200,000	

資　本　金				7
		現　　　金	500,000	

売　　上				8
		諸　　　口	150,000	
		売　掛　金	175,000	

受　取　手　数　料				9
		現　　　金	120,000	

仕　　入				10
諸　　口	120,000			
買　掛　金	140,000			

給　　料				11
現　　金	80,000			

支　払　家　賃				12
現　　金	50,000			

雑　　費				13
現　　金	30,000			

支　払　利　息				14
現　　金	20,000			

精　算　表
令和○年12月31日

勘　定　科　目	元丁	残高試算表		損益計算書		貸借対照表	
		借　　方	貸　　方	借　　方	貸　　方	借　　方	貸　　方
現　　　　金							
売　掛　金							
貸　付　金							
備　　　品							
買　掛　金							
借　入　金							
資　本　金							
売　　　上							
受取手数料							
仕　　　入							
給　　　料							
支　払　家　賃							
雑　　　費							
支　払　利　息							
（　　　　　）							

■章末チェックリスト■　クリアした項目に✓をつけよう！

□決算の意味を説明できる。
□決算の手続きを説明できる。
□総勘定元帳の締め切りができる。
□精算表（6けた）を作成できる。
□損益計算書および貸借対照表を作成できる。

Ⅱ 各種取引の記帳

第1章　現金・預金の記帳 1

学習の要点 ●●●

1. 簿記上の現金（Cash）

　簿記上，現金として取り扱われるものには，通貨（紙幣や硬貨）のほか，いつでも通貨にかえられる他人（他店）振り出しの小切手，送金小切手などがある。

現金の収入は現金勘定（資産の勘定）の借方に，支出はその貸方に記入する。

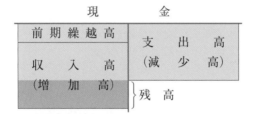

　　（例）愛媛商店に対する売掛金 ¥500,000 の回収として，同店振り出しの小切手¥500,000 を受け取った。
　（考え方）同店とは愛媛商店のことであり，当店からみれば他人（他店）である。よって，この同店振り出しの小切手とは，他人振り出しの小切手のことになる。仕訳を示すと次のようになる。
　　（借）現　　　金　　　500,000　　　（貸）売　掛　金　　　500,000

2. 現金出納帳（Cash book）

　現金に関する取引は現金勘定に転記するが，その相手先名や取引内容などの明細を記録するために現金出納帳にも記入する。現金出納帳の残高はつねに現金勘定の残高と一致するはずである。そのため，定期的に両者を照合することによって，記帳の正確さを確認することができる（記録と記録の照合）。

3. 補助簿

　現金出納帳は，総勘定元帳の現金勘定の取引明細を記録し，現金勘定の補助的な役割をす

る帳簿である。このような帳簿を**補助簿**という。また補助簿に対して，仕訳帳と総勘定元帳を**主要簿**という。なお，補助簿は1か月ごとに締め切る。

4. 現金過不足（Cash over and short）の処理

（1）現金過不足

　　現金勘定と現金出納帳の記録と記録の照合で一致の確認ができたら，次に記録と事実の照合をおこなう。その場合，現金の実際有高が帳簿残高よりも多かったり（過剰），少なかったり（不足）するような状態を**現金過不足**という。

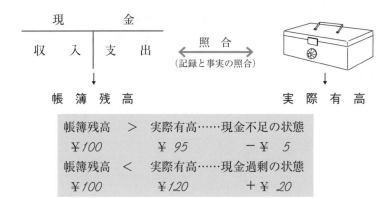

※不一致が生じる原因
- ●現金を受け取り，金庫に入金したが，記帳（帳簿に記入）していないとき
- ●現金を支払い，金庫から出金したが，記帳（帳簿に記入）していないとき
- ●計算や記帳の誤り
- ●盗難や紛失

（2）現金過不足の仕訳

　　現金の実際有高が帳簿残高より不足していたり過剰であった場合には，原因がわかるまでの間，帳簿残高を実際有高と一致させておくために，不足額または過剰額を一時的に**現金過不足勘定**で処理しておく。

　　現金過不足の処理は，次のとおりである。

①不一致発生時　　②不一致原因判明時　　③決算日までに不一致原因がわからなかったとき

（例 1 ）帳簿残高　＞　実際有高……現金不足の状態
　　　　　￥100　　　　　￥95

①不一致発生時

　（借）現金過不足　　　5　　　（貸）現　　　　金　　　5

②不一致原因判明時（通信費￥3 の記入もれであった。）

　（借）通　信　費　　　3　　　（貸）現金過不足　　　3

③決算日までに不一致原因がわからなかったとき

　（借）雑　　　損　　　2　　　（貸）現金過不足　　　2

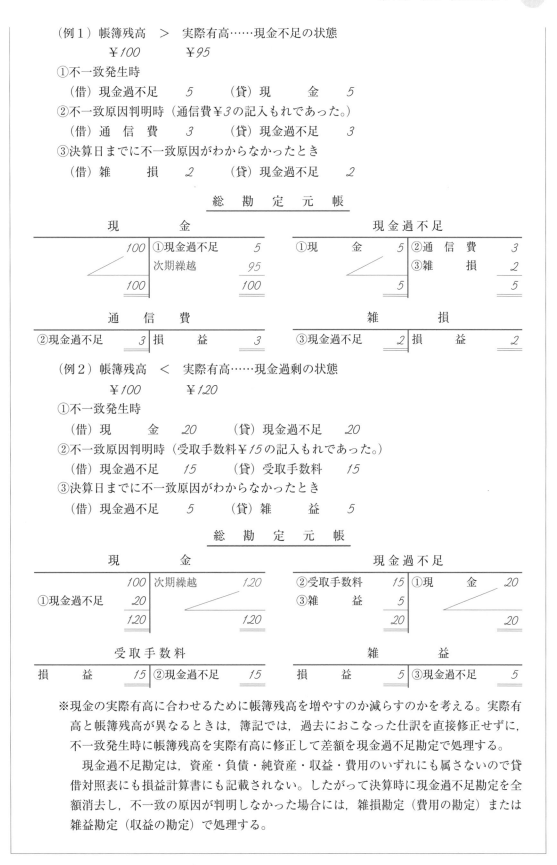

総　勘　定　元　帳

現　金				現金過不足			
	100	①現金過不足	5	①現　金	5	②通信費	3
		次期繰越	95			③雑　損	2
	100		100		5		5

通　信　費				雑　損			
②現金過不足	3	損　益	3	③現金過不足	2	損　益	2

（例 2 ）帳簿残高　＜　実際有高……現金過剰の状態
　　　　　￥100　　　　　￥120

①不一致発生時

　（借）現　　　金　　　20　　　（貸）現金過不足　　　20

②不一致原因判明時（受取手数料￥15 の記入もれであった。）

　（借）現金過不足　　　15　　　（貸）受取手数料　　　15

③決算日までに不一致原因がわからなかったとき

　（借）現金過不足　　　5　　　（貸）雑　　　益　　　5

総　勘　定　元　帳

現　金				現金過不足			
	100	次期繰越	120	②受取手数料	15	①現　金	20
①現金過不足	20			③雑　益	5		
	120		120		20		20

受取手数料				雑　益			
損　益	15	②現金過不足	15	損　益	5	③現金過不足	5

※現金の実際有高に合わせるために帳簿残高を増やすのか減らすのかを考える。実際有高と帳簿残高が異なるときは，簿記では，過去におこなった仕訳を直接修正せずに，不一致発生時に帳簿残高を実際有高に修正して差額を現金過不足勘定で処理する。

　現金過不足勘定は，資産・負債・純資産・収益・費用のいずれにも属さないので貸借対照表にも損益計算書にも記載されない。したがって決算時に現金過不足勘定を全額消去し，不一致の原因が判明しなかった場合には，雑損勘定（費用の勘定）または雑益勘定（収益の勘定）で処理する。

基本問題

解答 p.34

1 次の取引の仕訳を示しなさい。

(1) 静岡商店に商品を ¥240,000 で売り渡し，代金のうち ¥120,000 は現金で受け取り，残額は同店振り出しの小切手で受け取った。

(2) 得意先山梨商店に対する売掛金 ¥180,000 を送金小切手で受け取った。

	借 方	貸 方
(1)		
(2)		

2 次の取引を現金出納帳に記入しなさい。なお，月末に締め切り，開始記入も示すこと。

8月 7日 長野商店から商品 ¥48,000 を仕入れ，代金は現金で支払った。

10日 愛知商店から売掛金 ¥150,000 を現金で回収した。

18日 備品 ¥120,000 を現金で買い入れた。

29日 8月分の給料 ¥60,000 を現金で支払った。

現 金 出 納 帳

1

令和○年		摘 要	収 入	支 出	残 高
8	1	前月繰越	180,000		180,000

3 次の取引の仕訳を示しなさい。

(1) 現金の帳簿残高は ¥38,000 であるが，実際有高は ¥36,000 であった。

(2) 上記不足額 ¥2,000 のうち ¥1,200 は郵便切手の購入代金の記入もれであることがわかった。

(3) 決算日になったが，上記不足額 ¥800 は原因が判明しないので雑損とした。

	借 方	貸 方
(1)		
(2)		
(3)		

4　次の取引の仕訳を示しなさい。

(1)　現金の帳簿残高は¥33,000であるが，実際有高は¥39,000であった。

(2)　上記過剰額¥6,000のうち¥5,700は，家賃の受け取り分の記入もれであることがわかった。

(3)　決算日になったが，上記過剰額¥300は原因が判明しないので雑益とした。

	借　　　　　方	貸　　　　　方
(1)		
(2)		
(3)		

5　次の取引の仕訳を示しなさい。

(1)　現金の実際有高を調べたところ，帳簿残高より¥5,200不足していた。

(2)　上記不足額のうち¥3,800は消耗品費の記入もれであることがわかった。

(3)　上記の残りの不足額¥1,400については，決算日になってもその原因が不明であるため，雑損勘定に振り替えた。

	借　　　　　方	貸　　　　　方
(1)		
(2)		
(3)		

6　次の取引の仕訳を示しなさい。

(1)　現金の実際有高を調べたところ，帳簿残高より¥6,300多かった。

(2)　上記過剰額のうち¥5,700は受取利息の記入もれであることがわかった。

(3)　上記の残りの過剰額¥600については，決算日になってもその原因が不明であるため，雑益勘定に振り替えた。

	借　　　　　方	貸　　　　　方
(1)		
(2)		
(3)		

応用問題

解答 p.36

1　次の取引を仕訳帳に記入し，総勘定元帳の現金勘定に転記しなさい。また，現金出納帳にも記入しなさい。ただし，

ⅰ　仕訳帳の小書きは省略する。

ⅱ　元丁欄には，現金勘定に転記するときだけ記入すればよい。

ⅲ　現金出納帳は月末に締め切り，開始記入も示しなさい。

　1月　8日　岐阜商店から商品￥60,000 を仕入れ，代金は現金で支払った。

　　　17日　愛知商店から売掛金￥120,000 を同店振り出しの小切手で受け取った。

　　　24日　三重商店に商品を￥72,000 で売り渡し，代金のうち ￥48,000 は送金小切手の送付を受け，残額は掛けとした。

　　　30日　滋賀商店から手数料￥64,000 を現金で受け取った。

仕　訳　帳

1

令和○年		摘　　要	元丁	借　方	貸　方
1	1	前 期 繰 越 高	✓	1,230,000	1,230,000

総　勘　定　元　帳

現　　金

1

令和○年		摘　要	仕丁	借　方	令和○年		摘　要	仕丁	貸　方
1	1	前 期 繰 越	✓	180,000					

現　金　出　納　帳　　　　　1

令和 ○年		摘　　　　要	収　　入	支　　出	残　　高
1	1	前月繰越	180,000		180,000

2 次の取引を現金出納帳に記入しなさい。なお，月末に締め切り，開始記入も示すこと。

1月 8日　広島商店から商品¥144,000 を仕入れ，代金は現金で支払った。

12日　山口商店に商品を¥312,000 で売り渡し，代金のうち¥236,000 は同店振り出しの小切手で受け取り，残額は掛けとした。

18日　香川文具店から文房具¥7,400 を買い入れ，代金は現金で支払った。

20日　岡山商店に対する貸付金の利息¥2,100 を現金で受け取った。

24日　現金の実際有高を調べたところ¥456,600 であった。

28日　従業員の給料¥264,000 を現金で支払った。

31日　上記24日の現金の実際有高と帳簿残高の不一致の原因は，郵便切手代¥4,100 を現金で支払ったさいに¥41,000 と誤って記帳していたからであることがわかった。

現　金　出　納　帳　　　　　1

令和 ○年		摘　　　　要	収　　入	支　　出	残　　高
1	1	前月繰越	333,000		333,000

3 次の取引の仕訳を示しなさい。

現金の実際有高は¥880,000であった。なお,それまでの現金出納帳の記入は下記のとおりであり,帳簿残高を修正し,原因については後日調査することにした。

現 金 出 納 帳

令和○年		摘　　　　要	収　　入	支　　出	残　　高
1	1	前 月 繰 越	820,000		820,000
	8	大分商店から商品仕入れ		270,000	550,000
	13	臼杵商店から売掛金回収	340,000		890,000

借　　　　　方	貸　　　　　方

検定問題

解答p.37

1 次の取引の仕訳を示しなさい。

(1) 奈良商店から売掛金¥158,000を同店振り出しの小切手#46で受け取った。　　　　（第33回）

(2) 現金の実際有高を調べたところ,実際有高が帳簿残高より¥2,000少なかった。よって,帳簿残高を修正してその原因を調査することにした。　　　　（第88回）

(3) 現金の実際有高を調べたところ,実際有高は¥30,000で帳簿残高¥26,000より¥4,000多かった。よって帳簿残高を修正して,その原因を調査することにした。　　　　（第92回）

(4) 現金の実際有高を調べたところ,帳簿残高より¥3,000多かった。よって,帳簿残高を修正して,その原因を調査することにした。　　　　（第85回）

(5) 現金の実際有高を調べたところ¥125,000であり,帳簿残高¥129,000と不一致であった。よって,帳簿残高を修正してその原因を調査することにした。　　　　（第75回）

(6) 現金の実際有高が帳簿残高より¥4,000多かったので,帳簿残高を修正してその原因を調査していたところ,本日,受取利息¥4,000の記帳もれであることがわかった。　　　　（第69回）

	借　　　　　方	貸　　　　　方
(1)		
(2)		
(3)		
(4)		
(5)		
(6)		

■**章末チェックリスト**■　クリアした項目に✓をつけよう！

□簿記上現金として取り扱われるものが言える。
□現金出納帳の作成意義を説明できる。
□帳簿残高と実際有高が一致しない場合の不一致の理由について説明できる。

□現金不足発見時の仕訳ができる。
□現金過剰発見時の仕訳ができる。
□決算日まで現金不一致の原因がわからなかった場合にはどの勘定に振り替えるか,説明できる。

第2章　現金・預金の記帳2

学習の要点 ●●●

1. 当座預金（Checking account）

　当座預金とは，取引銀行との当座取引契約による預金であり，その引き出しには小切手の振り出し（小切手の作成）が必要とされる。この預金はいろいろな代金の支払い手段として利用される。

（1）特　徴

　①無利息である……代金の決済を円滑にするためのものであり，お金を増やすための預金ではない。

　②預金の引き出しに小切手を使う……キャッシュ・カードや通帳はない。現金の引き出しには小切手を使用する。

（2）小切手の利点

　　当座預金を利用することによって，多額の現金を保管する必要もなく，現金の紛失や支払時の誤りなどをふせぐことができる。

2. 当座預金（資産）の仕訳

①当座預金口座を開設し，現金¥12,000を預け入れた。

　（借）当 座 預 金　　12,000　　（貸）現　　　金　　12,000

②大分商店に対する買掛金¥7,200を，小切手を振り出して支払った。

　（借）買　 掛　 金　　7,200　　（貸）当 座 預 金　　7,200

③別府商店に対する売掛金¥90,000の回収として，同店振り出しの小切手で受け取り，ただちに当座預金に預け入れた。

　（借）当 座 預 金　　90,000　　（貸）売　 掛　 金　　90,000

　↓

（考え方）他人（他店）振り出しの小切手を受け取ったときは現金勘定で処理するが，ただちに当座預金に預け入れたときは，現金勘定をとおさないで，直接，当座預金勘定で処理する。

❶（借）現　　　金　　90,000　　（貸）売　 掛　 金　　90,000（小切手受け取り）

　↓

❷（借）当 座 預 金　　90,000　　（貸）現　　　金　　90,000（小切手預け入れ）

　↓

❸（❶＋❷）

　（借）当 座 預 金　　90,000　　（貸）売　 掛　 金　　90,000

3. 当座借越（Bank overdraft）

小切手の振り出しは，原則として当座預金残高を限度とする。もし，この残高を超えて小切手が振り出された場合，銀行はその小切手の支払いを拒絶する。これを**不渡り**という。

しかし，銀行とあらかじめ当座借越契約を結び，借越限度額を決めておけば，その限度額までは預金残高を超えて小切手を振り出すことができる。この場合，預金残高を超えた額は銀行からの一時的な借り入れとなる。これを**当座借越**といい，借越限度額の範囲内であれば何回でも借り入れられ，預金による返済もできる。

4. 当座預金出納帳（Bank book）

当座預金の預け入れと引き出しの明細を記録する補助簿を**当座預金出納帳**という。

当座預金勘定の残高と当座預金出納帳の残高は必ず一致するので，定期的に両者を照合し，記帳に誤りがないかを確認する（記録と記録の照合）。

当　座　預　金		照　合		当座預金出納帳					
預　入	引　出	（記録と記録の照合）	令和○年	摘　　要	預　入	引　出	借または貸	残　高	
							※		

※「借」と記入するのは，当座預金口座に残高があるとき。
　「貸」と記入するのは，次に説明する当座借越になったとき。

5. 当座借越の仕訳（2勘定制）

預金残高を超えて銀行から一時的に借り入れた場合，**当座借越勘定**（負債の勘定）の貸方に記入する。

当座借越があるときに当座預金への入金があると，まずその借越の返済にあてられるので当座借越勘定の借方に記入する。預金高が借越高を超えている場合は，その差額を当座預金勘定の借方に記入する。

（例）3月 1日　当座預金口座の残高は¥30,000であり，限度額¥100,000の当座借越契約を結んだ。

「仕訳なし」……契約を結んだだけなので，簿記上の取引にはならない。よって，「仕訳なし」である。

15日　支払利息¥50,000を小切手を振り出して支払った。

（借）支払利息　　　　50,000　　　（貸）当座預金　　　　30,000
　　　　　　　　　　　　　　　　　　　　当座借越　　　　20,000

18日　売掛金¥60,000を現金で回収し，ただちに当座預金に預け入れた。

（借）当座借越　　　　20,000　　　（貸）売　掛　金　　　60,000
　　　当座預金　　　　40,000

総　勘　定　元　帳

当　座　預　金				当　座　借　越			
	30,000	3/15支払利息	30,000	3/18売掛金	20,000	3/15支払利息	20,000
3/18売掛金	40,000						

6. 当座借越の仕訳（1勘定制）

　当座預金勘定と当座借越勘定に分けて記帳する場合，小切手の振り出しや預け入れが頻繁におこなわれると，その都度残高を調べてから仕訳をすることになり，とても手数がかかる。

　そこで，記帳を簡単にするために，当座預金勘定だけで記帳する方法がある。この方法では，当座預金勘定の借方に残高があるときは当座預金残高を示し，貸方に残高があるときは当座借越残高を示す。

| 当　座　預　金 |
| 預　入　高 | 引　出　高 |

借方残高なので当座預金残高を示している　　　貸方残高なので当座借越残高を示している

　　（例）3月　1日　当座預金口座の残高は¥30,000であり，限度額¥100,000の当座借
　　　　　　　　　　越契約を結んだ。

　　　　　　　　　　「仕訳なし」

　　　　15日　支払利息¥50,000を小切手を振り出して支払った。

　　　　　　　（借）支払利息　　　　50,000　　　（貸）当座預金　　　　50,000

　　　　18日　売掛金¥60,000を現金で回収し，ただちに当座預金に預け入れた。

　　　　　　　（借）当座預金　　　　60,000　　　（貸）売　掛　金　　　　60,000

当　座　預　金			
	30,000	3/15 支払利息	50,000
3/18売掛金	60,000		

　　　　借方残高が¥40,000であるので，当座預金残高を示す。

7. その他の預金

（1）　普通預金，通知預金，定期預金など。

（2）　勘定科目

　　①それぞれの預金種類ごとに勘定科目を設けて記帳する。

　　②各預金が少額の場合は，これらを一括して**諸預金勘定**（資産の勘定）を用いることもある。

簿記の寄り道

■当座預金の必要性

　企業はなぜ当座預金を設けるのでしょう？

　ひとつは，学習の要点でも説明したように便利であるということ。もうひとつは，小切手や，あとで学習する手形を利用するには当座預金にしておくことが，その条件であるからです。

基本問題

解答 p.37

1 次の取引の仕訳を示しなさい。

(1) 大阪商店に商品￥120,000を売り渡し、代金は同店振り出しの小切手で受け取り、ただちに当座預金とした。

(2) 兵庫商店から商品￥240,000を仕入れ、代金は小切手を振り出して支払った。

	借　　　　　方	貸　　　　　方
(1)		
(2)		

2 次の取引の仕訳を示し、総勘定元帳の当座預金勘定に転記しなさい。ただし、勘定には日付・相手科目・金額を記入すること。また、当座預金出納帳に記入して月末に締め切り、開始記入も示すこと。

　8月　1日　全商銀行と当座取引契約を結び、現金￥1,000,000を預け入れた。

　　　　5日　大分商店から商品￥200,000を仕入れ、代金は小切手＃1を振り出して支払った。

　　　12日　佐賀商店に商品を￥300,000で売り渡し、代金は同店振り出しの小切手＃5で受け取り、ただちに当座預金とした。

　　　18日　福岡商店から売掛金の一部として￥120,000が当店の当座預金口座に振り込まれたむね、全商銀行から通知を受けた。

　　　28日　全商銀行から現金￥90,000を小切手＃2を振り出して引き出した。

	借　　　　　方	貸　　　　　方
8/ 1		
5		
12		
18		
28		

総　勘　定　元　帳

当　座　預　金　　　　　2

<u>当 座 預 金 出 納 帳</u>   1

令和 ○年	摘　　　要	預　　入	引　　出	借また は　貸	残　　高

3 次の取引の仕訳を示しなさい。

(1) 現金¥600,000を全商銀行に定期預金として預け入れた。

(2) 現金¥100,000を普通預金に預け入れた。

(3) 全商銀行に預け入れていた定期預金¥600,000が本日満期となったので，利息¥24,000とともに普通預金に預け入れた。

(4) 和歌山商店から商品¥600,000を仕入れ，代金は小切手を振り出して支払った。ただし，当座預金勘定の残高は¥400,000で，取引銀行と当座借越契約を結んでおり，その限度額は¥900,000である。

	借　　　　　　方	貸　　　　　　方
(1)		
(2)		
(3)		
(4)		

応用問題

解答p.38

1 神奈川商店の下記の取引の仕訳を示し，総勘定元帳の当座預金勘定・当座借越勘定に転記しなさい。ただし，勘定には日付・相手科目・金額を記入すること。また，当座預金出納帳に記入して締め切り，開始記入も示すこと。ただし，銀行とは限度額¥1,000,000の当座借越契約を結んである。

1月13日　東京商店に対する買掛金¥150,000の支払いとして，小切手＃7を振り出して支払った。

24日　千葉商店から商品¥130,000を仕入れ，代金は小切手＃8を振り出して支払った。

31日　埼玉商店から売掛金の一部¥100,000を同店振り出しの小切手＃14で受け取り，ただちに当座預金に預け入れた。

	借　　　　　方	貸　　　　　方
1/13		
24		
31		

総 勘 定 元 帳

当 座 預 金

650,000	450,000

当 座 借 越

当 座 預 金 出 納 帳

令和◯年		摘　　　　要	預　　入	引　　出	借または貸	残　　高
1	1	前月繰越	200,000		借	200,000

2 **1**の取引を当座預金勘定のみを用いて仕訳し，総勘定元帳の当座勘定に転記しなさい。

	借　　　　　方	貸　　　　　方
1/13		
24		
31		

総 勘 定 元 帳

当 座 預 金

650,000		450,000

❸　下記の当座預金勘定の記入から，取引を推定して総勘定元帳の当座預金勘定・当座借越勘定に記入しなさい。ただし，勘定には日付・相手科目・金額を記入すること。

当 座 預 金

12/1	現　金	500,000	12/5	仕　入	200,000
10	諸　口	250,000	18	備　品	620,000
29	売掛金	120,000	31	次期繰越	50,000
		870,000			870,000

総 勘 定 元 帳

当 座 預 金

当 座 借 越

検定問題

解答p.40

1 次の取引の仕訳を示しなさい。ただし，総勘定元帳には当座借越勘定が設けられている。

(1) 島根商店に対する買掛金￥210,000を小切手を振り出して支払った。ただし，当座預金勘定の残高は￥130,000であり，限度額を￥1,000,000とする当座借越契約を結んでいる。　　（第77回）

(2) 福島商店に対する買掛金￥270,000を小切手を振り出して支払った。ただし，当座預金勘定の残高は￥180,000であり，限度額を￥500,000とする当座借越契約を結んでいる。　　（第79回）

(3) 新潟商店に対する買掛金￥140,000を小切手を振り出して支払った。ただし，当座預金勘定の残高は￥40,000であり，限度額を￥600,000とする当座借越契約を結んでいる。　　（第84回）

(4) 鳥取商店から売掛金￥390,000を同店振り出しの小切手で受け取り，ただちに当座預金に預け入れた。ただし，当座借越勘定の残高が￥240,000ある。　　（第86回）

(5) 全商銀行に現金￥80,000を普通預金として預け入れた。　　（第90回）

(6) 全商銀行に現金￥270,000を普通預金として預け入れた。　　（第91回）

(7) 全商銀行に現金￥300,000を普通預金として預け入れた。　　（第87回）

	借　　　　方	貸　　　　方
(1)		
(2)		
(3)		
(4)		
(5)		
(6)		
(7)		

2

(1) 滋賀商店の次の勘定記録と当座預金出納帳から，（　ア　）と（　イ　）に入る金額を求めなさい。ただし，借越限度額を￥500,000とする当座借越契約を結んでいる。　（第88回一部修正）

当　座　預　金

1/ 1前期繰越 120,000	1/12仕　入（　　）	
10売 掛 金（　ア　）		

当　座　借　越

	1/12仕　入　50,000

当　座　預　金　出　納　帳

令和○年		摘　　要	預　入	引　出	借または貸	残　高
1	1	前月繰越	120,000		借	120,000
	10	彦根商店から売掛金回収	（　　）		〃	270,000
	12	大津商店から商品仕入れ，小切手♯25		（　イ　）	貸	（　　）

(2) 長野商店の次の勘定記録と当座預金出納帳から，（　ア　）と（　イ　）の金額を求めなさい。ただし，借越限度額を￥400,000とする当座借越契約を結んでいる。　（第90回一部修正）

当　座　預　金

1/ 1前期繰越 240,000	1/ 3仕　入 240,000
10前 受 金 20,000	

当　座　借　越

1/10前 受 金（　ア　）	1/ 3仕　入　50,000

当　座　預　金　出　納　帳

令和○年		摘　　要	預　入	引　出	借または貸	残　高
1	1	前月繰越	240,000		借	240,000
	3	愛知商店から商品仕入れ，小切手♯15		（　イ　）	貸	50,000
	10	岐阜商店から内金受け取り	70,000		借	20,000

(1)ア	(1)イ	(2)ア	(2)イ
￥	￥	￥	￥

―**■章末チェックリスト■**　クリアした項目に✓をつけよう！

□当座預金勘定は資産・負債・純資産・収益・費用の　　□当座借越勘定は資産・負債・純資産・収益・費用の
　どれになるか説明できる。　　　　　　　　　　　　　どれになりますか。
□当座預金の特徴を説明できる。　　　　　　　　　　□当座借越の処理について説明できる。

第3章 現金・預金の記帳３

学習の要点 ●●●

1. 小口現金（Petty cash）

　日常の少額の支払いについて，その都度小切手を振り出すのには手数がかかる。そこで，会計係は庶務係にあらかじめ一定の必要金額を見積もって現金を前渡ししておき，庶務係はその現金を少額の支払いにあてる。この前渡しした現金を**小口現金**といい，**小口現金勘定**（資産の勘定）に記入する。

2. 定額資金前渡法（Imprest System）

　一定期間に必要な一定の見積額を前渡しし，庶務係が支払って報告した分だけ現金を補給する，庶務係への小口現金の支給方法を**定額資金前渡法**という。

3. 小口現金のしくみ

(1) 小口現金の流れ

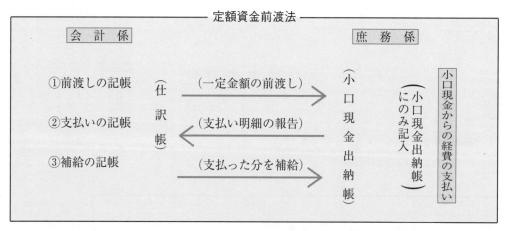

　※この方法によれば，毎週（月）のはじめに庶務係はつねに一定額の資金を手もとに置いておくことになる。

(2) 会計係の仕訳

①前渡しの記帳

（借）小口現金	50,000	（貸）当座預金	50,000

②支払いの記帳

（借）通信費	15,700	（貸）小口現金	47,200
交通費	17,200		
消耗品費	6,800		
雑費	7,500		

③補給の記帳

（借）小口現金	47,200	（貸）当座預金	47,200

　　なお，②と③を同時におこなう場合がある。その場合の仕訳を示すと次のようになる。
　　②支払いの記帳＋③補給の記帳

（借）通　信　費	15,700	（貸）当座預金	47,200
交　通　費	17,200		
消　耗　品　費	6,800		
雑　　　費	7,500		

4．小口現金出納帳（Petty cash book）

　　仕訳帳への記帳は会計係がおこない，補助簿である**小口現金出納帳**は庶務係が作成し，小口現金の受け払いの明細を記入する。
　●支出の内訳
　　①通　信　費……郵便切手・はがき代・電話料金など。
　　②交　通　費……バスの回数券・タクシー代など。
　　③消耗品費……鉛筆・コピー用紙・封筒代など。
　　④雑　　　費……お茶菓子・雑誌代など。

小 口 現 金 出 納 帳

収　入	令和○年		摘　　要	支　出	内　　　　訳				残　高
					通信費	消耗品費	交通費	雑　費	
12,000	10	1	前 月 繰 越						12,000
		3	郵便切手代	750	750				11,250
		7	文　具　代	1,050		1,050			10,200
		15	タクシー代	2,850			2,850		7,350
		19	郵便はがき代	600	600				6,750
		21	伝票・帳簿	3,240		3,240			3,510
		25	新　聞　代	2,000				2,000	1,510
		29	バス回数券	1,200			1,200		310
			合　　　計	11,690	1,350	4,290	4,050	2,000	
11,690		31	受　入　高						12,000
		〃	次 月 繰 越	12,000					
23,690				23,690					
12,000	11	1	前 月 繰 越						12,000

　　　　　　　　　↑　　　　　　　　　　　　　　　　　　　　　↑
1週間ごとに締め切るのであれ　　　　　　　　　　各月の初めは同じ
ば，「前週繰越」となる。　　　　　　　　　　　　金額をもっている。

■**章末チェックリスト**■　　クリアした項目に✓をつけよう！
□小口現金とは何か，説明できる。　　　　　　　□定額資金前渡法を説明できる。
□小口現金勘定は資産・負債・純資産・収益・費用の　　□小口現金出納帳が作成できる。
　どれになるか説明できる。

基本問題

解答p.40

1 定額資金前渡法を採用している沖縄商店の，9月中の小口現金に関する下記の資料によって，
　(1)　小口現金出納帳に必要な記入をおこない，締め切りなさい。また，開始記入も示すこと。
　(2)　9月30日の仕訳を示しなさい。

　　資　　料
　　ⅰ　庶務係が9月中に小口現金から支払った内容は，次のとおりであった。
　　　　9月　5日　タクシー代　¥　3,600　　　10日　郵便切手　¥　1,400
　　　　　　22日　伝票・帳簿　¥　3,000　　　28日　新聞代　¥　3,300
　　ⅱ　9月30日に会計係は，庶務係から支払高の報告を受け，ただちに同額の小切手を振り出して補給した。

(1)

小 口 現 金 出 納 帳

収　入	令和〇年		摘　　要	支　出	交通費	通信費	消耗品費	雑　費	残　高
18,000	9	1	前 月 繰 越						18,000
			9 月 分 合 計						
		30	小 切 手 補 給						
	10	1	前 月 繰 越						

(2)

	借　　　　方	貸　　　　方
9/30		

2 次の取引の仕訳を示しなさい。

　　8月　1日　定額資金前渡法を採用している高知商店の会計係は，庶務係に小切手¥70,000を振り出して前渡しした。
　　　　31日　庶務係から今月の支払高について次のとおり報告があったので，ただちに同額の小切手を振り出して補給した。
　　　　　　　通信費　¥14,800　消耗品費　¥10,000　交通費　¥25,200　雑　費　¥12,000

	借　　　　方	貸　　　　方
8/ 1		
8/31		

検定問題

解答p.41

1 次の取引の仕訳を示しなさい。

(1) 千葉商店では定額資金前渡法（インプレスト・システム）を採用することとし，小口現金として小切手¥30,000を振り出して庶務係に渡した。 (第89回)

(2) 定額資金前渡法（インプレスト・システム）を採用している石川商店の会計係は，庶務係に小口現金として¥50,000を前渡ししていたが，本日，当月分の支払高について，次のとおり報告を受けたので，ただちに小切手を振り出して補給した。

　　通 信 費 ¥20,000　　消耗品費 ¥17,000　　雑　　費 ¥8,000 (第91回)

(3) 定額資金前渡法を採用している岐阜商店の会計係は，庶務係に小口現金として¥30,000を前渡ししていたが，本日，当月分の支払高について，次のとおり報告を受けたので，ただちに小切手を振り出して補給した。

　　交 通 費 ¥12,000　　消耗品費 ¥14,000　　雑　　費 ¥3,000 (第84回)

	借　　　　　方	貸　　　　　方
(1)		
(2)		
(3)		

2 定額資金前渡法を採用している北海道商店の次の小口現金勘定と小口現金出納帳から，（ ア ）と（ イ ）の金額を求めなさい。 (第73回一部修正)

小 口 現 金

1/ 1前期繰越	30,000	1/31諸　　口（ ア ）
31当座預金	28,000	

小 口 現 金 出 納 帳

収　　入	令和○年		摘　　　要	支　　出	内　　訳				残　　高
					交通費	通信費	消耗品費	雑　費	
30,000	1	1	前 月 繰 越						30,000
		4	タ ク シ ー 代	15,600	15,600				14,400
		10	新 聞 代	4,100				4,100	10,300
		19	帳 簿 代	3,500			3,500		6,800
		27	郵 便 切 手 代	4,800		4,800			2,000
			合 計	28,000	15,600	4,800	3,500	4,100	
（ ）		31	小 切 手 受 入 高						（ ）
		〃	次 月 繰 越	（ イ ）					
（ ）				（ ）					

ア	イ
¥	¥

第4章 商品売買の記帳—仕入れ・売り上げ

学習の要点 ●●●

1. 商品に関する記帳法

商品に関する取引の記帳法には，3分法と分記法がある。

(1) 3分法とは

商品に関する勘定を仕入勘定（費用の勘定）・売上勘定（収益の勘定）・繰越商品勘定（資産の勘定）の3つに分けて記帳する方法をいう。

(2) 分記法とは

商品を売り渡すつど，商品の原価と商品売買益に分けて記帳する方法をいう。商品を売るたびに原価を調べないといけない（不便である）という欠点がある。

(例) 商品¥300（仕入価格¥200）を掛けで売り渡した。

（借）売 掛 金 300 （貸）商 品 200 ←もっている金額（原価）

　　　　　　　↑　　　　　　　　商品売買益 100 ←もうけ（利益）

　　　　売った金額（売価）

2. 仕入勘定（Purchase account）

● 商品を仕入れたとき，仕入勘定の借方に記入する。

● 引取費用などの仕入諸掛がある場合には，仕入勘定にふくめて処理する。

● 仕入返品・仕入値引きがあったときは，仕入勘定の貸方に記入する。

(例) 1月7日　大阪商店から次の商品を仕入れ，代金は掛けとした。なお，引取費用¥500は現金で支払った。

A品　10個　@¥　200　¥　2,000

B品　30個　@¥　100　¥　3,000

（借）仕 入　5,500　（貸）買掛金　5,000

　　　　　　　　　　　　　現 金　　500

9日　大阪商店から仕入れた上記の商品の一部について，次のとおり値引きを受けた。なお，この代金は買掛金から差し引くことにした。

A品　10個　@¥　20　¥　200

（借）買掛金　200　（貸）仕 入　200

仕　　　入

純仕入高 ¥5,300 {
| 1/7 仕 入 高 5,500 | 1/9 仕入値引高 200 |

純仕入高＝総仕入高−仕入返品高−仕入値引高

3. 仕入帳

仕入れに関する取引の明細を記録する補助簿を**仕入帳**という。

⑦摘要欄：取引先・品名・数量・単価・支払条件などを記入する。

⑦内訳欄：仕入商品が2品目以上あるときや，仕入諸掛りがあるときに記入する。

⑦引取費用：仕入金額に加える。

仕　　入　　帳　　1

令和○年		摘　　　要　⑦	内　訳　⑦	金　額
1	7	大阪商店　　　　　　掛け		
		A品　10個　@¥200	2,000	
		B品　30個　@¥100	3,000	
		引取費用現金払い　⑦	500	5,500
	9	大阪商店　　　掛け値引き		
		A品　10個　@¥20		200
	31	総 仕 入 高		5,500
	〃	仕 入 値 引 高		200
		純 仕 入 高		5,300

返品高・値引高は赤で記帳する。

赤記入の数字は加算しない。

赤で記帳する。

仕入勘定の残高と一致する。

4. 売上勘定（Sales account）

- ●商品を売り上げたとき，売上勘定の貸方に記入する。
- ●売上返品・売上値引きがあったときは，売上勘定の借方に記入する。
- ●荷造費用や発送運賃などは，発送費勘定の借方に記入する。

（例）1月12日　東京商店に次の商品を売り渡し，代金は掛けとした。なお，発送費¥300は現金で支払った。

A品　10個　@¥　300　¥　3,000
B品　30個　@¥　120　¥　3,600

（借）売掛金　　6,600　　　（貸）売　上　　6,600
　　　発送費　　 300　　　　　　現　金　　 300

13日　東京商店に売り渡した上記A品のうち，2個が返品された。なお，この代金は売掛金から差し引くことにした。

（借）売　上　　600　　　（貸）売掛金　　600

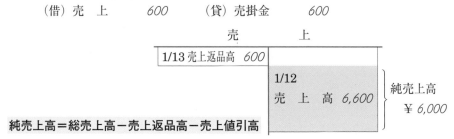

純売上高＝総売上高ー売上返品高ー売上値引高

5. 売上帳

売り上げに関する取引の明細を記録する補助簿を**売上帳**という。記帳方法は仕入帳に準ずる。

※発送費については記入しない。

6. 繰越商品勘定（Inventory account）

決算時に期末商品棚卸高（期末の商品有高）を繰越商品勘定の借方に記入する。これは翌期の期首商品棚卸高として，決算時まで表示される。詳しくは決算の章（p.162）で取り扱う。

基本問題

解答p.42

1　次の取引の仕訳を示しなさい。ただし，商品に関する勘定は3分法によること。
　(1)　岩手商店から商品￥900,000を仕入れ，代金は掛けとした。
　(2)　青森商店から掛けで仕入れた商品について￥50,000の値引きを受けた。なお，この代金は買掛金から差し引くことにした。
　(3)　秋田商店から商品￥700,000を仕入れ，代金は掛けとした。なお，引取費用￥7,000は現金で支払った。
　(4)　秋田商店から仕入れた上記商品のうち￥14,000を品違いのため返品した。なお，この代金は買掛金から差し引くことにした。

	借　　　　　方	貸　　　　　方
(1)		
(2)		
(3)		
(4)		

2　次の取引を仕入帳に記入して締め切りなさい。
　　8月　8日　石川商店から次の商品を仕入れ，代金は掛けとした。
　　　　　　　　A品　300個　@￥　1,800　￥　　　540,000
　　　　　　　　B品　150個　@￥　　800　￥　　　120,000
　　　10日　石川商店から仕入れた上記商品のうち，B品30個を規格違いのため返品した。なお，この代金は買掛金から差し引くことにした。
　　　16日　富山商店から次の商品を仕入れ，代金は掛けとした。なお，引取費用￥10,000は現金で支払った。
　　　　　　　　B品　400個　@￥　　800　￥　　　320,000
　　　28日　福井商店から次の商品を仕入れ，代金は小切手を振り出して支払った。
　　　　　　　　C品　280個　@￥　　650　￥　　　182,000

仕　　　　入　　　　帳

1

令和○年	摘　　　　　　要	内　　訳	金　　額

3 次の取引の仕訳を示しなさい。ただし，商品に関する勘定は3分法によること。

(1) 釧路商店に商品¥360,000を売り渡し，代金は掛けとした。

(2) 上記商品について¥40,000の値引きを承諾し，代金は売掛金から差し引くことにした。

(3) 札幌商店に商品¥840,000を売り渡し，代金は掛けとした。なお，発送費¥10,000を現金で支払った。

(4) 上記商品のうち，¥30,000について，規格違いのため返品され，代金は売掛金から差し引くことにした。

	借　　　　方	貸　　　　方
(1)		
(2)		
(3)		
(4)		

4 次の取引を売上帳に記入して締め切りなさい。

8月 5日　愛媛商店に次の商品を売り渡し，代金は同店振り出しの小切手で受け取り，ただちに当座預金に預け入れた。

A品　500個　@¥　2,800　¥　1,400,000

B品　120個　@¥　1,500　¥　180,000

9日　香川商店に次の商品を売り渡し，代金は掛けとした。なお，商品を売り渡すさいに発送費¥8,000を現金で支払った。

C品　400個　@¥　1,800　¥　720,000

17日　香川商店に売り渡した上記C品について1個あたり@¥300の値引きを承諾し，値引額は売掛金から差し引くことにした。

売　上　帳　　　1

令和 ○年	摘　　　要	内　訳	金　額

応用問題

解答p.44

1　次の取引の仕訳を示し，総勘定元帳の売上勘定と仕入勘定に転記しなさい。また，売上帳に記入して締め切りなさい。ただし，商品に関する勘定は３分法によることとし，仕入勘定・売上勘定には日付・相手科目・金額を記入すること。

10月　1日　高知商店から次の商品を仕入れ，代金は小切手を振り出して支払った。なお，引取費用￥7,000は現金で支払った。

A品　300個　@￥　1,200　￥　360,000

　　　8日　鳥取商店に次の商品を売り渡し，代金は掛けとした。なお，発送費￥8,000を現金で支払った。

A品　150個　@￥　1,500　￥　225,000

　　　11日　鳥取商店に売り渡した上記A品について，品質不良のため1個あたり￥150の値引きを承諾し，値引額は売掛金から差し引くことにした。

　　　17日　岡山商店から次の商品を仕入れ，代金は掛けとした。

A品　350個　@￥　1,400　￥　490,000
B品　200個　@￥　2,300　￥　460,000

　　　20日　岡山商店から仕入れた上記B品30個を規格違いのため返品し，代金は買掛金から差し引くことにした。

　　　27日　山口商店に次の商品を売り渡し，代金は同店振り出しの小切手で受け取った。

B品　140個　@￥　2,800　￥　392,000

	借　　　　方	貸　　　　方
10/ 1		
8		
11		
17		
20		
27		

総　勘　定　元　帳

売　　　　上		仕　　　　入	

■商品を仕入れたらどうして費用が発生するのか？

　３分法によりますと，商品を仕入れたら仕入勘定（費用の勘定）の借方に記入します。

　どうして商品を仕入れたら費用が発生するのでしょうか？　これは商品をどのようにとらえるかに関係します。商品は，それ自体確かに資産価値がありますが，ただ棚に飾っておいただけでは商売にはな

りません。商品は売れてはじめて企業に貢献してくれる存在です。そこで，売上総利益を計算するうえで，商品を原価でとらえ，損益計算上費用として扱うのです。そして，その商品が売れたときの金額（売価）を収益として扱うことで，売価と原価を比べ，売上総利益を計算します。

売　　　上　　　帳　　　　　　　　　1

令和○年	摘　　　　　　　要	内　　訳	金　　額

2　次の取引の仕訳を示し，総勘定元帳の商品勘定と商品売買益勘定に転記しなさい。ただし，商品に関する勘定は分記法によることとし，勘定記入は日付・相手科目・金額を示すこと。

　　4月 8日　商品¥110,000を仕入れ，代金は掛けとした。

　　　16日　商品（原価¥110,000）を¥150,000で売り渡し，代金は掛けとした。

	借　　　　　方	貸　　　　　方
4/ 8		
16		

総　勘　定　元　帳

商　　　品　　　　　　3		商品売買益　　　　10	

■**章末チェックリスト**■　クリアした項目に✓をつけよう！

□分記法を説明できる。

□3分法を説明できる。

□仕入勘定・売上勘定は，資産・負債・純資産・収益・費用のどれになるか説明できる。

□商品仕入時の引取費用はどのように処理するか，説明できる。

□商品売上時の発送費はどのように処理するか，説明できる。

□仕入帳・売上帳の記入ができる。

第5章　商品売買の記帳―商品有高帳

学習の要点 ●●●

1. 商品有高帳 (Inventory book)

　商品の受け入れ・引き渡し・残高を明らかにし，商品の手許の有高を適正に保つために用いる補助簿である。

　商品有高帳を作成すれば，商品売買益が計算できる。なお，商品有高帳はすべて原価で記帳する。

　（例）1月10日　1個¥*100*の商品を5個掛けで仕入れた。

　　　　　　（借）仕　入　　　*500*　　　（貸）買掛金　　　*500*

　　　　15日　上記の商品3個を1個あたり¥*150*で掛けで売り渡した。

　　　　　　（借）売掛金　　　*450*　　　（貸）売　上　　　*450*

　商品有高帳の引渡欄には，「1個あたり¥*100*で買った商品が3個売ってなくなった。金額は¥*300*分の商品が売ってなくなった」という記帳がされる。

　この¥*300*と，売価（売り上げの金額）¥*450*（¥*150*×3個）とを比べれば，商品売買益（売上総利益）が¥*150*と算出されるのである。

　※商品有高帳作成上の注意

　　単価・金額の記入はすべて仕入原価（もっている金額）によっておこなう。引取費用があるときはこれを仕入原価にふくめた金額で記入し，仕入数量で割って単価を計算する。また，商品有高帳は商品の種類ごとに作成する。

2. 先入先出法（買入順法）(First in First out Method)・移動平均法（Moving Average Method）

　先入先出法とは，先に仕入れたものを先に払い出していくものと仮定して，商品の引渡単価を決定する方法をいう。

　移動平均法とは，異なる単価で商品を仕入れるたびに，残高数量と仕入数量の合計，残高金額と仕入金額の合計額を用いて平均単価を算出し，この平均単価を引渡単価とする方法をいう。

　（例）以下のA品の取引にもとづいて，先入先出法と移動平均法のそれぞれの方法で商品有高帳を作成しなさい。

　　　　1月　1日　前 月 繰 越　150個　@¥*220*　¥*33,000*　（原価）

　　　　　　5日　栃 木 商 店　100個　@¥*310*　¥*31,000*　（売価）

　　　　　　7日　群 馬 商 店　200個　@¥*250*　¥*50,000*　（原価）

　　　　15日　新 潟 商 店　150個　@¥*320*　¥*48,000*　（売価）

　　　　22日　山 梨 商 店　100個　@¥*240*　¥*24,000*　（原価）

商　品　有　高　帳

（先入先出法）　　　品名　A　　　　品　　　　　単位：個

令和○年		摘　要	受　入			払　出			残　高		
			数量	単価	金額	数量	単価	金額	数量	単価	金額
1	1	前月繰越	150	220	33,000				150	220	33,000
	5	栃木商店				100	220	22,000	50	220	11,000
	7	群馬商店	200	250	50,000				50	220	11,000
									200	250	50,000
	15	新潟商店				50	220	11,000			
						100	250	25,000	100	250	25,000
	22	山梨商店	100	240	24,000				100	250	25,000
									100	240	24,000
	31	次月繰越				100	250	25,000			
						100	240	24,000			
			450		107,000	450		107,000			
2	1	前月繰越	100	250	25,000				100	250	25,000
			100	240	24,000				100	240	24,000

← 異なる単価の商品を仕入れたので，2行に記入する。

← 150個売り上げた。先に仕入れた@¥220のものから払い出す。

商　品　有　高　帳

（移動平均法）　　　品名　A　　　　品　　　　　単位：個

令和○年		摘　要	受　入			払　出			残　高		
			数量	単価	金額	数量	単価	金額	数量	単価	金額
1	1	前月繰越	150	220	33,000				150	220	33,000
	5	栃木商店				100	220	22,000	50	220	11,000
	7	群馬商店	200	250	50,000				250	244	61,000
	15	新潟商店				150	244	36,600	100	244	24,400
	22	山梨商店	100	240	24,000				200	242	48,400
	31	次月繰越				200	242	48,400			
			450		107,000	450		107,000			
2	1	前月繰越	200	242	48,400				200	242	48,400

単価の計算方法

$$\frac{¥11,000 + ¥50,000}{50個 + 200個}$$

$$\frac{¥24,400 + ¥24,000}{100個 + 100個}$$

基本問題

解答p.45

1　次のA品の取引を先入先出法で商品有高帳に記入し，締め切りなさい。なお，開始記入も示すこと。

　　　1月9日　福岡商店に掛けで売り渡した。

　　　　　　　A品　150個　@¥*180*　¥*27,000*

　　　　14日　熊本商店から掛けで仕入れた。

　　　　　　　A品　300個　@¥*120*　¥*36,000*

　　　　18日　長崎商店に掛けで売り渡した。

　　　　　　　A品　280個　@¥*170*　¥*47,600*

商 品 有 高 帳

（先入先出法）　　　　　　　　品名　A　　　品　　　　　　　　　単位：個

令和○年		摘　要	受　入			払　出			残　高		
			数量	単価	金　額	数量	単価	金　額	数量	単価	金　額
1	1	前 月 繰 越	200	*100*	*20,000*				200	*100*	*20,000*

2　**1**の取引について，仕訳を示しなさい。ただし，商品に関する勘定は3分法によること。

	借　　　　　方	貸　　　　　方
1/ 9		
14		
18		

3　**1**，**2**にもとづいて，1月におけるA品の売上高・売上原価・商品売買益（売上総利益）を計算しなさい。

売　　　上　　　高	¥
売　上　原　価	¥
商品売買益（売上総利益）	¥

4　次のＢ品の取引を移動平均法で商品有高帳に記入し，締め切りなさい。なお，開始記入も示すこと。

　　1月 5日　大分商店に掛けで売り渡した。
　　　　　　　Ｂ品　200個　@¥300　¥60,000
　　　 7日　賀来商店から掛けで仕入れた。
　　　　　　　Ｂ品　400個　@¥240　¥96,000
　　　15日　別府商店に掛けで売り渡した。
　　　　　　　Ｂ品　300個　@¥310　¥93,000
　　　22日　庄内商店から掛けで仕入れた。
　　　　　　　Ｂ品　200個　@¥250　¥50,000

商　品　有　高　帳

（移動平均法）　　　　　品名　Ｂ　　　品　　　　　　　　　単位：個

令和○年		摘　要	受　入			払　出			残　高		
			数量	単価	金　額	数量	単価	金　額	数量	単価	金　額
1	1	前月繰越	300	220	66,000				300	220	66,000

5　4の取引について，仕訳を示しなさい。ただし，商品に関する勘定は3分法によること。

	借　　　　方	貸　　　　方
1/ 5		
7		
15		
22		

6　4，5にもとづいて，1月におけるＢ品の売上高・売上原価・商品売買益（売上総利益）を計算しなさい。

売　　上　　高	¥
売　上　原　価	¥
商品売買益（売上総利益）	¥

7 次の取引の仕訳を示しなさい。また，A品について商品有高帳に先入先出法で記入し，締め切り
なさい。ただし，商品に関する勘定は3分法によること。なお，商品有高帳は開始記入も示すこと。

11月　2日　大阪商店から次の商品を掛けで仕入れた。

A品　300個　@¥　　350　¥　　　105,000
B品　200個　@¥　　900　¥　　　180,000

　　9日　名古屋商店に次の商品を掛けで売り渡した。

A品　300個　@¥　　500　¥　　　150,000
B品　100個　@¥　1,100　¥　　　110,000

　18日　大阪商店から次の商品を掛けで仕入れた。なお，引取費用¥8,000は小切手を振
　　　　り出して支払った。

A品　400個　@¥　　360　¥　　　144,000

　27日　神戸商店に次の商品を売り渡し，代金のうち¥50,000は同店振り出しの小切手で
　　　　受け取り，残額は掛けとした。

A品　150個　@¥　　540　¥　　　81,000
B品　120個　@¥　1,200　¥　　　144,000

	借　　　　　方	貸　　　　　方
11/ 2		
9		
18		
27		

商　品　有　高　帳

（先入先出法）　　　　　　　　　品名　A　　　品　　　　　　　　　単位：個

令和○年		摘　　要	受　　入			払　　出			残　　高		
			数量	単価	金　額	数量	単価	金　額	数量	単価	金　額
11	1	前月繰越	150	340	51,000				150	340	51,000

⑧　下記の売上帳と仕入帳の記入から，A品について商品有高帳を先入先出法で作成して締め切り，総勘定元帳の売上勘定と仕入勘定に仕訳を推定して，日付・相手科目・金額を記入しなさい。なお，商品有高帳は開始記入も示すこと。

売上帳　1

令和○年	摘要	内訳	金額
1/14	岐阜商店　　　　現金		
	A品　15個@¥12,000		180,000
23	長野商店　　　　掛け		
	A品　20個@¥11,000	220,000	
	B品　5個@¥9,000	45,000	265,000
25	長野商店　　　掛け返品		
	A品　5個@¥11,000		55,000
31	総売上高		445,000
〃	売上返品高		55,000
	純売上高		390,000

仕入帳　1

令和○年	摘要	内訳	金額
1/4	福島商店　　　　掛け		
	A品　30個@¥9,000	270,000	
	B品　10個@¥8,000	80,000	350,000
7	福島商店　　　掛け返品		
	A品　10個@¥9,000		90,000
17	茨城商店　　　　現金		
	A品　15個@¥8,400		126,000
31	総仕入高		476,000
〃	仕入返品高		90,000
	純仕入高		386,000

商品有高帳

（先入先出法）　　品名　A品　　　　　単位：個

令和○年	摘要	受入 数量	単価	金額	払出 数量	単価	金額	残高 数量	単価	金額
1/1	前月繰越	5	8,200	41,000				5	8,200	41,000
4	福島商店	30	9,000	270,000				5 30	8,200 9,000	41,000 270,000
7	福島商店				10	9,000	90,000	5 20	8,200 9,000	41,000 180,000
14	岐阜商店				5 10	8,200 9,000	41,000 90,000	10	9,000	90,000
17	茨城商店	15	8,400	126,000				10 15	9,000 8,400	90,000 126,000
23	長野商店				10 10	9,000 8,400	90,000 84,000	5	8,400	42,000
25	長野商店	5	8,400	42,000				10	8,400	84,000
31	次月繰越				10	8,400	84,000			
		55		479,000	55		479,000			
2/1	前月繰越	10	8,400	84,000				10	8,400	84,000

総勘定元帳

売上

日付	摘要	金額	日付	摘要	金額
1/25	売掛金	55,000	1/14	現金	180,000
			23	売掛金	265,000

仕入

日付	摘要	金額	日付	摘要	金額
1/4	買掛金	350,000	1/7	買掛金	90,000
17	現金	126,000			

応用問題

解答 p.48

1　次の取引の仕訳を示し，総勘定元帳の売上勘定と仕入勘定に転記し，売上帳・仕入帳・商品有高帳に記入して締め切りなさい。

　　ただし，ⅰ　商品に関する勘定は3分法によること。

　　　　　　 ⅱ　売上勘定・仕入勘定には，日付・相手科目・金額を記入すること。

　　　　　　 ⅲ　商品有高帳については，A品は先入先出法によって記入し，B品は移動平均法によって記入すること。

　　　　　　 ⅳ　A品もB品も前月繰越高はない。

　5月　1日　港商店から次の商品を仕入れ，代金のうち¥40,000は小切手を振り出して支払い，残額は掛けとした。

　　　　　　A品　100個　@¥1,200　¥120,000　　　B品　150個　@¥2,400　¥360,000

　　　5日　渋谷商店に次の商品を売り渡し，代金は掛けとした。

　　　　　　A品　80個　@¥1,500　¥120,000　　　B品　120個　@¥2,800　¥336,000

　　　7日　渋谷商店に売り渡した上記商品の一部に品違いがあったので，次のとおり返品された。なお，この代金は売掛金から差し引くことにした。

　　　　　　A品　10個　@¥1,500　¥15,000

　　　12日　新宿商店から次の商品を仕入れ，代金は掛けとした。なお，引取費用¥7,000は現金で支払った。

　　　　　　A品　140個　@¥1,250　¥175,000

　　　17日　大久保商店から次の商品を仕入れ，代金は掛けとした。

　　　　　　A品　120個　@¥1,100　¥132,000　　　B品　70個　@¥2,300　¥161,000

　　　19日　大久保商店から仕入れた上記商品の一部に規格違いがあったので，次のとおり返品した。なお，この代金は買掛金から差し引くことにした。

　　　　　　A品　30個　@¥1,100　¥33,000

　　　27日　上野商店に次の商品を売り渡し，代金のうち¥30,000は同店振り出しの小切手で受け取り，ただちに当座預金に預け入れ，残額は掛けとした。なお，発送費¥3,000を現金で支払った。

　　　　　　A品　150個　@¥1,600　¥240,000　　　B品　40個　@¥2,900　¥116,000

	借　　　　　　方	貸　　　　　　方
5/ 1		
5		
7		
12		
17		
19		
27		

総 勘 定 元 帳

| 売 上 | 13 | 仕 入 | 18 |

売 上 帳　　1

令和〇年	摘　　要	内　訳	金　額

仕 入 帳　　1

令和〇年	摘　　要	内　訳	金　額

商　品　有　高　帳

（先入先出法）　　　　　　　　　品名　A　　　品　　　　　　　　　　単位：個

令和〇年	摘　要	受　入			払　出			残　高		
		数量	単価	金　額	数量	単価	金　額	数量	単価	金　額

商　品　有　高　帳

（移動平均法）　　　　　　　　　品名　B　　　品　　　　　　　　　　単位：個

令和〇年	摘　要	受　入			払　出			残　高		
		数量	単価	金　額	数量	単価	金　額	数量	単価	金　額

検定問題

解答p.51

1　青森商店は商品有高帳を移動平均法によって記帳している。次の商品有高帳によって，（　ア　）に入る金額と（　イ　）に入る数量を求めなさい。　　　　　　　　　　　　　　　（第86回一部修正）

商　品　有　高　帳

（移動平均法）　　　　　　　　　　　　　　品名　　A　　品　　　　　　　　　　　　　　単位：個

令和 ○年		摘　要	受　　入			引　　渡			残　　高		
			数量	単価	金　額	数量	単価	金　額	数量	単価	金　額
5	1	前 月 繰 越	100	*800*	*80,000*				100	*800*	*80,000*
	11	弘 前 商 店	400	*850*	*340,000*				（　）	（ ア ）	（　）
	14	黒 石 商 店	300	*760*	*228,000*				（　）	（　）	（　）
	15	八 戸 商 店				400	*810*	*324,000*	（　）	（　）	（　）
	22	三 沢 商 店	200	*750*	*150,000*				（ イ ）	（　）	（　）
	29	八 戸 商 店				200	*790*	*158,000*	（　）	（　）	（　）
	31	次 月 繰 越				（　）	（　）	（　）			
			（　）		（　）	（　）		（　）			

	ア	イ
¥		個

2　栃木商店が販売するA品の商品有高帳は，下記のとおりである。よって，
　　　a. 栃木商店は，この商品有高帳を次のどちらの方法で記帳しているか，その番号を記入しなさい。
　　　　　1．先入先出法　　　2．移動平均法
　　　b.（　ア　）に入る数量を求めなさい。　　　　　　　　　　　　　　　　　　　　　（第89回）

商　品　有　高　帳

　　　　　　　　　　　　　　　　　　品名　　A　　　　　品　　　　　　　　　　　　　　単位：台

令和 ○年		摘　要	受　　入			引　　渡			残　　高		
			数量	単価	金　額	数量	単価	金　額	数量	単価	金　額
1	1	前 月 繰 越	400	*750*	*300,000*				400	*750*	*300,000*
	15	群 馬 商 店				300	*750*	*225,000*	100	*750*	*75,000*
	23	高 知 商 店	200	（　）	*154,000*				100	（　）	（　）
									200	（　）	（　）
	28	横 浜 商 店				100	（　）	（　）	（　）	（　）	（　）
	31	次 月 繰 越				（ ア ）	*770*	（　）			
			（　）		（　）	（　）		（　）			

	ア	イ
		個

3 新潟商店の下記の取引について,

(1) 仕訳帳に記入して,総勘定元帳の買掛金勘定に転記しなさい。

(2) 買掛金元帳とA品の商品有高帳に記入して,締め切りなさい。

　　ただし,　ⅰ　商品に関する勘定は3分法によること。

　　　　　　　ⅱ　仕訳帳の小書きは省略する。

　　　　　　　ⅲ　元丁欄には,買掛金勘定に転記するときだけ記入すればよい。

　　　　　　　ⅳ　商品有高帳の記入は,先入先出法によること。

(第80回一部修正)

取　　　引

　1月　8日　石川商店から次の商品を仕入れ,代金は掛けとした。

　　　　　　　A品　600個　　@¥　280　　¥168,000

　　　　　　　B品　200 〃　　〃 〃　400　　¥ 80,000

　　　9日　石川商店から仕入れた上記商品の一部に品質不良のものがあったので,次のとおり返品した。なお,この代金は買掛金から差し引くことにした。

　　　　　　　B品　　5個　　@¥　400　　¥ 2,000

　　16日　富山商店から次の商品を仕入れ,代金のうち¥130,000は同店あての約束手形♯3を振り出して支払い,残高は掛けとした。

　　　　　　　C品　800個　　@¥　500　　¥400,000

　　23日　福井商店に次の商品を売り渡し,代金のうち¥110,000は同店振り出しの小切手♯9で受け取り,残高は掛けとした。

　　　　　　　A品　450個　　@¥　420　　¥189,000

　　30日　富山商店に対する買掛金の一部¥300,000について,小切手♯7を振り出して支払った。

(1)

仕　　訳　　帳
1

令和 ○年		摘　　　　要	元丁	借　　方	貸　　方
1	1	前 期 繰 越 高	√	5,720,000	5,720,000

総　勘　定　元　帳

買　掛　金
15

令和 ○年		摘　要	仕丁	借　　方	令和 ○年		摘　要	仕丁	貸　　方
					1	1	前 期 繰 越	√	510,000

(2)

買 掛 金 元 帳

石 川 商 店　　　　　　　　　　1

令和○年		摘　　要	借　　方	貸　　方	借または貸	残　　高
1	1	前 月 繰 越		170,000	貸	170,000

富 山 商 店　　　　　　　　　　2

令和○年		摘　　要	借　　方	貸　　方	借または貸	残　　高
1	1	前 月 繰 越		340,000	貸	340,000

商 品 有 高 帳

（先入先出法）　　　　　品名　A　　品　　　　　　単位：個

令和○年		摘　要	受　　入			払　　出			残　　高		
			数量	単価	金　額	数量	単価	金　額	数量	単価	金　額
1	1	前 月 繰 越	200	320	64,000				200	320	64,000

4　茨城商店はA品とB品を販売し，商品有高帳を移動平均法によって記帳している。次の勘定記録と商品有高帳によって（　ア　）から（　ウ　）に入る金額を求めなさい。ただし，A品は1個あたり¥600で販売し，B品は1個あたり¥400で販売している。
　　　　　　　　　　　　　　　　　　　　　　　　　　　　　　　　（第79回一部修正）

売　　　　上		仕　　　　入	
1/ 9 売掛金　（　ア　）		1/16 買掛金　（　イ　）	
12 売掛金　　40,000			

商 品 有 高 帳

（移動平均法）　　　　　品名　A　　品　　　　　　単位：個

令和○年		摘　要	受　　入			払　　出			残　　高		
			数量	単価	金　額	数量	単価	金　額	数量	単価	金　額
1	1	前 月 繰 越	180	500	90,000				180	500	90,000
	9	高 崎 商 店				130	500	65,000	50	500	25,000
	16	大 宮 商 店	250	500	125,000				300	500	150,000

商 品 有 高 帳

（移動平均法）　　　　　品名　B　　品　　　　　　単位：個

令和○年		摘　要	受　　入			払　　出			残　　高		
			数量	単価	金　額	数量	単価	金　額	数量	単価	金　額
1	1	前 月 繰 越	80	300	24,000				80	300	24,000
	16	大 宮 商 店	120	350	42,000				（　）	（ウ）	（　）
	20	水 戸 商 店				100	（　）	（　）	（　）	（　）	（　）

ア	イ	ウ
¥	¥	¥

5　青森商店は商品有高帳を移動平均法によって記帳している。次の商品有高帳から，（　ア　）に入る単価と（　イ　）に入る数量を求めなさい。ただし，1月15日にA品を300本　@¥920　¥276,000で販売している。 (全商92回)

商　品　有　高　帳

（移動平均法）　　　　　　　　品名　　A　　　　品　　　　　　　　　　単位：本

令和○年		摘　　要	受　　入			払　　出			残　　高		
			数量	単価	金　額	数量	単価	金　額	数量	単価	金　額
1	1	前 月 繰 越	100	600	60,000				100	600	60,000
	10	弘 前 商 店	400	650	260,000				（　）	（　）	（　）
	15	八 戸 商 店				（　）	（ ア ）	（　）	（　）	（　）	（　）
	24	弘 前 商 店	200	660	132,000				（ イ ）	（　）	（　）
	31	次 月 繰 越				（　）	（　）	（　）			
			（　）		（　）	（　）		（　）			

ア	イ
¥	個

第6章　掛取引の記帳

学習の要点 ●●●

1. 売掛金勘定（Accounts receivable）

　得意先に商品を掛けで売り渡したときは，**売掛金勘定**（資産の勘定）の借方に記入し，代金の回収高・返品高・値引高は貸方に記入する。

　　（例）1月3日　宮城商店に商品¥3,000を掛けで売り渡した。

　　　　　　　　　（借）売掛金　　3,000　　　（貸）売　上　　3,000

　　　　　　6日　山形商店に商品¥6,000を掛けで売り渡した。

　　　　　　　　　（借）売掛金　　6,000　　　（貸）売　上　　6,000

　　　　　　7日　山形商店に¥500の売上値引きをおこない，その代金は売掛金から差し引くことにした。

　　　　　　　　　（借）売　上　　　500　　　（貸）売掛金　　　500

　　　　　18日　宮城商店から売掛金の一部¥2,000を現金で受け取った。

　　　　　　　　　（借）現　金　　2,000　　　（貸）売掛金　　2,000

```
                  売      掛      金
                        │ 1/ 7 売 上    500
                        │ 1/18 現 金  2,000
    1/3 売   上  3,000  │┐ 残  高
    1/6 売   上  6,000  │┘ ¥6,500
```

　　　　　売掛金残高は**全体で¥6,500**

2. 売掛金元帳（Accounts receivable ledger）

　得意先ごとの売掛金の明細を記録する補助簿（補助元帳）である。なお，相手の名前や商店名を付した勘定を**人名勘定**という。

　売掛金元帳の残高を合計すると，売掛金勘定の残高と一致する。

売　掛　金　元　帳

宮　城　商　店　　　　　　　　　　1

令和○年		摘　　要	借　方	貸　方	借または貸	残　高
1	3	売　り　上　げ	3,000		借	3,000
	18	現　金　回　収		2,000	〃	1,000

山　形　商　店　　　　　　　　　　2

令和○年		摘　　要	借　方	貸　方	借または貸	残　高
1	6	売　り　上　げ	6,000		借	6,000
	7	値　引　き		500	〃	5,500

¥6,500

3. 買掛金勘定（Accounts payable）

　仕入先から商品を掛けで仕入れたときは，**買掛金勘定**（負債の勘定）の貸方に記入し，代金の支払高・返品高・値引高は借方に記入する。

　　（例）1月2日　京都商店から商品¥2,000を掛けで仕入れた。

　　　　　　　　　（借）仕　入　　2,000　　　　（貸）買掛金　　2,000

　　　　　5日　滋賀商店から商品¥4,000を掛けで仕入れた。

　　　　　　　　　（借）仕　入　　4,000　　　　（貸）買掛金　　4,000

　　　　　6日　滋賀商店に商品¥300を返品し，代金は買掛金から差し引くことにした。

　　　　　　　　　（借）買掛金　　　300　　　　（貸）仕　入　　　300

　　　　　15日　京都商店に買掛金の一部¥1,000を小切手を振り出して支払った。

　　　　　　　　　（借）買掛金　　1,000　　　　（貸）当座預金　　1,000

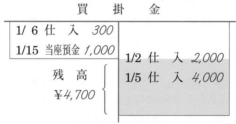

```
                       買　　掛　　金
        ┌─────────────────────┬─────────────────────┐
        │ 1/ 6 仕　入　　300   │                     │
        │ 1/15 当座預金 1,000  ├─────────────────────┤
        │                     │ 1/2 仕　入　2,000   │
        │       残　　高       │ 1/5 仕　入　4,000   │
        │       ¥4,700        │                     │
        └─────────────────────┴─────────────────────┘
```

買掛金残高は全体で¥4,700

4. 買掛金元帳（Accounts payable ledger）

　仕入先ごとの買掛金の明細を記録する補助簿（補助元帳）である。

　買掛金元帳の残高を合計すると，買掛金勘定の残高と一致する。

買　掛　金　元　帳

京　都　商　店　　　　1

令和○年		摘　　要	借　方	貸　方	借または貸	残　高
1	2	仕　　入　　れ		2,000	貸	2,000
	15	小 切 手 支 払 い	1,000		〃	1,000

滋　賀　商　店　　　　2

令和○年		摘　　要	借　方	貸　方	借または貸	残　高
1	5	仕　　入　　れ		4,000	貸	4,000
	6	返　　　　品	300		〃	3,700

¥4,700

5. 貸し倒れ（Bad debt）

　売掛金は得意先の倒産やその他の原因で回収できなくなることがある。これを貸し倒れという。

基本問題
解答p.54

1　次の取引の仕訳を示し，総勘定元帳の買掛金勘定に転記しなさい。また，買掛金元帳に記入して締め切りなさい。ただし，商品に関する勘定は3分法によること。なお，買掛金勘定には日付・相手科目・金額を記入し，買掛金元帳は開始記入も示すこと。

9月　7日　大阪商店から商品¥45,000を仕入れ，代金は掛けとした。

9日　神戸商店から商品¥50,000を仕入れ，代金は掛けとした。

10日　神戸商店から仕入れた上記商品のうち¥5,000を品違いのため返品した。なお，この代金は買掛金から差し引くことにした。

20日　大阪商店に対する買掛金¥65,000を現金で支払った。

	借　　　　　方	貸　　　　　方
9/7		
9		
10		
20		

総　勘　定　元　帳

買　　掛　　金　　　　　　　　　　　　　10

	9/1　前　期　繰　越　　50,000

買　掛　金　元　帳

大　阪　商　店　　　　　　　　1

令和〇年		摘　　　　要	借　　方	貸　　方	借または貸	残　　高
9	1	前　月　繰　越		35,000	貸	35,000

神　戸　商　店　　　　　　　　2

令和〇年		摘　　　　要	借　　方	貸　　方	借または貸	残　　高
9	1	前　月　繰　越		15,000	貸	15,000

2　次の取引の仕訳を示し，総勘定元帳の売掛金勘定に転記しなさい。また，売掛金元帳に記入して締め切りなさい。ただし，商品に関する勘定は３分法によること。なお，売掛金勘定には日付・相手科目・金額を記入し，売掛金元帳は開始記入も示すこと。

8月　5日　長崎商店に商品¥250,000を売り渡し，代金は掛けとした。

　　10日　長崎商店に売り渡した上記商品のうち¥30,000について，品質不良のため返品された。なお，この代金は売掛金から差し引くことにした。

　　13日　福岡商店に商品¥380,000を売り渡し，代金のうち¥180,000は同店振り出しの小切手で受け取り，残額は掛けとした。

　　20日　長崎商店から売掛金の一部¥120,000を現金で回収した。

　　25日　福岡商店に売り渡した上記商品について¥36,000の値引きを承諾した。なお，この代金は売掛金から差し引くことにした。

	借　　　　　方	貸　　　　　方
8/ 5		
10		
13		
20		
25		

総　勘　定　元　帳

売　　掛　　金　　　　　　　　　　　4

8/ 1	前 期 繰 越	48,000			

売掛金元帳は毎月末に締め切るので，原則として摘要欄には「前月繰越」「次月繰越」と記入することに注意しよう。

売 掛 金 元 帳

長 崎 商 店   1

令和○年		摘　　　　　要	借　　　方	貸　　　方	借または貸	残　　　高
8	1	前 月 繰 越	32,000		借	32,000

福 岡 商 店   2

令和○年		摘　　　　　要	借　　　方	貸　　　方	借または貸	残　　　高
8	1	前 月 繰 越	16,000		借	16,000

簿記の寄り道

■総勘定元帳の売掛金勘定と売掛金元帳の関係

　総勘定元帳の売掛金勘定と補助元帳でもある売掛金元帳を記帳していると，両者を混同してしまう人がいるのでここで整理しておきましょう。

　総勘定元帳の売掛金勘定は主要簿であり，掛取引があれば必ず記帳されます。したがって，どの商店に対する売掛金だろうが，必ずその増減を転記していく必要があります。すなわち，売掛金勘定の残高はすべての商店の売掛金残高の合計金額をあらわすものです。これに対して，売掛金元帳は，得意先の商店ごとの明細・残高を示すための補助簿であり，掛取引があれば必ず記帳するというわけではなく，

各商店ごとにその売掛金の増減を転記していきます。したがって，掛取引があれば，まず売掛金勘定に必ず転記し，さらに得意先の商店ごとの売掛金元帳に転記します。つまり，売掛金について２回転記する必要があるのです。

　さらに，総勘定元帳の売掛金勘定の摘要欄は相手勘定科目名を記入するのに対して，売掛金元帳の摘要欄は取引の内容を記入するという点にも注意しましょう。

　以上の点は，総勘定元帳の買掛金勘定と買掛金元帳についても，同じ関係があてはまります。

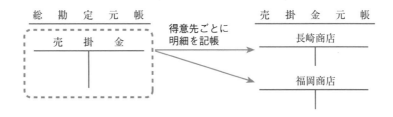

応用問題

解答 p.56

1 下記の取引について，仕入帳・買掛金元帳に記入して締め切りなさい。また，買掛金元帳については開始記入も示すこと。

　　6月　5日　東京商店から次の商品を仕入れ，代金のうち¥320,000は同店あての小切手＃9を振り出して支払い，残額は掛けとした。

　　　　　　A品　400個　@¥　　800　¥　320,000
　　　　　　B品　150個　@¥　　900　¥　135,000

　　　　7日　東京商店から仕入れた上記商品の一部に品質不良があったので，次のとおり返品した。なお，この代金は買掛金から差し引くことにした。

　　　　　　B品　　30個　@¥　　900　¥　 27,000

　　　19日　横浜商店から次の商品を仕入れ，代金は掛けとした。

　　　　　　C品　320個　@¥　　550　¥　176,000

　　　28日　横浜商店に対する買掛金の一部¥300,000について小切手を振り出して支払った。

仕　　　入　　　帳
1

令和○年	摘　　　　　　　要	内　　　訳	金　　　額

買　掛　金　元　帳
東　京　商　店
1

令和○年		摘　　　　　要	借　　　方	貸　　　方	借または貸	残　　　高
6	1	前　月　繰　越		150,000	貸	150,000

横 浜 商 店　　　　　　　　　　　　　　　　　　　　2

令和○年		摘　　　　　要	借　　方	貸　　方	借または貸	残　　高
6	1	前 月 繰 越		320,000	貸	320,000

簿記の寄り道

■引取費用と発送費について

　商品を仕入れるとき，引取運賃や保険料などを支払うことがあります。これらを**引取費用（仕入諸掛り）**といい，ふつう，**商品の仕入原価にふくめます。**

　これに対して，商品を売り渡すときに支払った荷造費や運賃などは，別に**発送費勘定（費用の勘定）を設けて，その借方に記入します**（先方負担の場合は別）。

　なぜ，引取費用と発送費で処理が異なるのでしょうか。

　これは，**適正な期間損益計算をおこなうためです。**商品を仕入れたとき，仕入勘定の借方に記帳しますが，この仕入原価が決算時においてもすべて費用になるわけではありません。商品を仕入れた分のうち，期末の時点で売れ残っている商品の金額については，決算整理仕訳において，繰越商品勘定（資産の勘定）の借方に振り替えます。この手続きによって，仕入れた商品のうち，売れた分のみ（売上原価）を

費用として当期の売上（収益の勘定）と対応させ，正しい利益を計算するのです。

　引取費用についても，仕入れたときに支払った金額をすべて当期の費用とするのではなく，売れ残った分に相当する金額は，資産として次期に繰り越す必要があります。そこで，引取費用は仕入勘定にふくめて記帳し，仕入勘定といっしょに次期に繰り越すという処理をするのです。

　発送費はどうでしょうか。発送費は当期の売上に関連して，売り上げるために発生するものですから，全額当期の売上と対応させるべきです。したがって，発送費については，支払った金額を全額当期の費用とするのです。なお，先方負担の発送費については，支払った金額を後日，商品を販売した得意先から回収することになります。そこで，支払った金額は売掛金勘定（資産の勘定）または立替金勘定（資産の勘定）で記帳するのです。

2 下記の取引について，仕訳帳に記入し，総勘定元帳の売掛金勘定に転記しなさい。また，売上帳・売掛金元帳に記入して締め切りなさい。

ただし， ⅰ 商品に関する勘定は3分法によること。
　　　　 ⅱ 仕訳帳の小書きは省略する。
　　　　 ⅲ 元丁欄には，売掛金勘定に転記するときだけ記入すればよい。
　　　　 ⅳ 売掛金勘定には，日付・相手科目・金額を記入すること。
　　　　 ⅴ 売掛金元帳は開始記入も示すこと。

8月6日 愛媛商店に次の商品を売り渡し，代金のうち¥120,000は現金で受け取り，残額は掛けとした。

　　　　A品　300個　@¥　600　¥　180,000
　　　　B品　250個　@¥　800　¥　200,000

14日 高知商店に次の商品を売り渡し，代金は掛けとした。

　　　　B品　120個　@¥　750　¥　90,000

15日 高知商店に売り渡した上記B品の一部について品違いがあったので，次のとおり返品された。なお，この代金は売掛金から差し引くことにした。

　　　　B品　20個　@¥　750　¥　15,000

25日 愛媛商店から売掛金¥250,000を同店振り出しの小切手#15で受け取った。

仕　訳　帳　　　　　1

令和○年	摘　　　要	元丁	借　　方	貸　　方

総　勘　定　元　帳
売　　掛　　金　　　　　2

8/1	前 期 繰 越	460,000		

売　　上　　帳　　　　　　　　　　　1

令和○年		摘　　　　　要	内　　訳	金　　額

売　掛　金　元　帳

愛　媛　商　店　　　　　　　　　　　1

令和○年		摘　　　　　要	借　　方	貸　　方	借また は貸	残　　高
8	1	前　月　繰　越	280,000		借	280,000

高　知　商　店　　　　　　　　　　　2

令和○年		摘　　　　　要	借　　方	貸　　方	借また は貸	残　　高
8	1	前　月　繰　越	180,000		借	180,000

検定問題

解答p.57

1　近畿商店の下記の取引について，

(1)　仕訳帳に記入して，総勘定元帳の当座預金勘定と売掛金勘定に転記しなさい。

(2)　売上帳と売掛金元帳に記入して，締め切りなさい。　　　　　　　　（第91回一部修正）

　　ただし，ⅰ　商品に関する勘定は3分法によること。

　　　　　　ⅱ　仕訳帳の小書きは省略する。

　　　　　　ⅲ　元丁欄には，当座預金勘定と売掛金勘定に転記するときだけ記入すればよい。

　取　　引

　　1月7日　大阪商店から次の商品を仕入れ，代金は小切手＃8を振り出して支払った。

　　　　　　　　　A品　800個　　@¥270　　¥216,000

　　　　　　　　　B品　600〃　　〃〃310　　¥186,000

　　　　　　　　　C品　100〃　　〃〃500　　¥ 50,000

　　12日　京都商店に次の商品を売り渡し，代金は掛けとした。

　　　　　　　　　A品　900個　　@¥380　　¥342,000

　　　　　　　　　B品　500〃　　〃〃460　　¥230,000

　　15日　京都商店に売り渡した上記商品の一部について，次のとおり返品された。なお，この代金は売掛金から差し引くことにした。

　　　　　　　　　A品　 50個　　@¥380　　¥ 19,000

　　18日　兵庫商店に次の商品を売り渡し，代金は掛けとした。

　　　　　　　　　A品　400個　　@¥380　　¥152,000

　　　　　　　　　C品　 90個　　〃〃700　　¥ 63,000

　　25日　兵庫商店から売掛金の一部¥156,000を同店振り出しの小切手＃7で受け取り，ただちに当座預金に預け入れた。

　　27日　奈良商店に対する買掛金の一部¥395,000を小切手＃9を振り出して支払った。

　　29日　京都商店から売掛金の一部¥374,000を同店振り出しの小切手＃4で受け取った。

(1)

	仕　　　訳　　　帳				1
令和 ○年	摘　　　　　要	元 丁	借　　方	貸　　方	
1 1	前 期 繰 越 高	✓	6,070,000	6,070,000	

総 勘 定 元 帳

当 座 預 金 2

令和○年		摘 要	仕丁	借 方	令和○年		摘 要	仕丁	貸 方
1	1	前 期 繰 越	√	1,208,000					

売 掛 金 4

令和○年		摘 要	仕丁	借 方	令和○年		摘 要	仕丁	貸 方
1	1	前 期 繰 越	√	530,000					

(2)

売 上 帳 1

令和○年	摘 要	内 訳	金 額

売 掛 金 元 帳

京 都 商 店 1

令和○年		摘 要	借 方	貸 方	借または貸	残 高
1	1	前 月 繰 越	374,000		借	374,000

兵 庫 商 店 2

令和○年		摘 要	借 方	貸 方	借または貸	残 高
1	1	前 月 繰 越	156,000		借	156,000

2　中国商店の下記の取引について，

(1)　仕訳帳に記入して，総勘定元帳の当座預金勘定と買掛金勘定に転記しなさい。

(2)　仕入帳と買掛金元帳に記入して，締め切りなさい。　　　　　　　　　　　（第92回一部修正）

ただし，i　商品に関する勘定は3分法によること。

ⅱ　仕訳帳の小書きは省略する。

ⅲ　元丁欄には，当座預金勘定と買掛金勘定に転記するときだけ記入すればよい。

取　　　引

1月5日　島根商店から次の商品を仕入れ，代金は掛けとした。

A品　500個　@¥350　¥175,000

B品　700〃　〃〃340　¥238,000

7日　島根商店から仕入れた商品の一部を返品し，この代金は買掛金から差し引くことにした。

A品　20個　@¥350　¥　7,000

12日　岡山商店に次の商品を売り渡し，代金は掛けとした。

A品　400個　@¥510　¥204,000

B品　530〃　〃〃600　¥318,000

C品　100〃　〃〃590　¥　59,000

18日　島根商店に対する買掛金の一部¥369,000を小切手♯7を振り出して支払った。

26日　山口商店から次の商品を仕入れ，代金は掛けとした。

C品　600個　@¥410　¥246,000

28日　山口商店に対する買掛金の一部¥278,000を小切手♯8を振り出して支払った。

29日　岡山商店から売掛金の一部¥594,000を同店振り出しの小切手♯15で受け取った。

(1)

仕　訳　帳　　　　　1

令和○年		摘　　要	元丁	借　方	貸　方
1	1	前期繰越高	√	8,325,000	8,325,000

総 勘 定 元 帳

当 座 預 金　　　　　2

令和○年		摘　　要	仕丁	借　　方	令和○年		摘　　要	仕丁	貸　　方
1	1	前 期 繰 越	√	1,300,000					

買 掛 金　　　　　8

令和○年		摘　　要	仕丁	借　　方	令和○年		摘　　要	仕丁	貸　　方
					1	1	前 期 繰 越	√	647,000

仕 入 帳　　　　　1

令和○年	摘　　　　要	内　　訳	金　　額

買 掛 金 元 帳

島 根 商 店　　　　　1

令和○年		摘　　要	借　　方	貸　　方	借または貸	残　　高
1	1	前 月 繰 越		369,000	貸	369,000

山 口 商 店　　　　　2

令和○年		摘　　要	借　　方	貸　　方	借または貸	残　　高
1	1	前 月 繰 越		278,000	貸	278,000

■章末チェックリスト■　クリアした項目に√をつけよう！

□売掛金勘定と売掛金元帳の関係を説明できる。　　□買掛金勘定と買掛金元帳の関係を説明できる。
□売掛金元帳を記帳することができる。　　　　　　□買掛金元帳を記帳することができる。

第7章 手形取引の記帳（2級の学習）

学習の要点 ●●●

1. 約束手形の記帳

　手形の振出人（支払人）が，一定の期日（支払期日または満期日という）に一定の金額（手形額面金額）を名あて人（受取人）に支払うことを約束した証券である。

❶振出人（支払人）……約束手形の金額を支払う者
❷名あて人（受取人）……約束手形の金額を受け取る者
❸手形額面金額
❹振出日（約束手形の作成日）
❺支払期日または満期日（約束手形の金額が支払われる日）
❻支払場所（支払いがおこなわれる金融機関）
❼電子交換所の設立により，QRコードが印刷されるようになっている。

　この約束手形は，静岡商店が，商品仕入代金や買掛金支払いのために，中部商店にあてて振り出したものである。

振出人の仕訳	（借）仕入（または買掛金）　×××　（貸）支払手形　×××
名あて人の仕訳	（借）受取手形　×××　（貸）売上（または売掛金）×××

2. 手形の決済

　手形は，満期日を迎えると取引銀行を通じて決済され，約束手形の振出人の当座預金口座から手形代金が支払われる。また，受取人は当座預金口座に入金される。

受取人の仕訳	（借）当座預金　×××　（貸）受取手形　×××
振出人の仕訳	（借）支払手形　×××　（貸）当座預金　×××

3. 手形の裏書と割引

(1)　手形の裏書

　　手形の所持人は，仕入代金の支払いなどにあてるため，支払期日前に手形の裏面に署名，または記名・押印して，手形を他人に譲り渡すことができる。これを**手形の裏書譲渡**という。裏書譲渡により，手形債権は，手形の所持人（裏書人）から譲受人（被裏書人）に移るので，受取手形勘定の貸方に記入する。

裏書時の仕訳	（借）仕入（または買掛金）×××　　（貸）受 取 手 形　　×××

(2)　手形の割引

　　手形の所持人は，資金を必要とする場合に，支払期日前に銀行などの金融機関に手形を裏書譲渡して，売却代金を得ることができる。これを**手形の割引**という。この場合も受取手形勘定の貸方に記入する。また，手形を割り引いた場合には，割引日から支払期日までの利息相当額が手形金額から差し引かれる。この利息を割引料といい，**手形売却損勘定**（費用の勘定）の借方に記入する。

割引時の仕訳	（借）当座預金など　　　×××　　（貸）受 取 手 形　　××× 　　　　手形売却損　　　×××

4. 受取手形記入帳と支払手形記入帳

　手形に関する債権・債務の詳細を記録するために，それぞれ**受取手形記入帳・支払手形記入帳**を補助簿として用いる。

受 取 手 形 記 入 帳

令和○年		摘要	金額	手形種類	手形番号	支払人	振出人または裏書人	振出日		満期日		支払場所	て ん 末		
								月	日	月	日		月	日	摘要
8	5	売上	200,000	約手	81	広島商店	山口商店	8	5	10	5	中国銀行	10	5	入金
9	12	売掛金	180,000	約手	24	長野商店	長野商店	9	12	12	12	信州銀行			
❶		❷	❸	❹	❺	❻	❼	❽		❾		❿	⓫		

支 払 手 形 記 入 帳

令和○年		摘要	金額	手形種類	手形番号	受取人	振出人	振出日		満期日		支払場所	て ん 末		
								月	日	月	日		月	日	摘要
9	3	仕入	123,000	約手	17	大阪商店	当　店	9	3	11	3	関西銀行	11	3	支払い
❶		❷	❸	❹	❺	❻	❼	❽		❾		❿	⓫		

❶日付……取引の発生日を記入する。
❷摘要……手形の受け取りや振り出しの取引内容を記入する。
❸金額……手形額面金額を記入する。
❹手形種類……約束手形は「約手」と略して記入する。
❺手形番号……手形番号を記入する。
❻，❼……手形に関係する商店名を記入する。
❽振出日……手形の作成日を記入する。
❾満期日……手形の支払期日を記入する。
❿支払場所……手形が支払われる金融機関名を記入する。
⓫てん末……手形の債権や債務が消滅した日付とその取引内容を記入する。

基本問題

解答p.59

1 次の取引の仕訳を示しなさい。ただし，商品に関する勘定は3分法によること。

(1) 沖縄商店に対する売掛金の一部として，同店振り出しの約束手形￥120,000 を受け取った。

(2) 宮崎商店に商品を￥250,000 で売り渡し，代金のうち￥150,000 は同店振り出し，当店あての約束手形を受け取り，残額は掛けとした。

(3) 大分商店の買掛金￥300,000 について，同店あての約束手形を振り出して支払った。

(4) 熊本商店から商品￥210,000 を仕入れ，代金のうち￥100,000 は約束手形を振り出して支払い，残額は掛けとした。

	借　　　　　方	貸　　　　　方
(1)		
(2)		
(3)		
(4)		

2 次の取引の仕訳を示しなさい。

(1) かねて取引銀行に取り立てを依頼していた，愛知商店振り出しの約束手形￥120,000 が本日満期になり，当座預金に振り込まれたむねの通知を受けた。

(2) かねて買掛金の支払いとして岐阜商店に振り出していた約束手形￥280,000 が本日満期になり，当座預金口座から支払われたむねの通知を取引銀行から受けた。

	借　　　　　方	貸　　　　　方
(1)		
(2)		

3 次の取引の仕訳を示しなさい。ただし，商品に関する勘定は3分法によること。

(1) 群馬商店から商品￥560,000 を仕入れ，代金のうち￥500,000 はさきに埼玉商店から受け取っていた約束手形を裏書譲渡し，残額は小切手を振り出して支払った。

(2) かねて商品代金として，神奈川商店から受け取っていた約束手形￥800,000 を取引銀行で割り引き，割引料を差し引いた手取金￥797,700 は当座預金とした。

(3) 千葉商店に商品を￥428,000 で売り渡し，代金は静岡商店振り出し，千葉商店あての約束手形￥428,000 を裏書きのうえ譲り受けた。

	借　　　　　方	貸　　　　　方
(1)		
(2)		
(3)		

4 次の連続した取引の仕訳を示し，受取手形記入帳・支払手形記入帳に記入しなさい。ただし，商品に関する勘定は3分法によること。

10月 1日　石川商店に商品¥120,000を売り渡し，代金のうち¥100,000は同店振り出しの約束手形#18で受け取り，残額は掛けとした。
　　　　　　振出日　10月 1日　　　支払期日　11月 1日　　　支払場所　北陸銀行

　　 3日　滋賀商店から商品¥360,000を仕入れ，代金のうち¥250,000は次の約束手形#27を振り出し，残額は小切手を振り出して支払った。
　　　　　　振出日　10月 3日　　　支払期日　11月 3日　　　支払場所　彦根銀行

　　12日　得意先三重商店から売掛金¥380,000の回収として，同店振り出しの約束手形#32で受け取った。
　　　　　　振出日　10月12日　　　支払期日　12月12日　　　支払場所　鳥羽銀行

11月 1日　かねて石川商店から受け取っていた同店振り出しの約束手形#18を北陸銀行に取り立て依頼をしていたが，本日満期となり，当店の当座預金口座に入金したむねの通知を受けた。

　　 3日　さきに滋賀商店に対して振り出した約束手形#27が本日満期になり，当座預金口座から支払われたむね，取引銀行から通知を受けた。

　　10日　三重商店から受け取っていた約束手形#32を取引銀行で割り引き，手取金¥368,000は当座預金とした。

	借　　　　方	貸　　　　方
10/ 1		
3		
12		
11/ 1		
3		
10		

受 取 手 形 記 入 帳

令和○年	摘要	金　額	手形種類	手形番号	支払人	振出人または裏書人	振出日 月 日	満期日 月 日	支払場所	てん末 月 日	摘要

支 払 手 形 記 入 帳

令和○年	摘要	金　額	手形種類	手形番号	受取人	振出人	振出日 月 日	満期日 月 日	支払場所	てん末 月 日	摘要

検定問題

解答p.60

1 次の取引の仕訳を示しなさい。ただし，商品に関する勘定は3分法によること。

(1) 宮崎商店から次の商品を仕入れ，代金のうち¥300,000は同店あての約束手形♯4を振り出して支払い，残額は掛けとした。　　　　　　　　　　　　　　　　　　　　　　　　　　　　（第58回）

　　　　C品　　900個　　@¥　600　　¥540,000

(2) 長崎商店に次の商品を売り渡し，代金の一部については下記の約束手形♯5で受け取り，残額は掛けとした。　　　　　　　　　　　　　　　　　　　　　　　　　　　　　　　　　　　（第70回一部修正）

　　　　A品　　400個　　@¥　750　　¥300,000
　　　　B品　　200個　　@¥　600　　¥120,000

(3) 山口商店に次の商品を売り渡し，代金のうち¥120,000は同店振り出しの約束手形♯6で受け取り，残額は掛けとした。　　　　　　　　　　　　　　　　　　　　　　　　　　　　　　　（第61回）

　　　　B品　　200個　　@¥　800　　¥160,000

(4) 商品代金として中央商店あてに振り出していた約束手形♯8¥300,000が本日満期となり，当座預金から支払った。　　　　　　　　　　　　　　　　　　　　　　　　　　　　　　　（第84回）

(5) 山形商店から次の商品を仕入れ，代金の一部については，下記の約束手形♯15を振り出して支払い，残額は掛けとした。　　　　　　　　　　　　　　　　　　　　　　　　　　　（第73回一部修正）

　　　　C品　　900個　　@¥　500　　¥450,000

(6) 茨城商店に対する買掛金¥410,000を支払うために，約束手形を振り出して支払った。

　　　　　　　　　　　　　　　　　　　　　　　　　　　　　　　　　　　　　　　（第89回）

	借　　　　　　　方	貸　　　　　　　方
(1)		
(2)		
(3)		
(4)		
(5)		
(6)		

2　次の取引の仕訳を示しなさい。ただし，商品に関する勘定は3分法によること。

(1)　広島商店に対する買掛金の支払いとして，さきに得意先岡山商店から商品代金として受け取っていた約束手形￥410,000を裏書譲渡した。　　　　　　　　　　　　　　（第86回）

(2)　岐阜商店から，商品代金として受け取っていた同店振り出しの約束手形￥250,000を取引銀行で割り引き，割引料を差し引かれた手取金￥249,000は当座預金とした。　　　　（第87回）

(3)　大阪商店から，商品代金として受け取っていた同店振り出しの約束手形￥300,000を取引銀行で割り引き，割引料を差し引かれた手取金￥298,000は当座預金とした。　　　　（第77回）

(4)　富山商店から商品￥270,000を仕入れ，代金はさきに得意先新潟商店から受け取っていた約束手形￥270,000を裏書譲渡した。　　　　　　　　　　　　　　　　　　　　　　（第88回）

(5)　松本商店から，商品代金として受け取っていた同店振り出しの約束手形￥300,000を取引銀行で割り引き，割引料を差し引かれた手取額￥297,000は当座預金とした。　　　（第90回）

(6)　長野商店に対する買掛金の支払いとして，さきに得意先東京商店から受け取っていた約束手形￥530,000を裏書譲渡した。　　　　　　　　　　　　　　　　　　　　　　　　（第80回）

(7)　京都商店から商品代金として受け取っていた同店振り出しの約束手形￥600,000を取引銀行で割り引き，割引料￥18,000を差し引かれた手取金￥582,000は当座預金とした。　　（第81回）

(8)　岩手商店に対する買掛金の支払いとして，さきに得意先盛岡商店から受け取っていた約束手形￥380,000を裏書譲渡した。　　　　　　　　　　　　　　　　　　　　　　　　（第92回）

(9)　岩手商店から，商品代金として受け取っていた同店振り出しの約束手形￥400,000を取引銀行で割り引き，割引料を差し引かれた手取金￥395,000は当座預金とした。　　　（第83回）

	借　　　　　　方	貸　　　　　　方
(1)		
(2)		
(3)		
(4)		
(5)		
(6)		
(7)		
(8)		
(9)		

3 宮崎商店の次の勘定記録と支払手形記入帳から，（　ア　）と（　イ　）に入る金額を求めなさい。

（第87回一部修正）

当　座　預　金

1/1	前期繰越	809,000	2/24	支払手形	（　　　）
			3/10	支払手形	（　イ　）

支　払　手　形

2/24	当座預金	（　　　）	1/10	仕　入	385,000
3/10	当座預金	（　　　）	24	仕　入	200,000
			2/24	買掛金	180,000

支 払 手 形 記 入 帳

令和○年		摘要	金　額	手形種類	手形番号	受取人	振出人	振出日		満期日		支払場所	てん末	
													日付	摘要
1	10	仕 入 れ	（　　　）	約手	31	都城商店	当　店	1	10	3	10	全商銀行宮崎支店	3	10	支払い
	24	仕 入 れ	（　　　）	約手	32	日南商店	当　店	1	24	2	24	全商銀行宮崎支店	2	24	支払い
2	24	買掛金支払い	（　ア　）	約手	33	延岡商店	当　店	2	24	3	24	全商銀行宮崎支店		

ア	イ
¥	¥

4 滋賀商店における下記の当座預金出納帳と受取手形記入帳によって，

a. 受取手形記入帳の（　ア　）の金額を求めなさい。

b. 2月16日に約束手形#9を割り引いたさいの，手形売却損の金額を求めなさい。ただし，借越限度額を¥500,000とする当座借越契約を結んでいる。

当 座 預 金 出 納 帳

令和○年		摘　要	預　入	引　出	借または貸	残　高
2	1	前月繰越	110,000		借	110,000
	7	米原商店から商品仕入れ　小切手#2		150,000	貸	（　　　）
	9	大津商店振り出し　約手#3 入金	（　　　）		借	360,000
	16	彦根商店振り出し　約手#9 割引き	599,000		〃	959,000

支 払 手 形 記 入 帳

令和○年		摘要	金　額	手形種類	手形番号	受取人	振出人または裏書人	振出日		満期日		支払場所	てん末	
													日付	摘要
1	9	売り上げ	（　ア　）	約手	3	大津商店	大津商店	1	9	2	9	全商銀行大津支店	2	9	入金
	16	売り上げ	600,000	約手	9	彦根商店	彦根商店	1	16	3	16	全商銀行彦根支店	2	16	割引

ア	イ
¥	¥

■章末チェックリスト■　クリアした項目に✓をつけよう！

☐手形の種類を説明できる。
☐約束手形を受け取ったとき，振り出したときの仕訳ができる。
☐手形を決済したときの仕訳ができる。

☐手持ちの約束手形を裏書譲渡したとき，取引銀行で割り引いたときの仕訳ができる。
☐受取手形記入帳と支払手形記入帳の記帳方法を理解している。

第8章　その他の債権・債務の記帳

学習の要点 ● ● ●

1. 前払金（Advance payment）と前受金（Advance receipt）

　商品の売買取引で，実際に商品の受け渡しをする前に，商品代金の一部を受け払いすることがある。これを内金といい，このとき，買い手は**前払金勘定**（資産の勘定）で処理し，売り手は**前受金勘定**（負債の勘定）で処理する。この内金は，後日，商品の受け渡しがあったときに商品代金にあてられる。

取　　引	買　　い　　手　　側	売　　り　　手　　側
内金受け払い	(借)前　払　金 ××× (貸)現　金 など ×××	(借)現　金 など ××× (貸)前　受　金 ×××
商品受け渡し	(借)仕　　　　入 ××× (貸)前　払　金 ××× 買掛金 など ×××	(借)前　受　金 ××× (貸)売　　　　上 ××× 売掛金 など ×××

2. 未収金と未払金

　商品以外の備品や車両運搬具，不用品などを売却して，代金をまだ受け取っていないときの債権は**未収金勘定**（資産の勘定）の借方に記入する。また，商品以外の備品や車両運搬具などを購入して，代金をまだ支払っていないときの債務を**未払金勘定**（負債の勘定）の貸方に記入する。

不用品売却（代金未収）	(借) 未 収 金 ×××	(貸) 雑　　　益 ×××
備品買い入れ（代金未払）	(借) 備　　品 ×××	(貸) 未 払 金 ×××

　なお，商品売買（営業取引という）についての債権や債務は**売掛金**勘定（資産の勘定），**買掛金**勘定（負債の勘定）で処理し，区別する。

商品売り渡し（代金掛け）	(借) 売 掛 金 ×××	(貸) 売　　　上 ×××
商品仕入れ（代金掛け）	(借) 仕　　入 ×××	(貸) 買 掛 金 ×××

3. 貸付金（Loans receivable）と借入金（Loans payable）

　借用証書によって金銭を貸し付けたときの貸付額は**貸付金勘定**（資産の勘定）の借方に記入する。また，借入れたときの借入額は**借入金勘定**（負債の勘定）の貸方に記入する。なお，返済があったときは，貸し主は貸付金勘定の貸方に，借り主は借入金勘定の借方に記入する。

取　　引	貸　　し　　手　　側	借　　り　　手　　側
金銭貸借時	(借)貸　付　金 ××× (貸)現　金 など ×××	(借)現　金 など ××× (貸)借　入　金 ×××
金銭返済時	(借)現　金 など ××× (貸)貸　付　金 ××× 受 取 利 息 ×××	(借)借　入　金 ××× (貸)現　金 など ××× 支 払 利 息 ×××

4. 手形貸付金と手形借入金

　借用証書のかわりに，約束手形を振り出して金銭の貸借をおこなう場合がある。このような金融上の手形を**金融手形**といい，これは，商品売買のために用いられる手形ではないため，**手形貸付金勘定**（資産の勘定）および**手形借入金勘定**（負債の勘定）で処理する。なお，返済されたときは，それぞれ貸借反対に記入する。

取　　　引	貸　　し　　手　　側	借　　り　　手　　側
金銭貸借時	(借)手形貸付金 ×××　(貸)現　金 など ××× 　　　　　　　　　　　　受 取 利 息 ×××	(借)現　金 など ×××　(貸)手形借入金 ××× 　　支 払 利 息 ×××
金銭返済時	(借)現　金 など ×××　(貸)手形貸付金 ×××	(借)手形借入金 ×××　(貸)現　金 など ×××

5. 立替金と預り金

　一時的に立て替え払いしたときの債権は**立替金勘定**（資産の勘定）の借方に記入する。また，一時的に現金を預かる場合などの債務は**預り金勘定**（負債の勘定）の貸方に記入する。これらの勘定は企業の外部のものと企業の内部のものとに区別し，次のような勘定科目で処理する。

　　立替金……得意先に対する立替金→立替金勘定（資産の勘定）

　　　　　　　従業員に対する立替金→従業員立替金勘定（資産の勘定）

　　預り金……得意先に対する預り金→預り金勘定（負債の勘定）

　　　　　　　従業員に対する預り金→従業員預り金勘定（負債の勘定）

　　　　　　　従業員の所得税に対する源泉徴収額→所得税預り金勘定（負債の勘定）

6. 仮払金と仮受金

　現金などの支出があったが，その勘定科目または金額が未確定の場合は，一時的に**仮払金勘定**（資産の勘定）で処理する。また，現金などの収入があったが，その勘定科目または金額が未確定の場合は，一時的に**仮受金勘定**（負債の勘定）で処理する。なお，後日，勘定科目または金額が確定したときに，該当する勘定科目に振り替える。

7. 商品券

　百貨店などでは，現金と引き換えに**商品券**を発行し，後日，商品券を引き換えに商品を売り渡すという制度をとっている場合がある。商品券を発行したときには，**商品券勘定**（負債の勘定）の貸方に記入する。

基本問題

解答 p.62

1 次の取引の仕訳を示しなさい。ただし，商品に関する勘定は 3 分法によること。

(1) 沖縄商店に商品 ¥240,000 を注文し，内金として ¥40,000 を現金で支払った。

(2) 上記の商品 ¥240,000 を仕入れ，代金は内金 ¥40,000 を差し引き，残額は掛けとした。

(3) 鹿児島商店から商品 ¥480,000 の注文を受け，内金として ¥80,000 を同店振り出しの小切手で受け取った。

(4) 上記の商品 ¥480,000 を売り渡し，代金は内金 ¥80,000 を差し引き，残額は掛けとした。

	借　　　　　　方	貸　　　　　　方
(1)		
(2)		
(3)		
(4)		

2 次の取引の仕訳を示しなさい。

(1) 不用となった段ボール箱を売却し，代金 ¥1,000 は月末に受け取ることにした。

(2) 備品 ¥680,000 を買い入れ，代金は月末に支払うことにした。

	借　　　　　　方	貸　　　　　　方
(1)		
(2)		

3 次の取引の仕訳を示しなさい。

(1) 島根商店に，借用証書によって現金 ¥700,000 を貸し付けた。

(2) 島根商店に，借用証書によって貸し付けていた ¥700,000 を利息 ¥20,000 とともに同店振り出しの小切手で返済を受けた。

(3) 鳥取商店から借用証書によって現金 ¥800,000 を借り入れた。

(4) 鳥取商店から借用証書によって借り入れていた ¥800,000 を利息 ¥30,000 とともに現金で返済した。

	借　　　　　　方	貸　　　　　　方
(1)		
(2)		
(3)		
(4)		

4　次の取引の仕訳を示しなさい。
(1)　山梨商店から約束手形を受け取り¥1,000,000 を貸し付け，利息¥100,000 を差し引き，残額は現金で支払った。
(2)　上記の貸付金について，山梨商店から¥1,000,000 を同店振り出しの小切手で返済を受けた。
(3)　約束手形を振り出して取引銀行から¥2,000,000 を借り入れ，利息¥200,000 を差し引かれた手取金は当座預金とした。
(4)　上記の借入金について，期日に小切手を振り出して返済した。

	借　　　　方	貸　　　　方
(1)		
(2)		
(3)		
(4)		

5　次の取引の仕訳を示しなさい。
(1)　従業員の生命保険料¥20,000 を現金で立て替えた。
(2)　本月分の給料¥186,000 の支払いにさいし，上記の立替金¥20,000 を差し引き，残額を現金で支払った。
(3)　本月分の給料¥250,000 の支払いにさいし，所得税¥23,000 を差し引き，残額を現金で支払った。
(4)　本月分の給料¥256,000 の支払いにさいし，従業員に対する立替金¥15,000 および所得税¥25,000 を差し引き，残額を現金で支払った。

	借　　　　方	貸　　　　方
(1)		
(2)		
(3)		
(4)		

6　次の取引の仕訳を示しなさい。
(1)　従業員の出張にさいし，旅費の概算額¥40,000 を現金で前渡しした。
(2)　上記の従業員が帰社し，旅費の精算をおこない，残金¥2,800 を現金で受け取った。
(3)　出張中の従業員から当社の当座預金口座に内容不明の¥130,000 が振り込まれた。
(4)　従業員が帰社し，上記の振り込みは得意先からの売掛金の回収であることが判明した。

	借　　　　方	貸　　　　方
(1)		
(2)		
(3)		
(4)		

7 次の取引の仕訳を示しなさい。
(1) 商品券¥60,000 を発行し，代金は現金で受け取った。
(2) 商品¥75,000 を売り渡し，代金のうち¥60,000 はさきに発行した商品券で受け取り，残額は現金で受け取った。

	借　　　　　　方	貸　　　　　　方
(1)		
(2)		

検定問題

解答p.64

1 次の取引の仕訳を示しなさい。ただし，商品に関する勘定は 3 分法によること。
(1) 岩手商店から商品¥300,000 を仕入れ，代金はさきに支払ってある内金¥60,000 を差し引き，残額は掛けとした。　　　　　　　　　　　　　　　　　　　　　　（第86回）
(2) 山梨商店から商品¥450,000 の注文を受け，内金として¥90,000 を現金で受け取った。
　　　　　　　　　　　　　　　　　　　　　　　　　　　　　　　　　　（第87回）
(3) 岐阜商店に商品¥460,000 を売り渡し，代金はさきに受け取っていた内金¥100,000 を差し引き，残額は同店振り出しの小切手で受け取り，ただちに当座預金に預け入れた。　（第71回）
(4) 千葉商店から商品陳列用ケース¥210,000 を買い入れ，代金は月末に支払うことにした。
　　　　　　　　　　　　　　　　　　　　　　　　　　　　　　　　　　（第76回）
(5) 神奈川商店に借用証書によって，現金¥270,000 を貸し付けた。　　　　（第89回）
(6) 借用証書によって貸し付けていた¥720,000 の返済を受け，その利息¥36,000 とともに現金¥756,000 を受け取った。　　　　　　　　　　　　　　　　　　　　（第81回）
(7) 石川商店に借用証書によって貸し付けていた¥700,000 の返済を受け，その利息¥21,000 とともに同店振り出しの小切手で受けとった。　　　　　　　　　　　（第85回）
(8) 山形商店から借用証書によって¥400,000 を借り入れていたが，本日，利息¥6,000 とともに現金で返済した。　　　　　　　　　　　　　　　　　　　　　　（第92回）

	借　　　　　　方	貸　　　　　　方
(1)		
(2)		
(3)		
(4)		
(5)		
(6)		
(7)		
(8)		

2 次の取引の仕訳を示しなさい。ただし，商品に関する勘定は3分法によること。

(1) 本月分の給料¥750,000 の支払いにあたり，所得税額¥54,000 を差し引いて，従業員の手取金を現金で支払った。　　　　　　　　　　　　　　　　　　　　　　　　　　　（第92回）

(2) 本月分の給料¥650,000 の支払いにあたり，所得税額¥52,000 を差し引いて，従業員の手取金を現金で支払った。　　　　　　　　　　　　　　　　　　　　　　　　　　　（第88回）

(3) 従業員の出張にあたり，旅費の概算額として¥40,000 を現金で渡した。　　　　（第89回）

(4) 従業員の出張にさいし，旅費の概算額として¥90,000 を仮払いしていたが，本日，従業員が帰店して精算をおこない，残額¥7,000 を現金で受け取った。　　　　　　　　（第91回）

(5) 出張中の従業員から当店の当座預金口座に¥130,000 の振り込みがあったが，その内容は不明である。　　　　　　　　　　　　　　　　　　　　　　　　　　　　　　　　　（第88回）

(6) 出張中の従業員から当店の当座預金口座に¥50,000 の振り込みがあったが，その内容は不明である。　　　　　　　　　　　　　　　　　　　　　　　　　　　　　　　　　（第86回）

(7) さきに，仮受金勘定で処理していた¥150,000 について，本日，その金額は，得意先秋田商店に対する売掛金の回収額であることがわかった。　　　　　　　　　　　　　　　（第79回）

(8) 商品券¥70,000 を発行し，代金は現金で受け取った。　　　　　　　　　　　　（第86回）

(9) 商品券¥80,000 を発行し，代金は現金で受け取った。　　　　　　　　　　　　（第83回）

(10) 石川商店は商品¥90,000 を売り渡し，代金のうち¥60,000 はさきに発行した商品券で受け取り，残額は現金で受け取った。　　　　　　　　　　　　　　　　　　　　　　（第84回）

	借　　　　　方	貸　　　　　方
(1)		
(2)		
(3)		
(4)		
(5)		
(6)		
(7)		
(8)		
(9)		
(10)		

■章末チェックリスト■ クリアした項目に✓をつけよう！

□前払金・前受金に関する取引の仕訳ができる。　　□立替金・預り金に関する取引の仕訳ができる。
□未収金・未払金に関する取引の仕訳ができる。　　□仮払金・仮受金に関する取引の仕訳ができる。
□貸付金・借入金に関する取引の仕訳ができる。　　□商品券に関する取引の仕訳ができる。
□手形貸付金・手形借入金に関する取引の仕訳ができる。

第9章　有価証券の記帳（2級の学習）

学習の要点 ● ● ●

1. 有価証券（Securities）の記帳

時価のある公債（国債・地方債）・社債・株式などの有価証券を売買目的で保有するときは，有価証券（または売買目的有価証券）勘定（資産の勘定）で処理する。

(1) 株式の計算

　　1株の買入価額×株式数

(2) 公債・社債の計算

　　額面金額 $\times \dfrac{\text{額面¥}100\text{についての価額}}{\text{¥}100}$

有　価　証　券

買い入れたとき （取得原価）	売却したとき （売却した分の帳簿価額）
残高 { 買入価額＋付随費用	

2. 買入時の記帳

有価証券勘定の借方に取得原価（買ったときにかかった金額の全部）で記入する。

なお，取得原価には買入価額のほか，買入手数料などの付随費用をふくめる。

(1) 株式の場合

（例）売買目的で奈良物産株式会社の株式10株を1株につき¥65,000で買い入れ，代金は買入手数料¥7,000とともに小切手を振り出して支払った。

●取得原価の計算……　¥65,000 × 10株＋¥7,000＝¥657,000

（借）有　価　証　券　　657,000　　（貸）当　座　預　金　　657,000

(2) 公債・社債の場合

（例）和歌山商事株式会社の額面¥1,000,000の社債を額面¥100につき¥97で買い入れ，代金は小切手を振り出して支払った。

●取得原価の計算……　$¥1,000,000 \times \dfrac{¥97}{\text{額面¥}100} = ¥970,000$

（借）有　価　証　券　　970,000　　（貸）当　座　預　金　　970,000

3. 売却時の記帳

売却時は，その帳簿価額を有価証券勘定の貸方に記入する。

①帳簿価額……もっている金額（帳簿に記入されている金額）

②売却価額……有価証券を売って，手に入れた金額

　　売却価額 − 帳簿価額 ＝ 有価証券売却益（マイナスのときは有価証券売却損）

応用問題

解答 p.65

1　次の取引の仕訳を示しなさい。

(1)　売買目的で広島工業株式会社の株式60株を1株につき￥55,000で買い入れ，代金は小切手を振り出して支払った。

(2)　(1)の株式のうち，10株を1株につき￥60,000で売却し，代金は現金で受け取った。

(3)　(1)の株式のうち，30株を1株につき￥52,000で売却し，代金は後日受け取ることにした。

(4)　売買目的で山口工業株式会社の株式20株を1株につき￥70,000で買い入れ，代金は買入手数料￥8,000とともに小切手を振り出して支払った。

	借　　　　　方	貸　　　　　方
(1)		
(2)		
(3)		
(4)		

2　次の取引の仕訳を示し，下記の勘定に転記して締め切りなさい。ただし，勘定には日付・相手科目・金額を記入すること。（決算日12月31日）

　　　3月27日　売買目的で静岡物産株式会社の社債額面￥1,000,000を額面￥100につき￥98で買い入れ，代金は現金で支払った。

　　　8月15日　上記社債のうち額面￥500,000を額面￥100につき￥99で売却し，代金は現金で受け取り，ただちに当座預金に預け入れた。

　　　12月22日　上記社債のうち額面￥200,000を額面￥100につき￥96で売却し，代金は後日受け取ることにした。

	借　　　　　方	貸　　　　　方
3/27		
8/15		
12/22		

総　勘　定　元　帳

有　価　証　券　　　　7	有価証券売却益　　　12
	有価証券売却損　　　16

3　次の取引の仕訳を示しなさい。

(1)　売買目的で保有している徳島商事株式会社の株式10株（1株の帳簿価額￥60,000）を1株につき￥73,000で売却し，代金は小切手で受け取り，ただちに当座預金に預け入れた。

(2)　売買目的で保有している香川商事株式会社の社債額面￥1,000,000（帳簿価額は額面￥100につき￥96）を額面￥100につき￥95で売却し，代金は現金で受け取った。

	借	方	貸	方
(1)				
(2)				

検定問題

解答p.67

1 次の取引の仕訳を示しなさい。

(1) 売買目的で保有している島根商事株式会社の株式5株（1株の帳簿価額¥45,000）を1株につき¥48,000で売却し，代金は当店の当座預金口座に振り込まれた。　（第86回）

(2) 売買目的で長野商事株式会社の株式30株を1株につき¥57,000で買い入れ，代金は買入手数料¥13,000とともに小切手を振り出して支払った。　（第87回）

(3) 売買目的で保有している福井商事株式会社の株式100株（1株の帳簿価額¥7,000）を1株につき¥8,000で売却し，代金は当店の当座預金口座に振り込まれた。　（第88回）

(4) 売買目的で保有している名古屋工業株式会社の株式100株（1株の帳簿価額¥89,500）を1株につき¥90,000で売却し，代金は当店の当座預金口座に振り込まれた。　（第90回）

(5) 売買目的で保有している新潟株式会社の株式200株（1株の帳簿価額¥6,000）を1株につき¥7,000で売却し，代金は当店の当座預金口座に振り込まれた。　（第91回）

(6) 売買目的で秋田産業株式会社の株式300株を1株につき¥7,500で買い入れ，代金は買入手数料¥18,000とともに小切手を振り出して支払った。　（第92回）

(7) 売買目的で神奈川産業株式会社の株式30株を1株につき¥62,000で買い入れ，代金は買入手数料¥16,000とともに小切手を振り出して支払った。　（第83回）

(8) 売買目的で保有している富山商事株式会社の株式30株（1株の帳簿価額¥60,000）を1株につき¥61,000で売却し，代金は当店の当座預金口座に振り込まれた。　（第84回）

(9) 売買目的で富山商事株式会社の株式20株を1株につき¥59,000で買い入れ，代金は買入手数料¥12,000とともに小切手を振り出して支払った。　（第85回）

	借	方	貸	方
(1)				
(2)				
(3)				
(4)				
(5)				
(6)				
(7)				
(8)				
(9)				

■**章末チェックリスト**■　クリアした項目に✓をつけよう！

□簿記上「有価証券」として記帳するものにはどのようなものがあるか，説明できる。
□有価証券勘定は，資産・負債・純資産・収益・費用のどれか。
□有価証券を取得したときの仕訳ができる。
□帳簿価額とは何か，説明できる。
□有価証券売却益・有価証券売却損の計算ができる。

第10章　固定資産の記帳

学習の要点 ●●●

1. 固定資産（Fixed asset）

企業が経営活動のために，1年をこえる長期にわたって使用する目的で所有する資産のことをいう。

固定資産には以下のような種類がある。

①建　　　物……営業用の店舗・倉庫・事務所など

②備　　　品……営業用の机・いす・金庫・商品陳列用ケース・事務用カラーコピー機・
　　　　　　　　パーソナルコンピュータなど

③車両運搬具……営業用の乗用車・トラックなど

④土　　　地……営業用の土地

2. 取得時の記帳

固定資産を取得したときは，それぞれの勘定（建物など）の借方に取得原価で記入する。取得原価には，購入代金に付随費用をふくめる。

取得原価 ＝ 購入代金（固定資産そのものの金額）＋ 付随費用（買うためにかかった金額）

●付随費用の例……買入手数料・登記料・整地費用・引取運賃・据付費・試運転費など

（例）営業用の建物を￥5,000,000 で購入し，代金は月末に支払うことにした。なお，買入手数料￥200,000 と登記料￥150,000 を現金で支払った。

（借）建　　　物　　5,350,000　　（貸）未　　払　　金　　5,000,000
　　　　　　　　　　　　　　　　　　　　現　　　　　金　　　350,000

固定資産の勘定

取　得　時 （取得原価） 購入代金＋付随費用	売　却　時 （帳簿価額）
	｝残高

3. 売却時の記帳（2級の範囲）

固定資産を売却したときは，それぞれの勘定（建物など）の貸方に帳簿価額（もっている金額）で記入する。

①帳簿価額……自分がもっている金額

②売却価額……固定資産を売って，手に入れた金額

売却価額 － 帳簿価額 ＝ 固定資産売却益（マイナスのときは固定資産売却損）

（例）売却価額 ￥120 ＞ 帳簿価額 ￥100（売却価額のほうが帳簿価額より大きい）

（借）当　座　預　金　　　　120　　（貸）建　物　な　ど　　　　100
　　　　　　　　　　　　　　　　　　　　固定資産売却益　　　　　20

（例）売却価額 ￥80 ＜ 帳簿価額 ￥100（売却価額のほうが帳簿価額より小さい）

（借）当　座　預　金		*80*	（貸）建　物　な　ど		*100*
固定資産売却損		*20*			

基本問題

解答p.68

1　次の取引の仕訳を示しなさい。

(1)　店舗用の建物を¥*6,000,000* で購入し，代金は小切手＃7を振り出して支払った。

(2)　事務用のパーソナルコンピュータを¥*300,000* で購入し，代金は小切手＃3を振り出して支払った。

(3)　営業用の乗用車を¥*1,500,000* で購入し，代金は小切手＃6を振り出して支払った。

(4)　土地¥*6,000,000* を購入し，代金のうち¥*2,000,000* は小切手を振り出して支払い，残額は月末に支払うことにした。

	借　　　　　　　方	貸　　　　　　　方
(1)		
(2)		
(3)		
(4)		

2　次の取引の仕訳を示しなさい。

(1)　営業用の店舗を¥*3,000,000* で購入し，代金は翌月に支払うことにした。なお，買入手数料¥*220,000* と登記料¥*130,000* をともに現金で支払った。

(2)　営業用の金庫を¥*330,000* で購入し，据付費¥*10,000* とともに小切手を振り出して支払った。

(3)　営業用の乗用車を¥*2,000,000* で購入し，代金のうち¥*500,000* は小切手を振り出して支払い，残額は月末に支払うことにした。

(4)　営業用の土地100㎡を1㎡あたり¥*100,000* で購入し，この代金と買入手数料¥*400,000* をともに小切手を振り出して支払った。なお，整地費用¥*50,000* と登記料¥*150,000* は現金で支払った。

	借　　　　　　　方	貸　　　　　　　方
(1)		
(2)		
(3)		
(4)		

応用問題

解答 p.68

1 次の取引の仕訳を示しなさい。

(1) 土地200㎡を1㎡につき¥500,000で購入し，代金は仲介手数料¥500,000と登記料¥200,000とともに，小切手を振り出して支払った。

(2) 営業用のトラック¥850,000を購入し，代金のうち¥400,000は現金で支払い，残額は月末払いにした。

(3) 事務用のパーソナルコンピュータ¥500,000を3台購入し，代金のうち¥500,000と据付費¥30,000は現金で支払い，残額は来月末払いにした。

(4) 営業用の店舗¥4,000,000を購入し，代金のうち¥3,000,000は小切手を振り出して支払い，残額は月末に支払うことにした。なお，登記料・手数料など¥200,000は現金で支払った。

	借　　　　　方	貸　　　　　方
(1)		
(2)		
(3)		
(4)		

2 次の取引の仕訳を示しなさい。（**2級の範囲**）

(1) 大阪商店に帳簿価額¥4,000,000の建物を¥4,250,000で売却し，代金は同店振り出しの小切手で受け取り，ただちに当座預金に預け入れた。

(2) 帳簿価額¥300,000の備品を¥230,000で売却し，代金は月末に受け取ることにした。

	借　　　　　方	貸　　　　　方
(1)		
(2)		

検定問題

解答 p.69

1　次の取引の仕訳を示しなさい。

(1)　店舗用に建物 ¥4,000,000 を購入し，代金は小切手を振り出して支払った。なお，登記料や買入手数料の合計額 ¥260,000 は現金で支払った。　　　　　　　　　　　　　　　　（第78回）

(2)　店舗を建てるため，土地 ¥6,200,000 を購入し，代金は登記料と買入手数料の合計額 ¥370,000 とともに小切手を振り出して支払った。　　　　　　　　　　　　　　　　（第82回）

(3)　事務用のパーソナルコンピュータ ¥330,000 を買い入れ，代金は付随費用 ¥8,000 とともに現金で支払った。　　　　　　　　　　　　　　　　　　　　　　　　　　　　　　（第84回）

(4)　店舗を建てるため，土地 ¥5,300,000 を購入し，代金は登記料と買入手数料の合計額 ¥180,000 とともに小切手を振り出して支払った。　　　　　　　　　　　　　　　　（第86回）

(5)　店舗用に建物 ¥4,500,000 を購入し，代金は小切手を振り出して支払った。なお，登記料と買入手数料の合計額 ¥290,000 は現金で支払った。　　　　　　　　　　　　　（第88回）

(6)　店舗用に建物 ¥3,000,000 を購入し，代金は小切手を振り出して支払った。なお，登記料と買入手数料の合計 ¥200,000 は現金で支払った。　　　　　　　　　　　　　（第80回）

(7)　事務用のパーソナルコンピュータ ¥460,000 を買い入れ，代金は現金で支払った。　（第74回）

(8)　帳簿価額 ¥8,000,000 の建物を ¥6,500,000 で売却し，代金は小切手で受け取り，ただちに当座預金に預け入れた。　　　　　　　　　　　　　　　　　　　　　　　　（第92回）

	借　　　　　方	貸　　　　　方
(1)		
(2)		
(3)		
(4)		
(5)		
(6)		
(7)		
(8)		

■章末チェックリスト■　　クリアした項目に✓をつけよう！

□固定資産にはどのような種類があるか，説明できる。　　　費用のどれか。
□固定資産の各勘定は，資産・負債・純資産・収益・　　　□取得原価の計算ができる。

第11章　販売費及び一般管理費の記帳

学習の要点 ●●●

1. 販売費及び一般管理費 (Selling, general and administrative expense) の種類

販売費及び一般管理費とは，商品売買などの営業活動に直接関連して発生する費用をいう。

販売費 及び 一般管理費	給料，発送費，広告料，貸倒引当金繰入，減価償却費，旅費，交通費，通信費，水道光熱費，保険料，修繕費，支払家賃，支払地代，支払手数料，消耗品費，雑費など

2. 販売費及び一般管理費の記帳

(1) 個別の勘定を設けて処理する方法

　　この方法によると，発生した費用の内容が把握できるが，勘定口座が多くなり，記帳に手間がかかる。また，損益計算書を作成するときに煩雑となる。特に，発生金額が少ない科目は面倒である。

(2) 営業活動に関する取引において発生した費用をすべて販売費及び一般管理費勘定で処理する方法

　　この方法によると，勘定口座を多く設定する必要がなくなり，発生金額の少ない科目はまとめることができる。なお，科目ごとの内容を明らかにするために販売費及び一般管理費内訳帳という補助簿を用いる。

(例) 4月10日　次の販売費及び一般管理費を現金で支払った。

タクシー代　¥5,000　　郵便切手　¥2,000

帳簿・ボールペン　¥7,000

(1)の方法

(借) 交　　通　　費　　　　5,000　　(貸) 現　　　　金　　　14,000
　　 通　　信　　費　　　　2,000
　　 消　耗　品　費　　　　7,000

　●科目ごとに勘定を設ける。

　●勘定口座が多くなり，記帳に手間がかかる。

　●発生金額が少ないものには不適当である。

(2)の方法

(借) 販売費及び一般管理費　　14,000　　(貸) 現　　　　金　　　14,000

　●販売費及び一般管理費勘定のみを設ける。

　●記帳に手間がかからない。

　●発生金額が少ない場合はまとめられる。

販売費及び一般管理費

4/10	現　　金	14,000	

販売費及び一般管理費内訳帳

交　通　費

令和○年		摘　　　　要	金　　　額	合　　　計
4	10	タクシー代	5,000	5,000

通　信　費

令和○年		摘　　　　要	金　　　額	合　　　計
4	10	郵便切手	2,000	2,000

消　耗　品　費

令和○年		摘　　　　要	金　　　額	合　　　計
4	10	帳簿・ボールペン	7,000	7,000

基本問題

解答p.70

1　次の勘定科目のうち，販売費及び一般管理費となるものには○印を，そうでないものには×印を記入しなさい。

(1) 保　険　料　　(2) 通　信　費　　(3) 支　払　利　息　　(4) 交　通　費
(5) 雑　　　費　　(6) 広　告　料　　(7) 雑　　　　損　　(8) 水　道　光　熱　費
(9) 固定資産売却損　　(10) 有価証券売却損

(1)		(2)		(3)		(4)		(5)	
(6)		(7)		(8)		(9)		(10)	

2　次のことがらは，どの勘定科目で処理すべきか，勘定科目を記入しなさい。

(1) はがき・切手を購入したとき。　　(2) 水道料を支払ったとき。
(3) お茶菓子や新聞を購入したとき。　　(4) 事務用の帳簿を購入したとき。
(5) バスの回数券を購入したとき。

(1)		(2)		(3)		(4)		(5)	

3 次の取引について，

(1) 販売費及び一般管理費勘定を用いずにそれぞれの勘定を用いて仕訳を示しなさい。

(2) 販売費及び一般管理費勘定を用いて仕訳を示し，販売費及び一般管理費勘定に転記しなさい。また，販売費及び一般管理費内訳帳に記入しなさい。ただし，勘定には日付・相手科目・金額を記入すること。

4月 1日 バス回数券￥20,000 を買い入れ，代金は現金で支払った。

5月25日 今月分の水道料￥10,000 を現金で支払った。

7月23日 はがき・切手を買い入れ，代金￥18,000 を現金で支払った。

12月10日 1年分の保険料￥120,000 を小切手を振り出して支払った。

12月25日 商品￥500,000 を売り渡し，代金は掛けとした。なお，商品の発送に要した諸費用￥40,000 は小切手を振り出して支払った。

(1)

	借　　　　方	貸　　　　方
4/ 1		
5/25		
7/23		
12/10		
25		

(2)

	借　　　　方	貸　　　　方
4/ 1		
5/25		
7/23		
12/10		
25		

販売費及び一般管理費

販売費及び一般管理費内訳帳

交　通　費

令和○年	摘　　　要	金　　　額	合　　　計

水　道　光　熱　費

通　信　費

保　険　料

発　送　費

■ 検定問題

解答p.71

1 次の取引について，販売費及び一般管理費勘定を用いずにそれぞれの勘定を用いて仕訳を示しなさい。

(1) 和歌山商店は建物に対する 1 年分の火災保険料 ¥78,000 を現金で支払った。　　　　（第85回）

(2) 日南郵便局で郵便切手 ¥9,000 を買い入れ，代金は現金で支払った。　　　　（第75回）

(3) 1 月分のインターネット通信料として ¥20,000 を現金で支払った。　　　　（第89回）

(4) 富山新聞販売店に折り込み広告代金として ¥30,000 を現金で支払った。　　　　（第91回）

(5) 坂出広告社に広告料 ¥70,000 を小切手 # 19 を振り出して支払った。　　　　（第78回）

(6) 川口郵便局で郵便切手 ¥7,000 を買い入れ，代金は現金で支払った。　　　　（第83回）

	借　　　　　　方	貸　　　　　　方
(1)		
(2)		
(3)		
(4)		
(5)		
(6)		

■章末チェックリスト■　クリアした項目に✓をつけよう！

□販売費及び一般管理費の内容を説明できる。　　□販売費及び一般管理費内訳帳の記帳ができる。
□販売費及び一般管理費の勘定科目を説明できる。

第12章　個人企業の純資産の記帳（2級の学習）

学習の要点 ●●●

1. 個人企業の純資産

　個人企業では，資本の元入れ（3級の出題範囲）や引き出しなどの取引を資本金勘定（純資産の勘定）に記入する。

(1) 資本金の増加
　　①開業時の元入れ（出資）
　　②開業後の追加元入れ（追加出資）
　　③決算時の当期純利益の振り替え

(2) 資本金の減少
　　①開業後の資本金の引き出し
　　②所得税や住民税など，費用と認められない税金の支払い（第13章）で学習する
　　③決算時の当期純損失の振り替え

資　本　金

(2)①開業後の資本金の引き出し	(1)①開業時の元入れ（出資）
(2)②費用と認められない税金の支払い	(1)②開業後の追加元入れ（追加出資）
(2)③決算時の当期純損失の振り替え	(1)③決算時の当期純利益の振り替え
期末資本金（次期繰越）	

2. 追加元入れと引き出し

(1) 追加元入れ（Increase capital）
　　開業後，事業主が事業拡張などのために追加して出資することを**追加元入れ**といい，資本金勘定の貸方に記入する。

　　　（借）現 金 な ど　×××　　　（貸）資　本　金　×××

(2) 引き出し（Capital drawing）
　　事業主が，店の現金や商品などを私用に使うことがある。これを資本の引き出しといい，**資本金勘定の借方に記入**するか，**引出金勘定の借方に記入**する。

　　①資本金勘定の借方に記入し，減少の処理をおこなう。
　　　　引き出し　（借）資　本　金　×××　　　（貸）現 金 な ど　×××
　　　　決　　算　　仕訳なし

　　②引出金勘定（資本金のマイナスを示す勘定：評価勘定）を設け，その借方に記入する。
　　　　なお，引出金勘定の残高は，決算時に資本金勘定に振り替える。

　　　　引き出し　（借）引　出　金　×××　　　（貸）現 金 な ど　×××
　　　　決　　算　（借）資　本　金　×××　　　（貸）引　出　金　×××

基本問題

解答 p.72

1　次の取引の仕訳を示しなさい。

(1)　現金¥5,000,000 を元入れして営業を開始した。

(2)　現金¥1,000,000　備品¥500,000 を出資して，開業した。

(3)　現金¥1,000,000　建物¥1,200,000 と借入金¥400,000 で営業を開始した。

(4)　事業拡張のため，現金¥2,000,000 を追加元入れした。

(5)　事業主が事業拡張のため，現金¥600,000 を追加出資した。

	借	方	貸	方
(1)				
(2)				
(3)				
(4)				
(5)				

2　次の取引の仕訳を示しなさい。ただし，商品に関する勘定は 3 分法によること。

(1)　事業主が店の現金¥80,000 を私用にあてた。

(2)　事業主が店の商品¥10,000（原価）を私用にあてた。

(3)　事業主の生命保険料¥20,000 を店の現金で支払った。

(4)　事業主が店の現金¥50,000 と店の商品¥6,400（原価）を家事用に消費した。

	借	方	貸	方
(1)				
(2)				
(3)				
(4)				

3 次の取引の仕訳を示しなさい。

(1) 決算にあたり，当期純利益¥180,000を損益勘定から資本金勘定へ振り替えた。

(2) 決算にあたり，当期純損失¥210,000を損益勘定から資本金勘定へ振り替えた。

(3) 決算にあたり，引出金勘定の残高¥240,000を資本金勘定へ振り替えた。

(4) 次の勘定記入から，決算に必要な仕訳を示しなさい。

損　　　　益

12/31 仕　　　　　　　　入	1,200,000	12/31 売　　　　　　　　上	1,500,000
〃　 販売費及び一般管理費	230,000	〃　 そ　の　他　収　益	100,000
〃　 そ　の　他　費　用	60,000		

	借　　　　　　方	貸　　　　　　方
(1)		
(2)		
(3)		
(4)		

4 次の表の空欄に適当な金額を記入しなさい。なお，計算上，当期純損失が生じた場合は，マイナス（－）を付すこと。

	期首純資産	収益総額	費用総額	期末純資産	当期純損益
(1)	ア	1,500,000	イ	3,220,000	220,000
(2)	2,500,000	470,000	340,000	ウ	エ
(3)	4,380,000	オ	2,460,000	3,620,000	カ
(4)	キ	3,850,000	ク	2,930,000	－730,000
(5)	1,542,000	ケ	274,000	コ	123,000

(1)		(2)		(3)	
ア	イ	ウ	エ	オ	カ

(4)		(5)	
キ	ク	ケ	コ

この問題もボックスで考えると解答しやすいよ。

応用問題

解答p.73

1　次の連続した取引の仕訳を示し，資本金勘定と引出金勘定に転記して締め切りなさい。ただし，商品に関する勘定は3分法によることとし，各勘定には日付・相手科目・金額を記入すること。（決算日12月31日）

　　1月　1日　現金¥3,000,000　備品¥750,000を元入れして開業した。

　　2月　1日　事業主が私用のため，店の現金¥90,000を引き出した。

　　4月　1日　事業拡張のため，現金¥800,000を追加元入れした。

　　8月　3日　水道光熱費¥40,000を小切手を振り出して支払った。ただし，このうち¥8,000は家計の負担分である。

　10月25日　事業主が商品¥16,000（原価）を私用にあてた。

　12月31日　決算にあたり，引出金勘定の残高を整理した。

　　〃日　決算の結果，当期純利益¥540,000を計上した。

	借　　　　　方	貸　　　　　方
1/ 1		
2/ 1		
4/ 1		
8/ 3		
10/25		
12/31		
〃		

資　　本　　金

引　　出　　金

2 次の表の空欄に適当な金額を記入しなさい。なお当期純損失が生じた場合は，マイナス（-）を付すこと。

	期首純資産	追加元入れ	引 出 金	期末純資産	収益総額	費用総額	当期純損益
(1)	ア	50,000	60,000	420,000	イ	640,000	30,000
(2)	570,000	23,000	12,000	ウ	896,000	エ	- 21,000
(3)	287,000	14,000	9,000	312,000	オ	604,000	カ
(4)	642,000	8,000	23,000	キ	431,000	373,000	ク
(5)	738,000	32,000	ケ	900,000	コ	809,000	142,000

	(1)		(2)		(3)	
	ア	イ	ウ	エ	オ	カ
	¥	¥	¥	¥	¥	¥

	(4)		(5)	
	キ	ク	ケ	コ
	¥	¥	¥	¥

3 次の各問いに答えなさい。

(1) 新潟商店（個人企業）の下記の資料によって，期間中の次の金額を計算しなさい。なお，仕入はすべて掛け取引である。

　　　　a. 当 期 仕 入 高　　　b. 期間中の追加元入高

資　　料

　　i　元帳勘定残高（一部）

		（期　首）	（期　末）
商　　　品	¥	860,000	¥ 1,040,000
買　掛　金		1,500,000	1,640,000
資　本　金		4,000,000	5,278,000

　　ii　期間中の買掛金減少高　　¥ 6,280,000
　　iii　期間中の引出金　　　　　¥ 272,000
　　iv　当期純利益　　　　　　　¥ 1,000,000

a	¥		b	¥

(2) 富山商店（個人企業）の下記の資料によって，期間中の次の金額を計算しなさい。ただし，前払金は仕入代金の一部として支払ったものであり，前払金を差し引いた残額はすべて掛けとして処理している。

　　　　a. 売 上 原 価　　　b. 買掛金支払高

資　　料

　　i　元帳勘定残高（一部）

		（期　首）	（期　末）	
商　　　品	¥	1,740,000	¥ 1,820,000	
買　掛　金		1,500,000	1,640,000	
前　払　金		400,000	560,000	（当期前払高　¥840,000）

　　ii　当期仕入高　　¥ 6,280,000

a	¥		b	¥

(3) 鳥取商店（個人企業）の決算日における下記の損益勘定と資料から，

a. （　ア　）に入る勘定科目を記入しなさい。

b. （　イ　）に入る金額を記入しなさい。

c. 期末純資産の金額を求めなさい。

損　　　　　益				資　　料
12/31 仕　　入	5,600,000	12/31 売　　上	8,000,000	期首純資産　¥3,200,000
〃　給　料	900,000	〃　受取地代	200,000	
〃　雑　費	250,000			
〃　支払利息	70,000			
〃　（　ア　）	（　イ　）			
	8,200,000		8,200,000	

a		b	¥		c	¥

検定問題

解答p.75

1　次の取引の仕訳を示しなさい。ただし，商品に関する勘定は3分法によること。

(1) 事業主が私用のため，店の現金¥72,000を引き出した。　　　　　（第90回）

(2) 事業主が私用のため，原価¥6,000の商品を使用した。　　　　　（第79回）

(3) 事業主が私用のため，店の現金¥20,000を引き出した。　　　　　（第83回）

(4) 事業拡張のため，事業主が現金¥850,000を追加元入れした。　　（第87回）

(5) 事業拡張のため，事業主が現金¥740,000を追加元入れした。　　（第81回）

(6) 事業規模を拡大するため，事業主が現金¥800,000を追加元入れした。　（第84回）

	借　　　　　方	貸　　　　　方
(1)		
(2)		
(3)		
(4)		
(5)		
(6)		

2　次の文の□□□のなかに，下記の語群のなかから，もっとも適当なものを選び，その番号を答えなさい。　　（第58回一部修正）

　売掛金勘定に対する貸倒引当金勘定や，資本金勘定に対する□ア□勘定のように，ある勘定の残高から差し引いて，その勘定の金額を修正する役割をもった勘定を□イ□勘定という。

語　群　1. 評価勘定　2. 集合勘定　3. 買掛金　4. 引出金

ア	イ

■**章末チェックリスト**■　クリアした項目に✓をつけよう！

□個人企業の純資産の意味を説明できる。　　□個人企業の純資産の減少取引の仕訳を，資本金勘定
□個人企業の純資産の増加取引の仕訳ができる。　　または引出金勘定を用いてできる

第13章　個人企業の税金の記帳（2級の学習）

学習の要点 ●●●

1. 個人企業の税金（Taxes）

個人企業の税金には，税法上，費用として認められるものと認められないものがある。

(1)費用として認められない税金……所得税・住民税

(2)費用として認められる税金………事業税・固定資産税・印紙税など

2. 所得税・住民税の記帳

(1)　所得税

①所得税は，1年間（1月1日から12月31日まで）の経営活動によって生じた純利益をもとに事業主の所得に対して課税される。

②所得税は，予定納税制度によって納税することが認められている。

③所得税は，店の費用とはならないので，店の現金などで納付したときは，**引出金勘定（または資本金勘定）の借方に記入する。**

(2)　住民税

①住民税は，都道府県・市町村に住所をもつ個人に課せられる税金である。

②住民税は，毎年4期に分けて納付する。

③住民税は，所得税と同様，店の現金などで納付したときは，**引出金勘定（または資本金勘定）の借方に記入する。**

3. 固定資産税・印紙税の記帳

(1)　固定資産税

固定資産税は，土地・建物などの固定資産を所有している個人に課せられる税金である。事業税は，税法上必要経費となり，費用として処理し，納付したときは，**租税公課勘定（費用の勘定）または固定資産税勘定（費用の勘定）の借方に記入する。**

(2)　印紙税

印紙税は，収入印紙を購入し，売買契約書や領収証を作成したり，手形を振り出すときなどに課せられる税金である。収入印紙を購入したときは，**租税公課勘定（費用の勘定）または印紙税勘定（費用の勘定）の借方に記入する。**

4. 消費税の記帳

消費税は，事業者がおこなった商品の売り上げやサービスの提供などに対して課せられる税金である。

商品を仕入れたさいに支払った消費税は，**仮払消費税勘定**（資産の勘定）で処理し，商品を売り上げたさいに受け取った消費税は**仮受消費税勘定**（負債の勘定）で処理する。

決算時には，仮払消費税勘定の残高と仮受消費税勘定の残高を相殺し，仮受消費税勘定の残高のほうが多い場合には，その差額を**未払消費税勘定**（負債の勘定）で処理する。

基本問題

解答 p.75

1 次に示した税金について，税法上，費用として認められる税金には○印を，認められないものには×印を記入しなさい。

所 得 税	住 民 税	固定資産税	印 紙 税

2 次の取引の仕訳を示しなさい。

(1) 予定納税制度にもとづいて，本年度の所得税の予定納税額第1期分￥130,000 を現金で納付した。

(2) 本年度の所得税の予定納税額第2期分￥130,000 を現金で納付した。

(3) 本年度の所得税について，確定申告をおこない，税額が￥350,000 と確定したので，予定納税額を差し引いた残額￥90,000 を現金で納付した。

	借 方	貸 方
(1)		
(2)		
(3)		

3 次の取引の仕訳を示しなさい。

(1) 住民税￥200,000 のうち，第1期分￥50,000 を現金で納付した。

(2) 第4期分の住民税￥50,000 を現金で納付した。

	借 方	貸 方
(1)		
(2)		

4 次の取引の仕訳を示しなさい。

(1) 固定資産税￥80,000 を現金で納付した。

(2) 収入印紙￥8,000 を買い入れ，代金は現金で支払った。

	借 方	貸 方
(1)		
(2)		

応用問題

解答 p.77

1 次の取引を税抜き方式で示しなさい。なお，消費税の税率は10％とする。

(1) 商品￥275,000 （税込）を仕入れ，代金は掛けとした。

(2) 商品￥550,000 （税込）を売り渡し，代金は掛けとした。

(3) 決算にさいし，消費税の納付税額を計算した。ただし，仮払消費税勘定の残高が￥232,000，仮受消費税勘定の残高が￥408,000 ある。

(4) 消費税額￥176,000 を現金で納付した。

	借　　　方	貸　　　方
(1)		
(2)		
(3)		
(4)		

検定問題

解答p.76

1 次の取引の仕訳を示しなさい。ただし，商品に関する勘定は3分法によること。

(1) 事業主が，所得税の予定納税額の第1期分¥34,000を，店の現金で納付した。　（第86回）

(2) 営業用の土地と建物に対する固定資産税¥120,000を現金で納付した。　（第78回）

(3) 南北市役所から固定資産税の納税通知書を受け取り，ただちにこの税額¥34,000を現金で納付した。　（第81回一部修正）

(4) 収入印紙¥6,000を購入し，代金は現金で支払った。　（第90回）

(5) 商品¥264,000（消費税¥24,000を含む）を売り渡し，代金は掛けとした。ただし，消費税の処理方法は税抜き方式により，仮受消費税勘定を用いている。　（第92回）

(6) 静岡商店は商品¥756,000（消費税¥56,000を含む）を売り渡し，代金は掛けとした。ただし，消費税の処理方法は税抜き方式により，仮受消費税勘定を用いている。　（第87回）

	借　　　方	貸　　　方
(1)		
(2)		
(3)		
(4)		
(5)		
(6)		

■章末チェックリスト■　クリアした項目に✓をつけよう！
□費用として認められない税金の種類を説明し，納付したさいの取引の仕訳ができる。
□費用として認められる税金の種類を説明し，納付したさいの取引の仕訳ができる。
□税抜き方式で，消費税に関する取引の仕訳ができる。

Ⅲ 帳簿と伝票

第1章　帳簿と伝票

学習の要点 ● ● ●

1. 伝票（Slip）

　取引の内容を記入する一定の形式の紙片をいい，この伝票に記入することを**起票**という。企業の規模が大きくなると取引の数も多くなるが，伝票を用いると取引を各係が分担して起票し，記帳が効率的になるという利点がある。なお，取引の事実を証明する書類を証ひょう（Voucher）という。

取　引	起票 →	伝　票	転記 →	総勘定元帳
		※今までは仕訳帳		

2. 仕訳伝票

　1取引ごとに1枚ずつ記入し仕訳する伝票をいう。この仕訳伝票だけを用いる方法を**1伝票制**という。

取　引	起票 →	仕訳伝票	転記 →	総勘定元帳
		（仕　訳）		

　　※1取引ごとに1枚の伝票に記入する

　（例）3月3日　三重商店からA品 100 個を@￥500 で仕入れ，代金のうち￥10,000 は
　　　　　　　現金で支払い，残額は掛けとした。（伝票番号 No. 10　勘定口座番号，現
　　　　　　　金勘定1，買掛金勘定5，仕入勘定8）

　（借）仕　　　入　　50,000　　（貸）現　　　金　　10,000
　　　　　　　　　　　　　　　　　　　　買　掛　金　　40,000

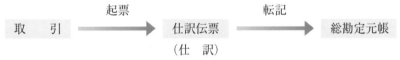

仕　訳　伝　票 令和○年3月3日 NO. 10															
勘定科目	元丁	借		方			勘定科目	元丁	貸		方			
仕　　入	8		5	0	0	0	0	現　　金	1		1	0	0	0	0
								買　掛　金	5		4	0	0	0	0
合　　計			5	0	0	0	0	合　　計			5	0	0	0	0
摘要	三重商店からA品　100 個　@￥500　仕入れ														

3．3伝票制

取引を入金伝票・出金伝票・振替伝票の３種類の伝票に起票する方法をいう。

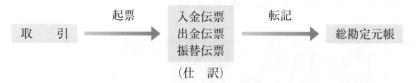

①入金伝票（Receipt slip）……現金が借方に仕訳（収入）されたとき，この伝票に記入する（入金取引）。

（借）現　　金　××　　　　（貸）○　　　○　　××

②出金伝票（Disbursement slip）……現金が貸方に仕訳（支出）されたとき，この伝票に記入する（出金取引）。

（借）○　　　○　　××　　　　（貸）現　　　金　××

③振替伝票（Journal slip）……現金取引以外の取引をこの伝票に記入する（振替取引）。

（借）○　　　○　　××　　　　（貸）○　　　○　　××

（例）３月１日　大分商店にA品30個　@￥10を現金で売り渡した。（伝票番号 No. 44）

（借）現　　　金　*300*　　　　（貸）売　　　上　*300*　**→入金伝票**

　　　15日　従業員金田敏政に給料￥200を現金で支払った。（伝票番号 No. 48）

（借）給　　　料　*200*　　　　（貸）現　　　金　*200*　**→出金伝票**

　　　31日　中津商店からA品10個　@￥10を掛けで仕入れた。（伝票番号 No. 50）

（借）仕　　　入　*100*　　　　（貸）買　掛　金　*100*　**→振替伝票**

入　金　伝　票		
令和○年３月１日		No. 44
科目　売　上　入金先		大分商店　殿
摘　　要	金　　額	
売　り　上　げ		3 0 0
合　　　計		3 0 0

出　金　伝　票		
令和○年３月15日		No. 48
科目　給　料　支払先		金田敏政　殿
摘　　要	金　　額	
今　月　分		2 0 0
合　　　計		2 0 0

振　替　伝　票				
令和○年３月31日				No. 50
勘　定　科　目	借　　　方	勘　定　科　目	貸　　　方	
仕　　　入	1 0 0	買　掛　金	1 0 0	
合　　　計	1 0 0	合　　　計	1 0 0	
摘要　中津商店からA品　10個　@￥10　掛け仕入れ				

※振替取引のなかには，一部現金取引がふくまれる場合がある。このような場合は，取引を分解して，現金の収入・支出部分については入金伝票・出金伝票に記入し，それ以外の分については振替伝票に記入する。

（例）商品¥800を売り渡し，代金のうち¥400は現金で受け取り，残額は掛けとした。

（借）現　　　金　400　　（貸）売　　　上　400　→**入金伝票**

（借）売　掛　金　400　　（貸）売　　　上　400　→**振替伝票**

※2つに分解して記入する

基本問題

解答p.77

1 　栃木商店の次の取引を入金伝票・出金伝票・振替伝票に記入しなさい。ただし，商品に関する勘定は3分法によること。

6月3日　群馬商店にA品　100個　@¥500　¥50,000を売り渡し，代金は掛けとした。

(伝票番号No. 23)

5日　埼玉電器店から事務用のコピー機を¥165,000で購入し，代金は現金で支払った。

(伝票番号No. 34)

7日　山梨商店から売掛金¥48,000を同店振り出しの小切手で受け取った。

(伝票番号No. 37)

入　金　伝　票 令和〇年　月　日　No.＿ 科目＿＿＿＿　入金先＿＿＿＿殿 摘　要 ／ 金　額 合　計	出　金　伝　票 令和〇年　月　日　No.＿ 科目＿＿＿＿　支払先＿＿＿＿殿 摘　要 ／ 金　額 合　計

振　替　伝　票
令和〇年　月　日　　No.＿

勘　定　科　目	借　　方	勘　定　科　目	貸　　方
合　　計		合　　計	
摘要			

簿記の寄り道

■記帳について

●従来の経理

取引 → 伝票 → 主要簿・補助簿に記帳 → 報告書

●現在の経理

取引 → 伝票 → コンピュータ → 報告書

　現在は記帳という作業は人間がおこなうことは少なく，コンピュータがほとんどおこないます。しかし，取引をコンピュータに入力し，報告書を読み判断するのは人間です。そのため，簿記の知識は必要なのです。

2 長崎商店の次の取引を入金伝票・出金伝票・振替伝票に記入しなさい。ただし，商品に関する勘定は 3 分法によること。

6月17日 福岡商店から商品売買の仲介手数料￥50,000 を現金で受け取った。
（伝票番号 No. 4）

17日 佐賀商店に対し，借入金の一部￥32,000 を現金で返済した。 （伝票番号 No. 9）

17日 那覇商店に次の商品を売り渡し，代金は掛けとした。 （伝票番号 No. 7）
B品 150個 @￥200 ￥30,000

入 金 伝 票			
令和〇年 月 日 No.			
科目		入金先 殿	
摘 要		金 額	
合 計			

出 金 伝 票			
令和〇年 月 日 No.			
科目		支払先 殿	
摘 要		金 額	
合 計			

振 替 伝 票			
令和〇年 月 日 No.			
勘 定 科 目	借 方	勘 定 科 目	貸 方
合 計		合 計	
摘要			

応用問題

解答p.79

1 東京商店の次の取引を下記の伝票に記入しなさい。ただし，商品に関する勘定は 3 分法によること。また，不要な伝票は空白のままにしておくこと。

10月7日 神奈川商店へA品 300個 @￥600 ￥180,000 を売り渡し，代金は掛けとした。
（伝票番号 No. 1）

〃日 上記商品の発送費￥4,000 を横浜運送店に現金で支払った。 （伝票番号 No. 2）

15日 出張中の従業員金田由香から，内容不明の送金小切手#2 ￥70,000 を受け取った。
（伝票番号 No. 3）

27日 現金￥250,000 を千葉銀行の当座預金口座に預け入れた。 （伝票番号 No. 4）

29日 茨城商店から売掛金￥200,000 を同店振り出しの小切手で受け取った。
（伝票番号 No. 5）

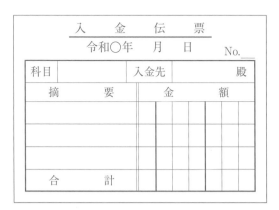

入　金　伝　票		
令和〇年　　月　　日　　　No.＿		
科目　　　　　　入金先　　　　　　殿		
摘　　　要	金　　　額	
合　　　計		

出　金　伝　票		
令和〇年　　月　　日　　　No.＿		
科目　　　　　　支払先　　　　　　殿		
摘　　　要	金　　　額	
合　　　計		

入　金　伝　票		
令和〇年　　月　　日　　　No.＿		
科目　　　　　　入金先　　　　　　殿		
摘　　　要	金　　　額	
合　　　計		

出　金　伝　票		
令和〇年　　月　　日　　　No.＿		
科目　　　　　　支払先　　　　　　殿		
摘　　　要	金　　　額	
合　　　計		

入　金　伝　票		
令和〇年　　月　　日　　　No.＿		
科目　　　　　　入金先　　　　　　殿		
摘　　　要	金　　　額	
合　　　計		

出　金　伝　票		
令和〇年　　月　　日　　　No.＿		
科目　　　　　　支払先　　　　　　殿		
摘　　　要	金　　　額	
合　　　計		

振　替　伝　票					
令和〇年　　月　　日　　　No.＿					
勘　定　科　目	借　　　方		勘　定　科　目	貸　　　方	
合　　　計			合　　　計		
摘要					

検定問題

解答p.78

① 　東西商店の次の取引を入金伝票・出金伝票・振替伝票のうち，必要な伝票に記入しなさい。ただし，不要な伝票は空欄のままにしておくこと。　　　　　　　　　　　　　　　（第91回一部修正）

　　1月12日　和歌山商店に借用証書によって借り入れていた ¥500,000 を小切手 #18 を振り出して返済した。　　　　　　　　　　　　　　　　　　　　　　　　　　　　　　　（伝票番号 No. 26）
　　　〃日　福井文具店より，コピー用紙・帳簿 ¥60,000 を購入し，代金は現金で支払った。
　　　　　　　　　　　　　　　　　　　　　　　　　　　　　　　　　　　　　（伝票番号 No. 13）

入　金　伝　票			
令和○年　月　日　　No.＿			
科目		入金先　　　　　　殿	
摘　　要		金　　額	
合　　計			

出　金　伝　票			
令和○年　月　日　　No.＿			
科目		支払先　　　　　　殿	
摘　　要		金　　額	
合　　計			

振　替　伝　票			
令和○年　月　日　　No.＿			
勘　定　科　目	借　　方	勘　定　科　目	貸　　方
合　　計		合　　計	
摘要			

伝票の問題は，最初はとっつきにくいかもしれないけれども，検定試験では確実な得点源になるよ。

2　鳥取商店の次の取引を入金伝票・出金伝票・振替伝票のうち，必要な伝票に記入しなさい。ただし，不要な伝票は空欄のままにしておくこと。　　　　　　　　　　　　　　　（第92回一部修正）

　　6月19日　商品売買の仲介をおこない，広島商店から手数料として現金 ¥23,000 を受け取った。　　　　　　　　　　　　　　　　　　　　　　　　　　　　　　（伝票番号 No. 17）
　　　〃 日　全商銀行に定期預金として小切手 ＃5 ¥800,000 を振り出して預け入れた。
　　　　　　　　　　　　　　　　　　　　　　　　　　　　　　　　　　　（伝票番号 No. 24）
　　　〃 日　山口新聞店に折り込み広告代金として，¥20,000 を現金で支払った。
　　　　　　　　　　　　　　　　　　　　　　　　　　　　　　　　　　　（伝票番号 No. 10）

入　金　伝　票			
令和○年　月　日　　No. ___			
科目		入金先	殿
摘　　要		金　　額	
合　　計			

出　金　伝　票			
令和○年　月　日　　No. ___			
科目		支払先	殿
摘　　要		金　　額	
合　　計			

振　替　伝　票			
令和○年　月　日　　　　No. ___			
勘　定　科　目	借　　方	勘　定　科　目	貸　　方
合　　計		合　　計	
摘要			

──**章末チェックリスト**──　クリアした項目に✓をつけよう！
□なぜ伝票を用いるのか，伝票のメリットを説明できる。　　　□入金伝票・出金伝票・振替伝票の起票ができる。
□3伝票制とは何か，説明できる。

Ⅳ 決　算

第1章 決算整理

1. 決算整理の意味と商品に関する決算整理

1. 決算整理の意味

決算は，総勘定元帳の勘定残高にもとづいておこなわれる。

しかし，決算日における資産・負債・純資産の勘定残高が，期末の実際有高を正しく示していない場合がある。また，収益や費用の勘定のなかにも，その勘定残高が，当期分の収益・費用の金額を正しく示していない場合がある。そこで，決算にあたって正しい金額を示すように勘定残高を修正する必要がある。

この修正手続きを**決算整理**といい，そのための仕訳を**決算整理仕訳**という。そして，決算整理に必要なことがらを**決算整理事項**という。また，決算整理仕訳にもとづいて勘定記入することを**決算整理記入**という。

(1)　決算の流れ

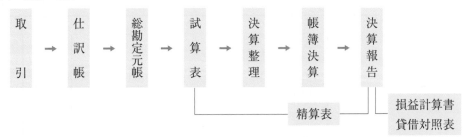

(2)　主な決算整理事項
- ①商品に関する決算整理
- ②貸し倒れの見積もり
- ③固定資産の減価償却
- ④現金過不足の整理
- ⑤引出金の整理
- ⑥有価証券の評価
- ⑦費用・収益の繰り延べ
- ⑧費用・収益の見越し　など

2. 商品に関する決算整理

(1)　商品売買損益の計算

商品売買取引を3分法で記帳している場合は，次の計算式で商品売買損益を求める。

> **純売上高 − 売上原価 ＝ 商品売買益（マイナスのときは商品売買損）**

　　　↓　　　　　　　↓
　売上勘定の残高
　　　　　　　　次の計算式で求める

> **期首商品棚卸高 ＋ 純仕入高 − 期末商品棚卸高 ＝ 売上原価**

〈イメージ〉　彩里さんは，朝カバンにパンを 5 個入れて家を出て，通学途中に 30 個買い足した。それを昼食時や放課後などに食べ，夜寝るときに残りを調べたところ 10 個であった。

　問 1　食べてなくなったのはいくつだろうか。

　問 2　パンは 1 個あたり¥*100* とすると，いくら分なくなったか。

　（答）　問 1　25 個　　　以下計算式を分解してみる。

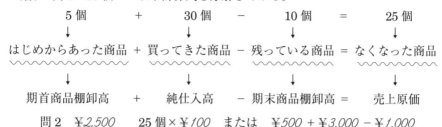

5 個	＋	30 個	－	10 個	＝	25 個	
↓		↓		↓		↓	
はじめからあった商品	＋	買ってきた商品	－	残っている商品	＝	なくなった商品	
↓		↓		↓		↓	
期首商品棚卸高	＋	純仕入高	－	期末商品棚卸高	＝	売上原価	

　　　問 2　¥*2,500*　　25 個×¥*100*　または　¥*500* ＋¥*3,000* －¥*1,000*

(2)　売上原価（Cost of sales）の記帳

　　上記で求めた売上原価を仕入勘定で求める。なお，計算式のデータは次の勘定にある。

　　①期首商品棚卸高……繰越商品勘定の前期繰越。

　　②純　仕　入　高……仕入勘定の残高。（借方）総仕入高から（貸方）仕入返品・値引高を差し引いた残高。

　　③期末商品棚卸高……実地棚卸をするので，勘定にはなく資料としてあたえられる。

〈イメージ〉の問 2 を例として勘定記入をおこなう。

繰　越　商　品		仕　　　　入	
1/1 前期繰越　　*500*		*3,000*	

決算整理事項　　　期末商品棚卸高　¥*1,000*

　決算整理仕訳

①繰越商品勘定の前期繰越を仕入勘定の借方に振り替える。

　　これは，期首商品棚卸高を純仕入高に加算するためにおこなう。これで，仕入勘定の借方は，当期販売可能な商品を示すことになる。

　　（借）仕　　　入　*500*　　　（貸）繰 越 商 品　*500*

繰　越　商　品		仕　　　　入	
1/1 前期繰越　　*500*	12/31 仕　入　　*500*	*3,000*	
		12/31 繰越商品　*500*	

②期末商品棚卸高を仕入勘定から繰越商品勘定の借方に振り替える。

　　これは，①（期首商品棚卸高＋純仕入高）から期末商品棚卸高を差し引くためにおこなう。これで，仕入勘定の残高は売上原価を示し，繰越商品勘定の残高は期末商品棚卸高を示すことになる。

　　（借）繰 越 商 品　*1,000*　　　（貸）仕　　　入　*1,000*

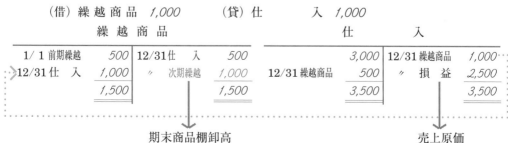

繰　越　商　品		仕　　　　入	
1/ 1 前期繰越　　*500*	12/31 仕　入　　*500*	*3,000*	12/31 繰越商品　*1,000*
12/31 仕　入　*1,000*	〃　次期繰越　*1,000*	12/31 繰越商品　*500*	〃　損　益　*2,500*
1,500	*1,500*	*3,500*	*3,500*

期末商品棚卸高　　　　　　　　　　　　　　　　売上原価

まとめると以下のようになる。

	決算整理前残高試算表		決算整理後残高試算表		財務諸表の表示
繰越商品勘定	期首商品棚卸高	→	期末商品棚卸高	→	商 品（B/S）
仕 入 勘 定	純 仕 入 高	→	売 上 原 価	→	売上原価（P/L）

(3) 商品売買損益の記帳（パン25個を1個あたり¥160で販売したとする）

純売上高 － 売上原価 ＝ 商品売買損益

¥4,000 － ¥2,500 ＝ ¥1,500

↓　　　　　↓

売上勘定残高　⑵を終了したあとの仕入勘定残高

※それぞれの残高を損益勘定に振り替える。この仕訳を決算振替仕訳という。

①純売上高を損益勘定の貸方に振り替える。

（借）売　　　上　4,000　　　（貸）損　　　益　4,000

②売上原価（仕入勘定残高）を損益勘定の借方に振り替える。

（借）損　　　益　2,500　　　（貸）仕　　　入　2,500

※①の仕訳は他の収益勘定の残高と，②の仕訳は他の費用勘定の残高と一緒に振り替えられる。

基本問題

解答p.81

1 次の表の空欄に適当な金額を記入しなさい。

	期首商品棚卸高	純 仕 入 高	期末商品棚卸高	売 上 原 価	純 売 上 高	商品売買益
(1)	75,000	370,000	69,000	ア	500,000	イ
(2)	80,000	ウ	99,000	エ	594,000	74,000
(3)	143,000	782,000	オ	766,000	カ	165,000

	(1)		(2)	
	ア	イ	ウ	エ
	¥	¥	¥	¥

(3)		
	オ	カ
	¥	¥

2　下記の繰越商品勘定・売上勘定・仕入勘定の記録と決算整理事項によって，決算に必要な仕訳を示し，各勘定に転記して，損益勘定以外を締め切りなさい。ただし，勘定には日付・相手科目・金額を記入すること。なお，決算日は12月31日とする。

　　決算整理事項　　　期末商品棚卸高　¥250,000

	借　　　　　　　方	貸　　　　　　　方
(1)		
(2)		
(3)		
(4)		

　　(1)と(2)は決算整理仕訳（売上原価算定の仕訳）。
　　(3)と(4)は決算振替仕訳（収益・費用の諸勘定の，損益勘定への振替仕訳）。

```
        繰 越 商 品                          仕      入
1/1前期繰越  225,000  |                728,000  |
------------------------|----------       ------------|----------
------------------------|----------       ------------|----------

          売      上                          損      益
                      |  973,000        ------------|----------
------------------------|----------       ------------|----------
```

■仕訳の目的

　（借）仕　　入 ×××　　（貸）繰越商品 ×××
　　　　繰越商品 ×××　　　　　仕　　入 ×××

　この仕訳の目的は2つあります。

　ひとつは，勘定上で商品売買損益（売上総損益）を明らかにすること。これは，上記の仕訳を各勘定に転記したのち，売上勘定残高と仕入勘定残高（売上原価を示す）を損益勘定に振り替えることによって，間接的に算定されます。算定された商品売買損益（売上総損益）は，会社の収益がどれだけ付加価値をもっているかを示すものであり，このことから企業の収益力を示しているといわれています。

　もうひとつは，勘定上で期末商品棚卸高を明らかにすることです。つまり，決算整理後の繰越商品勘定の次期繰越の金額は期末商品棚卸高を示すことになります。

■章末チェックリスト　　クリアした項目に✓をつけよう！

□決算整理の意味を説明できる。
□商品売買損益算定の計算式が言える。
□売上原価算定の計算式が言える。
□期首商品棚卸高を仕入勘定に振り替える仕訳ができる。

□期末商品棚卸高を仕入勘定に振り替える仕訳ができる。
□勘定上で，売上原価と商品売買損益を説明できる。

応用問題

解答 p.82

1 次の資料によって繰越商品勘定・売上勘定・仕入勘定に記入して，決算に必要な仕訳を示し，各勘定に転記して，損益勘定以外を締め切りなさい。ただし，決算日は 12 月 31 日とし，勘定には問題文から判断できる日付・相手科目・金額を記入すること。

資料	総 仕 入 高	¥1,975,000	総 売 上 高	¥2,870,000	期首商品棚卸高	¥ 396,000
	仕入返品高	102,000	仕入値引高	14,000	売上返品高	142,000
	期末商品棚卸高	340,000				

	借　　　　　方	貸　　　　　方
(1)		
(2)		
(3)		
(4)		

(1)と(2)は決算整理仕訳（売上原価算定の仕訳）。
(3)と(4)は決算振替仕訳（収益・費用の諸勘定の，損益勘定への振替仕訳）。

```
        繰 越 商 品                          仕         入
-----------------------------      -----------------------------
-----------------------------      -----------------------------
-----------------------------      -----------------------------

        売         上              -----------------------------
-----------------------------
-----------------------------              損         益
```

検定問題

解答 p.82

1 岩手商店の決算日における総勘定元帳（一部）は，下記のとおりである。ただし，売上勘定・仕入勘定の期間中の記録は，合計額で示してある。よって，
a. 期末商品棚卸高を求めなさい。
b. 当期の純売上高を求めなさい。
c. （ ア ）に入る勘定科目を記入しなさい。
d. （ イ ）に入る金額は当期の何の金額であるか，番号で答えなさい。

1. 商 品 売 買 益　　　2. 売 上 原 価　　　3. 純 仕 入 高　　　（第63回）

```
          繰 越 商 品                                売            上
1/ 1前期繰越  780,000 │12/31仕 入   780,000              480,000 │        9,600,000
12/31仕 入   850,000 │ 〃  次期繰越 (      )    12/31(    )(      )│  ╱
            1,630,000 │          1,630,000              9,600,000 │        9,600,000

            仕      入                                損            益
          6,520,000 │12/31繰越商品(      )    12/31仕 入( イ )│12/31売 上(      )
12/31繰越商品(      )│ 〃 （ ア ）( イ  )
          (      )│          (      )
```

a	b	c	d
¥	¥		

2.　貸し倒れの見積もり（差額補充法）

1.　貸し倒れ（Bad debt）

得意先の倒産などにより売掛金や受取手形などが回収できなくなることをいう。

2.　貸倒引当金（Allowance for doubtful accounts）

売掛金勘定などを修正する評価勘定をいう。

3.　貸し倒れの見積もり（見積もり＝予想）

決算にさいし，期末の売掛金残高のうち将来貸し倒れが予想される見積額を計上することをいう。

（例）売掛金残高￥1,000,000 に対して 2 ％の貸し倒れを見積もった。

　　　貸倒見積額の計算：￥1,000,000 × 2 ％ ＝￥20,000

(1)　貸倒引当金残高がない場合

（例）あといくら足せば，貸倒引当金は￥20,000 になるの？

　　　貸倒見積額 － 貸倒引当金残高 ＝ 貸倒引当金繰入の金額

　　　　￥20,000　 －　　　￥0　　　 ＝　　　　￥20,000

（借）貸倒引当金繰入　　　20,000　　　（貸）貸倒引当金　　　20,000
　　　　（費用）

貸倒引当金繰入		貸倒引当金	
20,000		次期繰越　20,000	見積額　20,000
			（設定額）

(2)　貸倒引当金残高が貸倒見積額よりも少ない場合（差額補充法）

★(1)の例で貸倒引当金残高が￥5,000 あるとすると，あといくら足せば，貸倒引当金は￥20,000 になるの？

　　　貸倒見積額 － 貸倒引当金残高 ＝ 貸倒引当金繰入の金額

　　　　￥20,000　 －　￥5,000　　 ＝　　　　￥15,000

（借）貸倒引当金繰入　　　15,000　　　（貸）貸倒引当金　　　15,000

貸倒引当金繰入		貸倒引当金	
15,000		次期繰越　20,000	期末残高　　5,000
			補充高　　15,000

4.　貸し倒れの発生

（例）前期から繰り越された売掛金のうち￥100,000 が貸し倒れとなった。

パターン 1　貸倒引当金残高がない場合

（借）貸 倒 損 失　　　100,000　　　（貸）売　掛　金　　　100,000

パターン 2　貸倒引当金残高が￥120,000 ある場合（貸倒引当金残高 ＞貸し倒れの金額）

（借）貸倒引当金　　　100,000　　　（貸）売　掛　金　　　100,000

パターン 3　貸倒引当金残高が￥80,000 ある場合（貸倒引当金残高 ＜貸し倒れの金額）

（借）貸倒引当金　　　80,000　　　（貸）売　掛　金　　　100,000
　　　貸 倒 損 失　　　20,000

基本問題

解答 p.83

1 決算にあたり，売掛金残高¥*300,000* に対して5%の貸し倒れを見積もった場合の決算整理仕訳を示しなさい（貸倒引当金残高はない）。

借 方	貸 方

2 次のそれぞれの場合の仕訳を示し，下記の勘定に転記して締め切りなさい。ただし，勘定には日付・相手科目・金額を記入すること。

決算にあたり，売掛金残高¥*500,000* に対して5%の貸し倒れを見積もった。決算日は12月31日とする。

(1) 貸倒引当金残高がない場合

借 方	貸 方

貸倒引当金繰入	貸 倒 引 当 金

(2) 貸倒引当金残高が¥*10,000* ある場合（差額を計上する方法による）

借 方	貸 方

貸倒引当金繰入	貸 倒 引 当 金
	10,000

3 片山商店が倒産し，同店に対する売掛金¥*200,000* が回収不能となった。次の場合の仕訳を示しなさい。

(1) 貸倒引当金残高がない場合　　　(2) 貸倒引当金残高が¥*220,000* ある場合

(3) 貸倒引当金残高が¥*160,000* ある場合

	借 方	貸 方
(1)		
(2)		
(3)		

応用問題

解答 p.84

1　次の連続した取引の仕訳を示し，下記の勘定に転記して締め切りなさい。ただし，勘定には日付・相手科目・金額を記入し，開始記入も示すこと（決算年1回　12月31日）。

　　令和○3年12月31日　決算にあたり，売掛金残高¥*1,000,000* に対し2%の貸し倒れを見積もった（貸倒引当金残高はない）。

　　　　　〃 日　貸倒引当金繰入勘定残高を損益勘定に振り替えた。

　　令和○4年　6月18日　前期から繰り越された売掛金のうち¥*12,000* を貸し倒れとして処理した。

　　　　12月31日　決算にあたり，売掛金残高¥*1,400,000* に対し2%の貸し倒れを見積もった（差額を計上する方法）。

　　　　　〃 日　貸倒引当金繰入勘定残高を損益勘定に振り替えた。

	借　　　　　方	貸　　　　　方
R○3.12/31		
〃		
6/18		
R○4.12/31		
〃		

貸倒引当金繰入

貸 倒 引 当 金

検定問題

解答p.85

1 次の取引の仕訳を示しなさい。

(1) 得意先東西商店が倒産し，前期から繰り越された同店に対する売掛金¥90,000が回収不能となったため，貸し倒れとして処理した。ただし，貸倒引当金勘定の残高が¥120,000ある。

(第88回)

(2) 得意先北西商店が倒産し，前期から繰り越された同店に対する売掛金¥190,000が回収不能となったため，貸し倒れとして処理した。ただし，貸倒引当金勘定の残高が¥250,000ある。

(第89回)

(3) 得意先南北商店が倒産し，前期から繰り越された同店に対する売掛金¥76,000が回収不能となったため，貸し倒れとして処理した。ただし，貸倒引当金勘定の残高が¥130,000ある。

(第91回)

	借 方	貸 方
(1)		
(2)		
(3)		

2 岐阜商店（個人企業　決算年1回　12月31日）の総勘定元帳残高と決算整理事項によって，

(1) 決算整理仕訳を示しなさい。

(2) 貸倒引当金勘定に必要な記入をおこない，締め切りなさい。なお，勘定記入は日付・相手科目・金額を示すこと。

(第74回一部修正)

元帳勘定残高

　　売掛金　　¥2,600,000　　　貸倒引当金　　¥20,000

決算整理事項

　　貸倒引当金　　売掛金残高の2%とする。ただし，差額を計上する方法によること。

	借 方	貸 方
(1)		

(2)

貸 倒 引 当 金

2/14	売　掛　金	30,000	1/1	前 期 繰 越	50,000

━━**■章末チェックリスト■**　クリアした項目に✓をつけよう！

□貸し倒れとは何か，説明できる。

□貸倒引当金とは何か，説明できる。

□貸し倒れの見積もりとは何か，説明できる。

□決算で貸し倒れの見積もりをおこなったときの，差

□額補充法による記帳ができる。

□回収可能額とは何か，説明できる。

□貸し倒れ発生時の記帳について，貸倒引当金の残高がある場合とない場合に分けて仕訳ができる。

3.　固定資産の減価償却費の計算と記帳

1.　減価償却（Depreciation）

　建物などの固定資産は，使用や時の経過などにより価値が減少する。そのため，決算において固定資産の価値の減少額を見積もり，それを当期の費用として計上するとともに，固定資産の帳簿価額を減らさなければならない。この手続きを**減価償却**という。また，減価償却の手続きにより計上した固定資産の価値の減少額を**減価償却費**という。

2.　減価償却費の計算（定額法）

減価償却の3要素

- ●取得原価……固定資産を購入したときの価額
- ●残存価額……固定資産を耐用年数まで使用したあとの見積処分価額（耐用年数後も価値が残る部分）
- ●耐用年数……固定資産の見積使用可能年数（固定資産が何年使えるか）

$$減価償却費（1 年分）＝ \frac{取得原価 － 残存価額}{耐用年数}$$

　（例）取得原価¥*100,000*　残存価額は取得原価の10%　耐用年数3年の備品の減価償却費を計算しなさい。

〈イメージ〉¥*100,000* で買った備品が，3年後に，10% の¥*10,000* になる。
　　　　　　　（ア：取得原価）　　（ウ：耐用年数）（イ：残存価額）

　　　1年間で価値が減る分はいくら？（減価償却費）

$$\frac{ア：¥100,000 － イ：¥10,000}{ウ：3 年} ＝ ¥30,000$$

アーイ………全部でいくら価値が減るか

ウ…………何年間で減るか

（アーイ）÷ウ …1年間でいくら減るか

←──────── ア：取得原価¥*100,000* ────────→			
¥*30,000*	¥*30,000*	¥*30,000*	イ：残存価額
1年目	2年目	3年目	¥*10,000*
←──── 3年で減価償却する金額（アーイ）────→			

3.　減価償却費の記帳（直接法）

　減価償却額を，減価償却費勘定（費用の勘定）の借方と，固定資産の勘定の貸方に記入する。

　（借）減価償却費　　　*30,000*　　　（貸）備　　品　　　*30,000*

備　　　　品	
取 得 原 価　*100,000*	減価償却費　*30,000*
	次期繰越で締め切る 　　残高　¥*70,000*

減 価 償 却 費	
備　　品　*30,000*	｝損益勘定に振り替える

4.　帳簿価額

　固定資産の取得原価から減価償却額を控除した額をいう。

　　帳簿価額 ＝ 取得原価 － 減価償却額

基本問題
解答p.85

1　次の備品の減価償却費を定額法によって計算しなさい。

（1）取得原価¥*300,000*　残存価額は取得原価の10%　耐用年数10年　決算年1回

〈計算式〉　$\dfrac{（¥\qquad）-（¥\qquad）}{（\qquad 年\qquad）}$ ＝ 減価償却費（¥　　　　）

（2）取得原価¥*300,000*　残存価額は零（*0*）耐用年数10年　決算年1回

〈計算式〉　$\dfrac{（¥\qquad）-（¥\qquad）}{（\qquad 年\qquad）}$ ＝ 減価償却費（¥　　　　）

2　次の決算整理仕訳をおこない，下記の勘定に記入して締め切りなさい。（直接法によること。）

備品の減価償却費を定額法によって計上した。

備品の取得原価¥*400,000*　残存価額は取得原価の10%　耐用年数8年　決算日12月31日

借　　　　　方	貸　　　　　方

備　　品		減価償却費	
1/ 4　　　*400,000*			

3　2の場合の備品の帳簿価額はいくらか求めなさい。

備品の帳簿価額	¥

応用問題
解答p.86

1　次の取引の仕訳を示し，下記の勘定に転記して締め切りなさい。

1月 1 日　営業用として，パーソナルコンピュータ¥*500,000* を買い入れ，代金は小切手を振り出して支払った。

12月31日　決算にあたり，上記パーソナルコンピュータの減価償却をおこなった。

ただし，残存価額は零（*0*）耐用年数5年　決算年1回　定額法　直接法による。

	借　　　　　方	貸　　　　　方
1/1		
12/31		

備　　品		減価償却費	

■章末チェックリスト■　クリアした項目に✓をつけよう！

□減価償却とは何か，説明できる。　　　　　　　　る記帳ができる。
□定額法による減価償却費の計算ができる。　　　□帳簿価額とは何か，説明できる。
□決算時に減価償却費を計上したときの，直接法によ

4.　8けた精算表の作成

1.　8けた精算表

　8けた精算表は,第Ⅰ編第8章で学習した6けた精算表に整理記入の欄を設けたものである。

2.　8けた精算表の作成

　8けた精算表は，次のことに注意して作成する。

(1)　棚卸表や決算整理事項にもとづいて，決算整理仕訳をおこなう。

	借　　　　　方		貸　　　　　方	
①	仕　　　　　入	400	繰　越　商　品	400
	繰　越　商　品	500	仕　　　　　入	500
②	貸倒引当金繰入	30	貸　倒　引　当　金	30
③	減　価　償　却　費	100	備　　　　　品	100
④	資　　本　　金	60	引　　出　　金	60 *1
⑤	現　金　過　不　足	10	雑　　　　　益	10 *1

　　　＊1　④と⑤は2級の出題範囲である。

(2)　決算整理仕訳で計上された金額は，整理記入欄に記入する。残高試算表欄の金額を基準に，整理記入欄の金額が，同じ側（借方どうしや貸方どうし）にある場合は加算し，反対側（借方と貸方）にある場合は減算する。資産・負債・純資産に属する勘定の金額は貸借対照表欄に，収益・費用に属する勘定の金額は損益計算書欄に移記する。

精　算　表
令和○年 12 月 31 日

勘定科目	残高試算表 借方	残高試算表 貸方	整理記入 借方	整理記入 貸方	損益計算書 借方	損益計算書 貸方	貸借対照表 借方	貸借対照表 貸方
繰越商品①	400 ⊕		→ 500 ⊖	→ 400		⊜	→ 500	
仕　　　入	2,000 ⊕		→ 400 ⊖	→ 500 ⊜	1,900			
貸倒引当金②		110 ⊕		→ 30			⊜	→ 140
貸倒引当金繰入			30	→ 30				
備　　　品③	1,000 ⊖			→ 100			⊜ → 900	
減価償却費			100	→ 100				
資　本　金④		5,000 ⊖	60				⊜	→ 4,940
引　出　金	60 ⊖			→ 60				
現金過不足*2⑤	10 ⊖		→ 10					
雑　　益				10		→ 10		

　　　＊2　現金過不足勘定の残高が借方の場合は上記とは逆になり，雑損（費用）となる。

3.　8けた精算表の意味

(1)　決算の手続きを一覧表のかたちで見ることができる。

(2)　損益計算書や貸借対照表などを作成するうえでの資料となる。

基本問題

解答p.87

1 東京商店（個人企業　決算年1回　12月31日）の次の決算整理事項によって決算整理仕訳を示し，精算表を完成しなさい。

決算整理事項
　a. 期末商品棚卸高　¥860,000
　b. 貸倒見積高　売掛金残高の5%と見積もり，貸倒引当金を設定する。
　c. 備品減価償却高　取得原価¥800,000　残存価額は取得原価の10%　耐用年数6年とし，定額法により計算し，直接法で記帳している。
　d. 現金過不足勘定の¥3,000は雑損とする。
　e. 引出金勘定の¥210,000は整理する。

	借　　　　方	貸　　　　方
a		
b		
c		
d		
e		

精　算　表
令和〇年 12 月 31 日

勘 定 科 目	残 高 試 算 表		整 理 記 入		損 益 計 算 書		貸 借 対 照 表	
	借　方	貸　方	借　方	貸　方	借　方	貸　方	借　方	貸　方
現　　　　金	690,000							
当 座 預 金	2,630,000							
売 　掛　 金	3,000,000							
貸 倒 引 当 金		25,000						
繰 越 商 品	810,000							
前 　払　 金	30,000							
備 　　　 品	560,000							
買 　掛　 金		1,480,000						
借 　入　 金		600,000						
資 　本　 金		5,000,000						
引 　出　 金	210,000							
売 　　　 上		9,720,000						
受 取 手 数 料		230,000						
仕 　　　 入	7,063,000							
給 　　　 料	1,130,000							
支 払 家 賃	540,000							
水 道 光 熱 費	266,000							
雑 　　　 費	78,000							
支 払 利 息	45,000							
現 金 過 不 足	3,000							
	17,055,000	17,055,000						
当 期 純（　　）								

応用問題

解答 p.88

1 原宿商店（個人企業　決算年1回　12月31日）の次の決算整理事項によって決算整理仕訳を示し，精算表を完成しなさい。

決算整理事項
a. 期末商品棚卸高　¥946,000
b. 貸倒見積高　売掛金残高の5%と見積もり，貸倒引当金を設定する。
c. 備品減価償却高　取得原価¥900,000　残存価額は零（0）　耐用年数10年とし，定額法により計算し，直接法で記帳している。

	借　　　　方	貸　　　　方
a		
b		
c		

精　算　表
令和○年 12 月 31 日

勘定科目	残高試算表 借方	残高試算表 貸方	整理記入 借方	整理記入 貸方	損益計算書 借方	損益計算書 貸方	貸借対照表 借方	貸借対照表 貸方
現　　　金	345,000							
当 座 預 金	767,000							
売　掛　金	2,340,000							
貸倒引当金		60,000						
繰 越 商 品	891,000							
貸　付　金	637,000							
備　　　品	720,000							
買　掛　金		1,304,000						
資　本　金		3,970,000						
売　　　上		7,694,000						
受 取 利 息		62,000						
仕　　　入	5,172,000							
給　　　料	1,246,000							
支 払 家 賃	820,000							
水 道 光 熱 費	94,000							
雑　　　費	58,000							
	13,090,000	13,090,000						
当期純（　）								

2　次の精算表を完成しなさい。

精　算　表
令和○年 12 月 31 日

勘定科目	残高試算表 借方	残高試算表 貸方	整理記入 借方	整理記入 貸方	損益計算書 借方	損益計算書 貸方	貸借対照表 借方	貸借対照表 貸方
現　　金	472,000							
当 座 預 金							1,390,000	
売 　掛　 金							2,400,000	
貸 倒 引 当 金		40,000						120,000
繰 越 商 品	1,360,000						1,400,000	
備　　品							2,550,000	
支 払 手 形								762,000
買 　掛　 金		1,200,000						
前 　受　 金								97,000
資 　本　 金		6,000,000	280,000					
引 　出　 金								
売　　上						9,430,000		
受 取 手 数 料		95,000						
仕　　入	7,076,000							
給　　料					1,278,000			
支 払 家 賃	240,000							
消 耗 品 費	56,000							
雑　　費					48,000			
現 金 過 不 足				24,000				
貸倒引当金繰入								
減 価 償 却 費					450,000			
雑　　損								
当 期 純 利 益					313,000			

検定問題

解答p.91

❶ 沖縄商店（個人企業　決算年1回　12月31日）の決算整理事項は次のとおりであった。よって,

(1) 精算表を完成しなさい。

(2) 備品勘定に必要な記入をおこない, 締め切りなさい。ただし, 勘定記入は, 日付・相手科目・金額を示すこと。　　　　　　　　　　　　　　　　　　　　　　　　（全商86回一部修正）

　決算整理事項

　　a. 期末商品棚卸高　¥789,000

　　b. 貸倒見積高　売掛金残高の2%と見積もり, 貸倒引当金を設定する。

　　c. 備品減価償却高　取得原価¥1,280,000　残存価額は零 (0)　耐用年数は8年とし, 定額法により記帳し, 直接法で記帳している。

$$定額法による年間の減価償却費 = \frac{取得原価 - 残存価額}{耐用年数}$$

(1)
精　算　表
令和○年12月31日

勘定科目	残高試算表 借方	残高試算表 貸方	整理記入 借方	整理記入 貸方	損益計算書 借方	損益計算書 貸方	貸借対照表 借方	貸借対照表 貸方
現　　　金	462,000							
当 座 預 金	1,231,000							
売　掛　金	2,600,000							
貸 倒 引 当 金		2,000						
繰 越 商 品	654,000							
備　　　品	480,000							
支 払 手 形		753,000						
買　掛　金		1,324,000						
前　受　金		490,000						
資　本　金		2,500,000						
売　　　上		9,160,000						
受 取 手 数 料		27,000						
仕　　　入	6,412,000							
給　　　料	1,296,000							
支 払 家 賃	864,000							
水 道 光 熱 費	239,000							
雑　　　費	18,000							
	14,256,000	14,256,000						
(　　　　)								
(　　　　)								
(　　　　)								

(2)
備　　　品　　　　　　　　　6

1/ 1 前 期 繰 越	480,000			
	480,000			

2　秋田商店（個人企業　決算年 1 回　12 月 31 日）の決算整理事項は次のとおりであった。よって，精算表を完成しなさい。

（第 83 回一部修正）

決算整理事項

　a．期末商品棚卸高　￥860,000
　b．貸倒見積高　売掛金残高の 2%と見積もり，貸倒引当金を設定する。
　c．備品減価償却高　取得原価￥1,150,000　残存価額は零（0）　耐用年数は 5 年とし，定額法により計算し，直接法で記帳している。

$$定額法による年間の減価償却費 = \frac{取得原価 - 残存価額}{耐用年数}$$

精　算　表

令和○年 12 月 31 日

勘定科目	残高試算表		整理記入		損益計算書		貸借対照表	
	借方	貸方	借方	貸方	借方	貸方	借方	貸方
現　　　金	478,000							
当 座 預 金	871,000							
売　掛　金	950,000							
貸 倒 引 当 金		4,000						
繰 越 商 品	834,000							
備　　　品	920,000							
買　掛　金		963,000						
前　受　金		200,000						
資　本　金		2,450,000						
売　　　上		8,219,000						
受 取 手 数 料		315,000						
仕　　　入	6,210,000							
給　　　料	1,044,000							
支 払 家 賃	570,000							
水 道 光 熱 費	187,000							
消 耗 品 費	62,000							
雑　　　費	25,000							
	12,151,000	12,151,000						

3 福岡商店（個人企業　決算年1回　12月31日）の残高試算表と決算整理事項等は，次のとおりであった。よって，

(1) 精算表を完成しなさい。

(2) 固定資産売却益勘定に必要な記入をおこない，締め切りなさい。ただし，勘定記入は，日付・相手科目・金額を示すこと。　　　　　　　　　　　　　　　　　（全商90回一部修正）

残 高 試 算 表
令和○年12月31日

借　　　方	元丁	勘 定 科 目	貸　　　方
850,000	1	現　　　　　　　金	
1,310,000	2	当　座　預　金	
600,000	3	売　　掛　　金	
	4	貸　倒　引　当　金	9,000
398,000	5	繰　越　商　品	
1,500,000	6	備　　　　　品	
	7	支　払　手　形	468,000
	8	買　　掛　　金	715,000
	9	資　　本　　金	2,775,000
	10	売　　　　　上	5,911,000
	11	固 定 資 産 売 却 益	98,000
3,539,000	12	仕　　　　　入	
1,128,000	13	給　　　　　料	
480,000	14	支　払　家　賃	
132,000	15	水　道　光　熱　費	
24,000	16	消　耗　品　費	
15,000	17	雑　　　　　費	
9,976,000			9,976,000

決算整理事項等

a．期末商品棚卸高　¥427,000

b．貸 倒 見 積 高　売掛金残高の2%と見積もり，貸倒引当金を設定する。

c．備品減価償却高　取得原価¥2,500,000　残存価額は零（0）　耐用年数は5年とし，定額法により計算し，直接法で記帳している。

$$定額法による年間の減価償却費 = \frac{取得原価 - 残存価額}{耐用年数}$$

(1)

精　算　表

令和○年12月31日

勘定科目	残高試算表 借方	残高試算表 貸方	整理記入 借方	整理記入 貸方	損益計算書 借方	損益計算書 貸方	貸借対照表 借方	貸借対照表 貸方
現　　　金	850,000							
当 座 預 金	1,310,000							
売　掛　金	600,000							
貸 倒 引 当 金		9,000						
繰 越 商 品	398,000							
備　　　品	1,500,000							
支 払 手 形		468,000						
買　掛　金		715,000						
資　本　金		2,775,000						
売　　　上		5,911,000						
固定資産売却益		98,000						
仕　　　入	3,539,000							
給　　　料	1,128,000							
支 払 家 賃	480,000							
水 道 光 熱 費	132,000							
消 耗 品 費	24,000							
雑　　　費	15,000							
	9,976,000	9,976,000						

(2)

固定資産売却益　　　　　　　　　　　　11

	11/16　当 座 預 金	98,000

■**章末チェックリスト**■　クリアした項目に✓をつけよう！

□ 6けた精算表と 8けた精算表の違いを説明できる。　　□ 8けた精算表が作成できる。

□ 8けた精算表を作成する意味を説明できる。

第2章 決算報告

1. 財務諸表

　財務諸表とは，企業の経営成績や財政状態を報告するための書類の総称で，損益計算書や貸借対照表などがある。

2. 損益計算書

　決算時に設けられた損益勘定をもとに作成される。ただし，次の点に注意する。

　　①貸方の「売上」は，「売上高」とする。

　　②借方の「仕入」は，「売上原価」とする。

　　③借方の差額（資本金勘定に振り替え）は「当期純利益」とする。

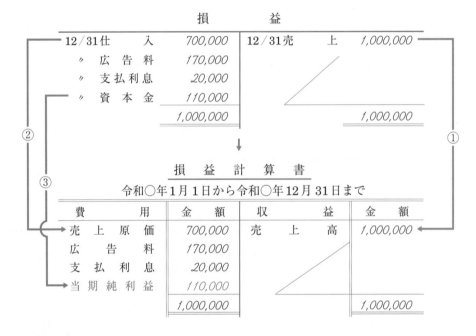

損　　　　益

12／31仕　　　入	700,000	12／31売　　　上	1,000,000
〃　広　告　料	170,000		
〃　支　払　利　息	20,000		
〃　資　本　金	110,000		
	1,000,000		1,000,000

②　　　　　　　　　　　　　　　　　　　　　　　　　　　　①

③

損　益　計　算　書

令和○年1月1日から令和○年12月31日まで

費　　　用	金　　額	収　　益	金　　額
売　上　原　価	700,000	売　　上　　高	1,000,000
広　　告　　料	170,000		
支　払　利　息	20,000		
当　期　純　利　益	110,000		
	1,000,000		1,000,000

3. 貸借対照表

　決算時に作成される繰越試算表をもとに作成される。ただし，次の点に注意する。

　　①借方の「繰越商品」は「商品」として表示する。

　　②貸方の「貸倒引当金」は借方に移記し，売掛金などから直接控除する形式で示す。これを，**控除形式**という。

　　③貸方の「資本金」は期末純資産を示しているので，貸借対照表では，期首資本金と当期純利益に分けて表示する。

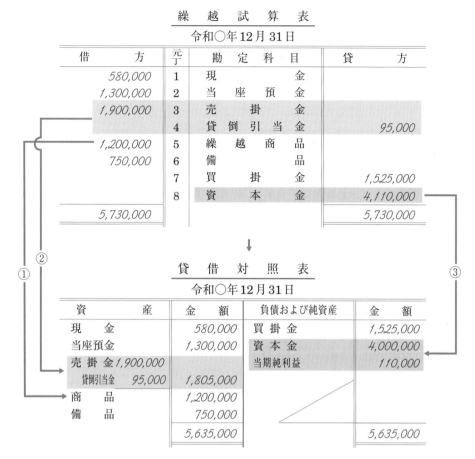

繰 越 試 算 表

令和○年 12 月 31 日

借　　方	元丁	勘 定 科 目	貸　　方
580,000	1	現　　　　　金	
1,300,000	2	当 座 預 金	
1,900,000	3	売 　 掛 　 金	
	4	貸 倒 引 当 金	95,000
1,200,000	5	繰 越 商 品	
750,000	6	備　　　　　品	
	7	買 　 掛 　 金	1,525,000
	8	資 　 本 　 金	4,110,000
5,730,000			5,730,000

貸 借 対 照 表

令和○年 12 月 31 日

資　　　産	金　額	負債および純資産	金　額
現　　金	580,000	買 掛 金	1,525,000
当座預金	1,300,000	資 本 金	4,000,000
売 掛 金 1,900,000		当期純利益	110,000
貸倒引当金　95,000	1,805,000		
商　　品	1,200,000		
備　　品	750,000		
	5,635,000		5,635,000

4. 棚卸表

決算において，決算整理事項を一覧表にまとめたものを棚卸表という。

棚 卸 表

令和○年 12 月 31 日

勘定科目	摘　　　　　要	内　訳	金　額
繰 越 商 品	A　品　　　　100個　　@¥1,200	120,000	
	B　品　　　　200 〃　　 〃 〃 1,000	200,000	320,000
売 掛 金	帳 簿 残 高	1,500,000	
	貸倒引当金　　　売掛金残高の3%	45,000	1,455,000
備　　品	事務用パーソナルコンピュータ		
	帳 簿 残 高	656,000	
	当期減価償却高	72,000	584,000

繰 越 商 品　　（借）仕　　　　　　入　390,000[*1]　（貸）繰 越 商 品　390,000[*1]
　　　　　　　　　　　　繰 越 商 品　320,000　　　　　　　仕　　　　　入　320,000
売 　 掛 　 金　　（借）貸倒引当金繰入　37,000[*2]　（貸）貸 倒 引 当 金　37,000[*2]
備　　　　　品　　（借）減 価 償 却 費　72,000　　（貸）備　　　　　品　72,000

　　＊1　期首商品棚卸高を¥390,000 としている。
　　＊2　決算整理前の貸倒引当金残高を¥8,000 としている。

5. 決算報告（会計報告）

　企業内外には利害関係者とよばれる企業経営に関心を示す者が存在しており，財務諸表はその利害関係者に報告されるため，財務諸表にはつねに正確さとわかりやすさが求められる。

基本問題

解答p.94

1　盛岡商店（個人企業　決算年1回　12月31日）の残高試算表と棚卸表は，次のとおりであった。よって，(1)棚卸表をもとに決算整理仕訳を示し，(2)損益計算書および貸借対照表を完成しなさい。

残 高 試 算 表
令和○年12月31日

借　　　方	元丁	勘 定 科 目	貸　　　方
400,000	1	現　　　　　　　金	
974,000	2	当　座　預　金	
1,800,000	3	売　　掛　　金	
	4	貸 倒 引 当 金	12,000
390,000	5	繰　越　商　品	
660,000	6	備　　　　　品	
	7	支　払　手　形	480,000
	8	買　　掛　　金	384,000
	9	資　　本　　金	3,000,000
	10	売　　　　　上	6,724,000
	11	受　取　手　数　料	68,000
4,560,000	12	仕　　　　　入	
920,000	13	給　　　　　料	
612,000	14	支　払　家　賃	
256,000	15	水　道　光　熱　費	
96,000	16	雑　　　　　費	
10,668,000			10,668,000

棚 卸 表
令和○年12月31日

勘定科目	摘　　　　　　　　要		内　　訳	金　　額
繰 越 商 品	A　　品	100個　　@¥2,400	240,000	
	B　　品	120〃　　〃〃1,500	180,000	420,000
売　掛　金	帳 簿 残 高		1,800,000	
	貸倒引当金	売掛金残高の3%	54,000	1,746,000
備　　品	事務用パーソナルコンピュータ			
		帳 簿 残 高	660,000	
		当期減価償却高	135,000	525,000

(1)

	借　　　　　方	貸　　　　　方
繰越商品		
売 掛 金		
備　　品		

(2)

損　益　計　算　書

盛岡商店　　　　令和○年1月1日から令和○年12月31日まで

費　　用	金　　額	収　　益	金　　額
売 上 原 価		売 上 高	
給　　料		受 取 手 数 料	
貸倒引当金繰入			
減 価 償 却 費			
支 払 家 賃			
水 道 光 熱 費			
雑　　費			
当 期 純 利 益			

貸　借　対　照　表

盛岡商店　　　　令和○年12月31日

資　　産	金　　額	負債および純資産	金　　額
現　　金		支 払 手 形	
当 座 預 金		買 掛 金	
売 掛 金（　　　）		資 本 金	
貸倒引当金（　　　）		当期純利益	
商　　品			
備　　品			

応用問題

解答p.95

1　柴尾商店（個人企業　決算年1回　12月31日）の総勘定元帳勘定残高と決算整理事項は，次のとおりであった。よって，決算整理仕訳を示し，損益計算書および貸借対照表を完成しなさい。

元帳勘定残高

現　　　　　金	¥ 274,000	当 座 預 金	¥ 720,000	売　掛　金	¥ 1,000,000
貸 倒 引 当 金	4,000	繰 越 商 品	800,000	備　　　品	930,000
買　　掛　　金	980,000	前　受　金	170,000	資　本　金	2,300,000
売　　　　　上	8,300,000	受 取 手 数 料	130,000	仕　　　入	6,100,000
給　　　　　料	1,200,000	支 払 家 賃	600,000	水 道 光 熱 費	240,000
雑　　　　　費	20,000				

決算整理事項

　　a．期末商品棚卸高　¥940,000

　　b．貸 倒 見 積 高　売掛金残高の5％と見積もり，貸倒引当金を設定する。

　　c．備品減価償却高　取得原価¥1,200,000　残存価額は取得原価の10％　耐用年数8年とし，定額法により計算し，直接法で記帳している。

	借　　　　　　方	貸　　　　　　方
a		
b		
c		

損　益　計　算　書

柴尾商店　　　　　　令和○年1月1日から令和○年12月31日まで

費　　用	金　　額	収　　益	金　　額

貸　借　対　照　表

柴尾商店　　　　　　　　令和○年12月31日

資　　産	金　　額	負債および純資産	金　　額
売　掛　金（　　　　）			
貸倒引当金（　　　　）			

検定問題

解答 p.96

1　北海道商店（個人企業　決算年１回　12月31日）の総勘定元帳勘定残高と決算整理事項は，次のとおりであった。よって，決算整理仕訳を示し，損益計算書および貸借対照表を完成しなさい。

元帳勘定残高　　　　　　　　　　　　　　　　　　　　　　　（第63回一部修正）

現　　　金	¥ 931,000	当 座 預 金	¥1,659,000	売　掛　金	¥2,300,000
貸倒引当金	14,000	繰 越 商 品	630,000	前　払　金	125,000
備　　　品	980,000	支 払 手 形	940,000	買　掛　金	530,000
借　入　金	1,200,000	資　本　金	3,000,000	売　　上	9,823,000
受取手数料	279,000	仕　　入	6,930,000	給　　料	1,420,000
支 払 家 賃	360,000	水 道 光 熱 費	275,000	雑　　費	144,000
支 払 利 息	32,000				

決算整理事項
　a．期末商品棚卸高　¥670,000
　b．貸倒見積高　売掛金残高の３％と見積もり，貸倒引当金を設定する。
　c．備品減価償却高　取得原価¥1,400,000　残存価額は取得原価の10%　耐用年数は６年とし，定額法により計算し，直接法で記帳している。

$$定額法による年間の減価償却費 = \frac{取得原価 - 残存価額}{耐用年数}$$

	借　　　　　方	貸　　　　　方
a		
b		
c		

損　益　計　算　書

北海道商店　　　　令和○年１月１日から令和○年12月31日まで

費　　用	金　額	収　　益	金　額
売 上 原 価		売　上　高	
給　　料		受 取 手 数 料	
貸倒引当金繰入			
減 価 償 却 費			
支 払 家 賃			
水 道 光 熱 費			
雑　　費			
支 払 利 息			
当 期 純 利 益			

貸　借　対　照　表

北海道商店　　　　　　令和○年12月31日

資　　産	金　額	負債および純資産	金　額
現　金		支 払 手 形	
当 座 預 金		買 掛 金	
売 掛 金 （　　）		借 入 金	
貸倒引当金 （　　）		資 本 金	
商　品		当期純利益	
前 払 金			
備　品			

2 九州商店（個人企業 決算年1回 12月31日）の総勘定元帳残高と決算整理事項は次のとおりであった。よって，

(1) 決算整理仕訳を示しなさい。

(2) 広告料勘定に必要な記入をおこない，締め切りなさい。ただし，勘定記入は，日付・相手科目・金額を示すこと。

(3) 貸借対照表を完成しなさい。 （第87回一部修正）

元帳勘定残高

現 金	¥ 696,000	当 座 預 金	¥ 1,726,000	売 掛 金	¥ 1,500,000
貸 倒 引 当 金	4,000	繰 越 商 品	870,000	貸 付 金	1,300,000
備 品	1,000,000	支 払 手 形	890,000	買 掛 金	1,479,000
前 受 金	150,000	資 本 金	3,920,000	売 上	9,800,000
受 取 利 息	39,000	仕 入	5,860,000	給 料	2,760,000
広 告 料	59,000	支 払 家 賃	432,000	消 耗 品 費	64,000
雑 費	15,000				

決算整理事項

a．期末商品棚卸高 ¥640,000

b．貸 倒 見 積 高 売掛金残高の2％と見積もり，貸倒引当金を設定する。

c．備品減価償却高 取得原価¥1,200,000 残存価額は零（0） 耐用年数は6年とし，定額法により計算し，直接法で記帳している。

$$\text{定額法による年間の減価償却費} = \frac{\text{取得原価} - \text{残存価額}}{\text{耐用年数}}$$

	借　　　　　方	貸　　　　　方
a		
b		
c		

(2)

広　告　料　　　　　　　　　　　　　　17

3/30 現　金	29,000		
9/28 現　金	29,000		

(3)

貸　借　対　照　表

九州商店　　　　　　　令和○年12月31日

資　　産	金　　額	負債および純資産	金　　額
現　金		支 払 手 形	
当 座 預 金		買 掛 金	
売 掛 金（　　　）		（　　　　　）	
貸倒引当金（　　　）		資 本 金	
（　　　　　）		（　　　　　）	
貸 付 金			
備　品			

3 北海道商店（個人企業　決算年1回　12月31日）の総勘定元帳残高と決算整理事項は次のとおりであった。よって，

(1) 決算整理仕訳を示しなさい。

(2) 備品勘定に必要な記入をおこない，締め切りなさい。ただし，勘定記入は，日付・相手科目・金額を示すこと。

(3) 損益計算書を完成しなさい。　　　　　　　　　　　　　　　　　　（第88回一部修正）

元帳勘定残高

現　　　　　金	¥ 610,000	当 座 預 金	¥ 1,175,000	売 　 掛 　 金	¥ 2,300,000
貸 倒 引 当 金	6,000	繰 越 商 品	740,000	前 　 払 　 金	196,000
備　　　　　品	870,000	支 払 手 形	1,070,000	買 　 掛 　 金	1,176,000
資 　 本 　 金	3,130,000	売　　　　　上	9,413,000	受 取 手 数 料	89,000
仕　　　　　入	6,090,000	給　　　　　料	1,662,000	支 払 家 賃	924,000
水 道 光 熱 費	276,000	雑　　　　　費	41,000		

決算整理事項

a．期末商品棚卸高　¥680,000

b．貸 倒 見 積 高　売掛金残高の2%と見積もり，貸倒引当金を設定する。

c．備品減価償却高　取得原価¥1,160,000　残存価額は零（0）耐用年数は8年とし，定額法により計算し，直接法で記帳している。

$$定額法による年間の減価償却費 = \frac{取得原価 - 残存価額}{耐用年数}$$

(1)

	借　　　　　　　方	貸　　　　　　　方
a		
b		
c		

(2)　　　　　　　　　　　　　　　　　　　備　　品　　　　　　　　　　　　　　　　　7

1/ 1 前期繰越	870,000		

(3)　　　　　　　　　　　　　　　損 　 益 　 計 　 算 　 書

北海道商店　　　令和○年1月1日から令和○年12月31日まで　　　　（単位：円）

費　　　　　用	金　　　額	収　　　　　益	金　　　額
売 　 上 　 原 　 価		売 　 　 上 　 　 高	
給　　　　　料		受 　 取 　 手 　 数 　 料	
（　　　　　）			
（　　　　　）			
支 　 払 　 家 　 賃			
水 　 道 　 光 　 熱 　 費			
雑　　　　　費			
（　　　　　）			

4 四国商店（個人企業　決算年1回　12月31日）の総勘定元帳残高と決算整理事項は次のとおりであった。よって，

(1) 決算整理仕訳を示しなさい。

(2) 資本金勘定を完成しなさい。なお，損益勘定から資本金勘定に振り替える当期純利益の金額は¥202,000である。

(3) 損益計算書を完成しなさい。　　　　　　　　　　　　　　　　　　（第89回一部修正）

元帳勘定残高

現　　　　金	¥ 263,000	当 座 預 金	¥ 1,467,000	売　掛　金	¥ 1,300,000
貸 倒 引 当 金	2,000	繰 越 商 品	600,000	貸　付　金	1,600,000
備　　　　品	900,000	支 払 手 形	1,200,000	買　掛　金	1,432,000
前　受　金	146,000	資　本　金	2,934,000	売　　　上	10,600,000
受 取 利 息	32,000	仕　　　入	6,390,000	給　　　料	2,070,000
支 払 家 賃	1,440,000	広　告　料	123,000	通　信　費	96,000
消 耗 品 費	61,000	雑　　　費	36,000		

決算整理事項

a．期末商品棚卸高　¥560,000

b．貸倒見積高　売掛金残高の2％と見積もり，貸倒引当金を設定する。

c．備品減価償却高　取得原価¥1,200,000　残存価額は零（0）耐用年数は8年とし，定額法により計算し，直接法で記帳している。

$$定額法による年間の減価償却費 = \frac{取得原価 - 残存価額}{耐用年数}$$

(1)

	借　　　　　方	貸　　　　　方
a		
b		
c		

(2)

資　本　金　　　　　　　　　　　　11

12/31 （　　　）	（　　　　）	1/ 1　前期繰越	2,934,000
		（　　　　）	

(3)

損　益　計　算　書

四国商店　　　　令和○年1月1日から令和○年12月31日まで　　　　（単位：円）

費　　用	金　　額	収　　益	金　　額
売 上 原 価		売　上　高	
給　　料		受 取 利 息	
（　　　）			
（　　　）			
支 払 家 賃			
広　告　料			
通　信　費			
消 耗 品 費			
雑　　費			
（　　　）			

5　北陸商店（個人企業　決算年1回　12月31日）の総勘定元帳残高と決算整理事項は次のとおりであった。よって，

(1)　決算整理仕訳を示しなさい。

(2)　売上勘定に必要な記入をおこない，締め切りなさい。ただし，勘定記入は，日付・相手科目・金額を示すこと。

(3)　貸借対照表を完成しなさい。　　　　　　　　　　　　　　　　　　（第91回一部修正）

元帳勘定残高

現　　　　金	¥　782,000	当 座 預 金	¥1,436,000	売　掛　金	¥1,850,000
貸 倒 引 当 金	6,000	繰 越 商 品	820,000	貸　付　金	1,600,000
備　　　　品	675,000	買　掛　金	1,480,000	前　受　金	230,000
資　本　金	4,520,000	売　　　上	9,572,000	受 取 利 息	32,000
仕　　　入	6,935,000	給　　　料	1,320,000	支 払 家 賃	240,000
消 耗 品 費	72,000	雑　　　費	110,000		

決算整理事項

a．期末商品棚卸高　¥740,000

b．貸 倒 見 積 高　売掛金残高の2％と見積もり，貸倒引当金を設定する。

c．備品減価償却高　取得原価¥1,350,000　残存価額は零（0）耐用年数は6年とし，定額法により計算し，直接法で記帳している。

$$定額法による年間の減価償却費 = \frac{取得原価 - 残存価額}{耐用年数}$$

(1)

	借　　　　　方	貸　　　　　方
a		
b		
c		

(2)

売　　上　　　　　　　　　　　　11

	129,000		9,701,000
（　　　　）			

(3)

貸　借　対　照　表

北陸商店　　　　　　　　令和〇年12月31日　　　　　　　（単位：円）

資　　　産	金　　額	負債および純資産	金　　額
現　　金		買　掛　金	
当 座 預 金		（　　　　）	
売　掛　金（　　　）		資　本　金	
貸倒引当金（　　　）		（　　　　）	
（　　　　）			
貸　付　金			
備　　品			

Ⅴ 形式別問題

第1章　仕　訳

基本問題

解答 p.101

1　次の(1)～(14)の取引の仕訳を示しなさい。ただし，商品に関する勘定は，3分法によること。

(1)　大分商店から売掛金￥189,000 を同店振り出しの小切手＃47で受け取った。

(2)　事務用のパーソナルコンピュータ￥250,000 を買い入れ，代金は月末に支払うことにした。

(3)　広島商店から1月分の地代￥65,000 を現金で受け取った。

(4)　得意先南北商店が倒産し，前期から繰り越された同店に対する売掛金￥20,000 が回収不能となったため，貸し倒れとして処理した。ただし，貸倒引当金勘定の残高が￥30,000 ある。

(5)　全商銀行に普通預金として現金￥700,000 を預け入れた。

(6)　全商銀行に定期預金として現金￥570,000 を預け入れた。

(7)　佐賀商店は，小切手￥600,000 を振り出して，定期預金とした。

(8)　長崎商店では定額資金前渡法を採用することとし，小口現金として小切手￥80,000 を振り出して庶務係に渡した。

(9)　定額資金前渡法を採用している熊本商店の会計係は，庶務係に小口現金として￥60,000 を前渡していたが，本日，当月分の支払高について，次のとおり報告を受けたので，ただちに小切手を振り出して補給した。

　　通信費　￥14,000　交通費　￥12,000　消耗品費　￥3,000　雑費　￥2,000

(10)　鹿児島商店から商品￥850,000 を仕入れ，代金は掛けとした。なお，引取運賃￥10,000 は現金で支払った。

(11)　沖縄商店から次の商品を仕入れ，代金のうち￥60,000 は同店あての約束手形＃7を振り出して支払い，残額は掛けとした。

　　D品　900個　＠￥500　￥450,000

(12)　宮崎商店に次の商品を売り渡し，代金のうち￥270,000 は同店振り出しの約束手形＃4で受け取り，残額は掛けとした。

　　B品　700個　＠￥900　￥630,000

(13)　熊本商店に対する買掛金の支払いとして，同店あて約束手形＃2　￥390,000を振り出した。

(14)　山口新聞店に折り込み広告代金として￥20,000 を現金で支払った。

	借　　　　　　方	貸　　　　　　方
(1)		
(2)		
(3)		
(4)		
(5)		
(6)		
(7)		
(8)		
(9)		
(10)		
(11)		
(12)		
(13)		
(14)		

② 次の(1)～(18)の取引の仕訳を示しなさい。ただし，商品に関する勘定は，3分法によること。

(1) インターネットの利用料金 ¥23,000 が当座預金口座から，引き落とされた。

(2) 鳥取商店から，商品代金として受け取っていた同店振り出しの約束手形 ¥900,000 を取引銀行で割り引き，割引料を差し引かれた手取金 ¥895,000 は当座預金とした。

(3) 兵庫商店に対する買掛金の支払いとして，さきに得意先愛媛商店から受け取っていた約束手形 ¥400,000 を裏書譲渡した。

(4) 高知商店に商品を注文し，内金として ¥20,000 を小切手を振り出して支払った。

(5) 香川商店から商品 ¥860,000 を仕入れ，代金はさきに支払ってある内金 ¥130,000 を差し引き，残額は掛けとした。

(6) 徳島商店に商品 ¥490,000 を売り渡し，代金はさきに受け取っていた内金 ¥100,000 を差し引き，残額は同店振り出しの小切手で受け取り，ただちに当座預金に預け入れた。

(7) 事務用のパーソナルコンピュータ ¥240,000 を買い入れ，代金は付随費用 ¥3,000 とともに小切手を振り出して支払った。

(8) 和歌山商店に借用証書によって，現金 ¥450,000 を貸し付けた。

(9) 奈良商店に借用証書によって貸し付けていた ¥690,000 を現金で受け取った。

(10) 三重商店から現金 ¥700,000 を借用証書によって借り入れた。

(11) 京都商店から借用証書によって借り入れていた ¥580,000 を小切手＃4を振り出して返済した。

(12) 本月分の給料 ¥700,000 の支払いにあたり，所得税額 ¥56,000 を差し引いて，従業員の手取額を現金で支払った。

(13) 従業員の出張にあたり，旅費の概算額として ¥40,000 を現金で渡した。

(14) 従業員の出張にさいし，旅費の概算額として ¥80,000 を仮払いしていたが，本日，従業員が帰店して旅費の精算をおこない，残額 ¥3,000 を現金で受け取った。

(15) 出張中の従業員から当店の当座預金口座に ¥240,000 の振り込みがあったが，その内容は不明である。

(16) 内容不明の送金額 ¥190,000 を仮受金勘定で処理していたが，本日，その送金額は，得意先福井商店に対する売掛金の回収額であることがわかった。

(17) 商品券 ¥70,000 を発行し，代金は現金で受け取った。

(18) 岐阜商店は商品 ¥390,000 を売り渡し，代金のうち ¥50,000 はさきに発行した商品券で受け取り，残額は現金で受け取った。

	借　　　　　方	貸　　　　　方
(1)		
(2)		
(3)		
(4)		
(5)		
(6)		
(7)		
(8)		
(9)		
(10)		
(11)		
(12)		
(13)		
(14)		
(15)		
(16)		
(17)		
(18)		

第2章　語句・計算

語句問題

解答p.103

1 次の各文の□□□のなかに，下記の語群のなかから，もっとも適当なものを選び，その番号を記入しなさい。

(1) a．企業がもっている資産の総額から□ア□の総額を差し引いた金額を純資産という。

　　 b．企業は会計期間の終わりに，その期間中の経営成績と期末の財政状態を明らかにする必要がある。このための一連の手続きを□イ□という。

　　　　1．仕訳　　2．費用　　3．決算　　4．負債

(2) a．企業の一定時点における財政状態を明らかにするために，資産・負債および純資産の各勘定残高を集めて作成する表を□ウ□という。

　　 b．現金・商品・備品などを簿記では資産といい，その増加額は勘定口座の□エ□に記入する。

　　　　1．貸方　　2．貸借対照表　　3．損益計算書　　4．借方　　5．精算表

(3) a．仕訳帳から総勘定元帳への転記が正しくおこなわれているかどうかを確かめるために□オ□を作成する。

　　 b．商品の受け入れと払い出しおよび残高を商品の種類ごとに記帳する補助簿を□カ□という。

　　　　1．試算表　　2．精算表　　3．商品有高帳　　4．仕入帳　　5．売上帳

(4) a．すべての取引が発生順に記録される仕訳帳や貸借対照表・損益計算書を作成するときの資料となる総勘定元帳は，企業の簿記には欠かせない重要な帳簿である。このような帳簿を□キ□という。

　　 b．企業では，決算の概要を知りたい場合などに，残高試算表から損益計算書と貸借対照表を作成する手続きを，一つにまとめた表を作成することがある。この一覧表を□ク□という。

　　　　1．補助簿　　2．試算表　　3．棚卸表　　4．主要簿　　5．精算表

(5) a．買掛金・借入金などの債務を簿記では□ケ□といい，この総額を資産の総額から差し引くと純資産の額が求められる。

　　 b．損益計算書は一定期間の経営成績を明らかにする表である。

　　　 この表は，次の等式にもとづいて作成される。

　　　 費用＋□コ□＝収益

　　　　1．資産　　2．負債　　3．当期純利益　　4．当期純損失　　5．財政状態

(6) a．仕訳帳から総勘定元帳への転記が正しくおこなわれているかどうかを確かめるために試算表を作成する。この表の借方合計額と貸方合計額が一致するのは□サ□の原則によるものである。

　　 b．貸借対照表は一定時点の財政状態を明らかにする表である。

　　　 この表は，次の等式にもとづいて作成される。

　　　 資産＝□シ□＋純資産

　　　　1．収益　　2．費用　　3．当期純利益　　4．貸借平均　　5．負債

(7) a．個人企業の決算において，　ス　の貸借差額は純利益または純損失を意味し，資本金勘定に振り替える。

b．一会計期間の収益と費用の内容を示した報告書を　セ　といい，これにより経営成績を明らかにすることができる。

　1．損益勘定　　2．損益計算書　　3．財政状態　　4．繰越試算表　　5．精算表

(8) a．簿記では，　ソ　や買掛金のように，将来，仕入先などに一定の金額を支払わなければならない義務を負債という。

b．商品に関する取引を3分法で記帳している場合，決算整理後の　タ　勘定の残高は売上原価を意味している。

　1．受取手形　　2．仕入　　3．売上　　4．支払手形　　5．繰越商品

(9) a．手形に関する明細を記録する補助簿のうち，商品代金の決済などで生じた手形債務の発生・消滅を記入する帳簿を　チ　という。

b．総勘定元帳の買掛金勘定だけでは，仕入先別の買掛金の増減や残高を知ることはできない。そこで，仕入先別に分けられた買掛金元帳を用いることがある。このように，買掛金勘定の記録を補う買掛金元帳のような帳簿を　ツ　という。

　1．補助簿　　2．支払手形記入帳　　3．主要簿　　4．受取手形記入帳　　5．商品有高帳

(10) a．企業の一会計期間の経営成績を明らかにした報告書を損益計算書といい，英語では　テ　と表す。

b．商品を売り上げたときには売上勘定で処理し，売上勘定は英語では　ト　と表す。

　1．balance sheet　　2．costs of goods sold　　3．profit and loss statement

　4．sales account

(11) a．総勘定元帳のすべての勘定の借方合計金額と貸方合計金額は，　ナ　の原理によって必ず一致する。

b．仕訳帳から総勘定元帳への転記が，正しくおこなわれているかを確かめるために作成する表を　ニ　という。

　1．棚卸表　　2．貸借平均　　3．試算表　　4．貸借対照表等式　　5．精算表

(1)		(2)		(3)	
ア	イ	ウ	エ	オ	カ
(4)		(5)		(6)	
キ	ク	ケ	コ	サ	シ
(7)		(8)		(9)	
ス	セ	ソ	タ	チ	ツ
(10)		(11)			
テ	ト	ナ	ニ		

計算問題

解答 p.104

1 次の各問いに答えなさい。

(1) 愛媛商店の期首資産は¥1,260,000 期末資産は¥1,380,000 期末負債は¥740,000 であった。なお，この期間中の収益総額は¥2,390,000 当期純損失が¥160,000 であるとき，費用総額は ア で期首負債は イ である。

(2) 高知商店の期首の資産総額は¥1,260,000 負債総額は¥710,000 であり，期末の資産総額は¥1,500,000 であった。なお，この期間中の収益総額は¥3,240,000 当期純利益が¥370,000 であるとき，費用総額は ウ で，期末の負債総額は エ である。

(3) 徳島商店の期首の負債は¥380,000 で期末の純資産は¥1,750,000 であった。なお，この期間中の費用総額は¥1,460,000 で，当期純利益が¥450,000 であるとき，収益総額は オ で，期首の資産は カ である。

(4) 香川商店の期首の資産総額は¥4,320,000 負債総額は¥1,840,000 であり，期末の資産総額は¥6,810,000 であった。なお，この期間中の収益総額は¥8,430,000 当期純利益が¥560,000 であるとき，費用総額は キ で，期末の負債総額は ク である。

(5) 山口商店の期末の資産総額は¥1,830,000 期末の負債総額は¥1,460,000 であった。なお，この期間中の収益総額は¥5,640,000 当期純損失が¥170,000 であるとき，この期間中の費用総額は ケ で，期首の純資産は コ である。

(6) 広島商店の期末の負債総額は¥1,070,000 で，期末の純資産は¥1,120,000 であった。なお，この期間中の収益総額は¥2,750,000 で，費用総額が¥2,240,000 であるとき，期末の資産総額は サ で，期首の純資産は シ である。

(7) 島根商店の期首の資産総額は¥1,810,000 負債総額は¥1,015,000 であり，期末の資産総額は¥1,955,000 であった。なお，この期間中の収益総額は¥3,950,000 当期純利益が¥200,000 であるとき，費用総額は ス で，期末の負債総額は セ である。

(8) 鳥取商店の期首の負債総額は¥3,220,000 期末の資産総額は¥7,160,000 負債総額は¥2,840,000 であった。なお，この期間中の費用総額は¥17,340,000 当期純利益が¥1,180,000 であるとき，収益総額は ソ で，期首の資産総額は タ である。

(9) 岡山商店の期首の資産総額は¥1,845,000 負債総額は¥780,000 であり，期末の資産総額は¥1,925,000 であった。なお，この期間中の費用総額は¥3,375,000 当期純利益が¥300,000 であるとき，収益総額は チ で，期末の負債総額は ツ である。

(10) 兵庫商店の期首の資産総額は¥1,920,000 期末の資産総額は¥2,130,000 負債総額¥825,000 であった。なお，この期間中の費用総額は¥3,800,000 当期純利益が¥256,000 であるとき，収益総額は テ で，期首の負債総額は ト である。

(1)		(2)		(3)	
ア	イ	ウ	エ	オ	カ
¥	¥	¥	¥	¥	¥
(4)		(5)		(6)	
キ	ク	ケ	コ	サ	シ
¥	¥	¥	¥	¥	¥
(7)		(8)		(9)	
ス	セ	ソ	タ	チ	ツ
¥	¥	¥	¥	¥	¥

(10)	
テ	ト
¥	¥

2 次の各問いに答えなさい。

(1) 京都商店の下記の資料によって，次の金額を計算しなさい。

a．期間中の費用総額　　b．期首の負債総額

資　料

i 期首の資産総額　¥3,450,000

ii 期末の資産および負債

現　　金 ¥ 930,000　　売 掛 金 ¥1,720,000　　商　　品 ¥ 530,000

備　　品 ¥1,000,000　　買 掛 金 ¥ 890,000　　借 入 金 ¥ 720,000

iii 期間中の収益総額　¥8,340,000　　　iv 当期純利益　¥570,000

(2) 滋賀商店の下記の資料によって，次の金額を計算しなさい。

a．期間中の費用総額　　b．期末の資産総額

資　料

i 期首の資産および負債

現　　金 ¥ 360,000　　当座預金 ¥ 860,000　　商　　品 ¥ 180,000

備　　品 ¥ 280,000　　買 掛 金 ¥ 300,000　　借 入 金 ¥ 150,000

ii 期末の負債総額　¥ 500,000　　　iii 期間中の収益総額　¥3,480,000

iv 当 期 純 利 益 ¥ 200,000

(3) 大阪商店の下記の資料によって，次の金額を計算しなさい。

a．期間中の収益総額　　b．期首の資産総額

資　料

i 期首の負債総額 ¥ 900,000　　　ii 期末の資産総額 ¥3,170,000

iii 期末の負債総額 ¥1,330,000　　　iv 期間中の費用総額 ¥3,560,000

v 当 期 純 利 益 ¥ 470,000

(4) 和歌山商店（個人企業）の下記の損益勘定と資料によって，次の金額を求めなさい。

a．売上原価　　b．期首の負債総額

損		益		資　料	
12/31 仕　　入　（　　　）		12/31 売　　上　4,365,000		i 期首の資産総額 ¥3,250,000	
〃 営 業 費　1,405,000				ii 期末の資産総額 ¥3,445,000	
〃 支払利息　　30,000				iii 期末の負債総額 ¥1,360,000	
〃 資 本 金　（　　　）				iv 当 期 純 利 益 ¥ 185,000	
4,365,000		4,365,000			

(5) 三重商店（個人企業）の下記の資本金勘定と資料によって，次の金額を求めなさい。

a．期首の資本金　　b．期間中の費用総額

資	本	金		資　料
12/31 次期繰越　（　　　）		1/1 前期繰越　（　　　）		i 期間中の収益総額 ¥4,268,000
		12/31 損　　益　360,000		
1,860,000		1,860,000		

(1)	a	¥		b	¥
(2)	a	¥		b	¥
(3)	a	¥		b	¥
(4)	a	¥		b	¥
(5)	a	¥		b	¥

3　次の各問いに答えなさい。

(1) 東海商店の次の勘定記録と当座預金出納帳から，（　ア　）と（　イ　）の金額を求めなさい。
ただし，限度額を¥1,000,000とする当座借越契約を結んでいる。

当　座　預　金

1/ 1 前期繰越 300,000	1/ 8 買掛金（　　　）		
28 売掛金 340,000			

当　座　借　越

1/28 売掛金（　イ　）	1/ 8 買掛金 60,000	
	20 仕　入 140,000	

当　座　預　金　出　納　帳

令和○年		摘　　　　要	預　　入	引　　出	借または貸	残　　高
1	1	前 月 繰 越	300,000		借	300,000
	8	福井商店に買掛金支払い　小切手＃42支払い		360,000	貸	（　ア　）
	14	石川商店から商品仕入れ　小切手＃43支払い		（　　　）	〃	200,000
	28	愛知商店から売掛金回収	540,000		借	340,000
	31	次 月 繰 越		340,000		
			840,000	840,000		

(2) 定額資金前渡法を採用している岐阜商店の次の小口現金勘定と小口現金出納帳から，（ア）と（イ）の金額を求めなさい。

小　口　現　金

1/ 1 前期繰越 90,000	1/31 諸　口（　ア　）
31 当座預金 84,000	

小　口　現　金　出　納　帳

収　　入	令和○年		摘　　要	支　　出	通信費	交通費	消耗品費	雑　費	残　　高
90,000	1	1	前 月 繰 越						90,000
		5	バ ス 回 数 券	46,800		46,800			43,200
		12	新 聞 代	12,300				12,300	30,900
		21	文 房 具 代	10,500			10,500		20,400
		28	郵 便 切 手 代	14,400	14,400				6,000
			合 計	84,000	14,400	46,800	10,500	12,300	
（　　　）		31	小 切 手 受 入 高						（　　　）
		〃	次 月 繰 越	（　イ　）					
（　　　）				（　　　）					

(1)	ア	イ
	¥	¥
(2)	ア	イ
	¥	¥

4　次の各問いに答えなさい。

(1)　北陸商店はC品とD品を販売し，商品有高帳を移動平均法によって記帳している。次の勘定記録と商品有高帳から，（　ア　）と（　イ　）の金額を求めなさい。なお，当月の商品の販売単価はC品・D品とも1個あたり，¥900である。

仕　　　　入		売　　　　上	
1/11 買 掛 金 136,000		1/15 売 掛 金 126,000	
14 支払手形（　イ　）			

商　品　有　高　帳

（移動平均法）　　　　　　　　品名　　C品　　　　　　　　単位：個

令和○年		摘　要	受　入			払　出			残　高		
			数量	単価	金　額	数量	単価	金　額	数量	単価	金　額
1	1	前月繰越	40	800	32,000				40	800	32,000
	11	能登商店	160	850	136,000				（　）	（　ア　）	（　）

商　品　有　高　帳

（移動平均法）　　　　　　　　品名　　D品　　　　　　　　単位：個

令和○年		摘　要	受　入			払　出			残　高		
			数量	単価	金　額	数量	単価	金　額	数量	単価	金　額
1	1	前月繰越	100	620	62,000				100	620	62,000
	14	輪島商店	200	（　）	（　）				300	（　）	（　）
	15	小浜商店				（　）	（　）	89,600	（　）	（　）	（　）

(2)　次の取引について，先入先出法によってB品の商品有高帳に記入したときの（　ア　）と（　イ　）の金額を求めなさい。

5月　6日　掛け売り上げ　A品　300個　@¥800　　B品　400個　@¥900
　　11日　掛け仕入れ　A品　800個　@¥620　　B品　700個　@¥680

商　品　有　高　帳

（先入先出法）　　　　　　　　品名　　B品　　　　　　　　単位：個

令和○年		摘　要	受　入			払　出			残　高		
			数量	単価	金　額	数量	単価	金　額	数量	単価	金　額
5	1	前月繰越	｛100	620	62,000				｛100	620	62,000
			500	700	350,000				500	700	350,000
	6	払い出し				｛100	（　）	（　）	（　）	（　）	（　）
						（　）	（　）	（　ア　）			
	11	受け入れ	（　）	（　）	（　）				｛（　）	（　）	（　）
									（　）	（　）	（　イ　）

(1)	ア	イ
	¥	¥

(2)	ア	イ
	¥	¥

第3章 伝票・帳簿

伝票問題

解答p.106

1 大分商店の次の取引を入金伝票・出金伝票，振替伝票のうち，必要な伝票に記入しなさい。

1月14日 佐伯文具店より，コピー用紙・帳簿等￥50,000 を購入し，代金は現金で支払った。
(伝票番号No.18)

〃日 臼杵商店に対する買掛金￥420,000 を小切手＃16 を振り出して支払った。
(伝票番号No.25)

〃日 別府商店から，売掛金￥300,000 を小切手＃4 で受け取った。 (伝票番号No.32)

入 金 伝 票			
令和〇年 月 日			No.___
科目		入金先	殿
摘 要		金 額	
合 計			

出 金 伝 票			
令和〇年 月 日			No.___
科目		支払先	殿
摘 要		金 額	
合 計			

振 替 伝 票			
令和〇年 月 日			No.___
勘 定 科 目	借 方	勘 定 科 目	貸 方
合 計		合 計	
摘要			

2　西条商店の次の取引を入金伝票・出金伝票，振替伝票のうち，必要な伝票に記入しなさい。

6月20日　新居浜商店に商品売買の仲介をおこない，手数料として現金¥70,000を受け取った。
(伝票番号No.27)

〃日　三島電器店から，事務用のパーソナルコンピュータ¥380,000を買い入れ，代金は小切手＃5を振り出して支払った。
(伝票番号No.31)

〃日　今治広告社に広告料¥40,000を現金で支払った。
(伝票番号No.16)

入　金　伝　票			
令和〇年　月　日			No. ___
科目		入金先	殿
摘　　要		金　　額	
合　　計			

出　金　伝　票			
令和〇年　月　日			No. ___
科目		支払先	殿
摘　　要		金　　額	
合　　計			

振　替　伝　票			
令和〇年　月　日			No. ___
勘　定　科　目	借　　方	勘　定　科　目	貸　　方
合　　計		合　　計	
摘要			

帳簿問題

解答 p.108

1　大分商店の下記の取引について,

(1)　仕訳帳に記入して, 総勘定元帳の買掛金勘定に転記しなさい。

(2)　仕入帳・買掛金元帳に記入して, 締め切りなさい。

　　ただし, ⅰ　商品に関する勘定は3分法によること。

　　　　　　ⅱ　仕訳帳の小書きは省略する。

　　　　　　ⅲ　元丁欄には, 買掛金勘定に転記するときだけ記入すればよい。

　取　引

　　1月　2日　別府商店から次の商品を仕入れ, 代金のうち¥170,000は小切手♯11を振り出して支払い, 残額は掛けとした。

　　　　　　　A品　600個　　@¥450　　¥270,000

　　　　　　　B品　500個　　@¥420　　¥210,000

　　　11日　別府商店から仕入れた上記商品の一部に品質不良があったので, 次のとおり返品した。なお, この代金は買掛金から差し引くことにした。

　　　　　　　B品　 50個　　@¥420　　¥ 21,000

　　　18日　臼杵商店から次の商品を仕入れ, 代金は掛けとした。

　　　　　　　B品　400個　　@¥410　　¥164,000

　　　24日　佐伯商店に次の商品を売り渡し, 代金のうち¥220,000は同店振り出しの小切手で受け取り, ただちに当座預金に預け入れ, 残額は掛けとした。

　　　　　　　A品　700個　　@¥540　　¥378,000

　　　　　　　B品　380個　　@¥550　　¥209,000

(1)

		仕　　訳　　帳			1
令和 ○年		摘　　　　要	元丁	借　　方	貸　　方
1	1	前 期 繰 越 高	✓	3,600,000	3,600,000

総 勘 定 元 帳
買 掛 金　14

令和○年	摘　要	仕丁	借　方	令和○年	摘　要	仕丁	貸　方
				1 1	前 期 繰 越	√	540,000

(2)
仕 入 帳　1

令和○年	摘　要	内　訳	金　額

買 掛 金 元 帳
別 府 商 店　1

令和○年	摘　要	借　方	貸　方	借または貸	残　高
1 1	前 月 繰 越		240,000	貸	240,000

臼 杵 商 店　2

令和○年	摘　要	借　方	貸　方	借または貸	残　高
1 1	前 月 繰 越		300,000	貸	300,000

2 愛媛商店の下記の取引について，

(1) 仕訳帳に記入して，総勘定元帳の売掛金勘定に転記しなさい。

(2) 売掛金元帳（得意先元帳）・商品有高帳に記入して，締め切りなさい。

ただし， ⅰ 商品に関する勘定は３分法によること。

ⅱ 仕訳帳の小書きは省略する。

ⅲ 元丁欄には，売掛金勘定に転記するときだけ記入すればよい。

ⅳ 商品有高帳は，Ａ品について先入先出法によって記入すること。

取 引

1月 9日 松山商店に次の商品を売り渡し，代金は掛けとした。

A品 500個 @¥ 560 ¥280,000

14日 西条商店から次の商品を仕入れ，代金のうち¥600,000は小切手を振り出して支払い，残額は掛けとした。

A品 900個 @¥ 450 ¥405,000

B品 600個 @¥ 620 ¥372,000

19日 新居浜商店に次の商品に売り渡し，代金のうち¥350,000は同店振り出しの小切手＃11で受け取り，ただちに当座預金に預け入れ，残額は掛けとした。

A品 600個 @¥ 540 ¥324,000

B品 300個 @¥ 750 ¥225,000

21日 新居浜商店に売り渡した上記商品の一部に不良品があったので，次のとおり返品された。なお，この代金は売掛金から差し引くことにした。

B品 20個 @¥ 750 ¥ 15,000

30日 松山商店から売掛金の一部¥380,000を，同店振り出しの小切手＃9で受け取った。

(1)

仕 訳 帳

1

令和○年		摘 要	元丁	借 方	貸 方
1	1	前 期 繰 越 高	√	5,000,000	5,000,000

総 勘 定 元 帳

売 掛 金　　　　　　　　3

令和 ○年	摘　　要	仕丁	借　方	令和 ○年	摘　　要	仕丁	貸　方
1　1	前 期 繰 越	√	380,000				

売 掛 金 元 帳

(2)　　　　　　　　　　　　　　松 山 商 店　　　　　　　　　　　　　　1

令和 ○年	摘　　　　要	借　　方	貸　　方	借または貸	残　　高
1　1	前 月 繰 越	380,000			380,000

新 居 浜 商 店　　　　　　　　　　　　　　2

令和 ○年	摘　　　　要	借　　方	貸　　方	借または貸	残　　高

商 品 有 高 帳

（先入先出法）　　　　　　　品名　A　　　品　　　　　　　単位：個

令和 ○年	摘　要	受　入 数量	受　入 単価	受　入 金　額	引　渡 数量	引　渡 単価	引　渡 金　額	残　高 数量	残　高 単価	残　高 金　額
1　1	前 月 繰 越	700	440	308,000				700	440	308,000

③ 福岡商店の下記の取引について,

(1) 仕訳帳に記入して,総勘定元帳の買掛金勘定に転記しなさい。

(2) 当座預金出納帳・買掛金元帳に記入して,締め切りなさい。

   ただし,i 商品に関する勘定は3分法によること。

   　　　　ii 仕訳帳の小書きは省略する。

   　　　　iii 元丁欄には,買掛金勘定に転記するときだけ記入すればよい。

<u>取　引</u>

　1月　8日　熊本商店から次の商品を仕入れ,代金は掛けとした。

　　　　　　　A品　400個　　@¥600　　　¥240,000

　　　　　　　B品　260個　　@¥500　　　¥130,000

　　　9日　熊本商店から仕入れた上記商品の一部に品質不良があったので,次のとおり返品した。なお,この代金は買掛金から差し引くことにした。

　　　　　　　A品　20個　　@¥600　　　¥ 12,000

　　　10日　佐賀商店に次の商品を売り渡し,代金のうち¥200,000は同店振り出しの小切手で受け取り,ただちに当座預金に預け入れ,残額は掛けとした。

　　　　　　　A品　350個　　@¥800　　　¥280,000

　　　12日　宮崎商店から次の商品を仕入れ,代金のうち¥320,000は現金で支払い,残額は掛けとした。

　　　　　　　C品　600個　　@¥700　　　¥420,000

　　　17日　宮崎商店に対する買掛金の一部¥250,000について,小切手を振り出して支払った。

(1)

仕　訳　帳 　　　　　　　　　　　　　　　　　　　1

令和 〇年		摘　　　　要	元丁	借　　方	貸　　方
1	1	前 期 繰 越 高	✓	3,490,000	3,490,000

総 勘 定 元 帳

買 掛 金 14

令和 ○年	摘　要	仕丁	借　方	令和 ○年		摘　要	仕丁	貸　方
				1	1	前 期 繰 越	√	380,000

(2)
当 座 預 金 出 納 帳 1

令和 ○年		摘　　　要	預　入	引　出	借また は　貸	残　高
1	1	前 月 繰 越	760,000		借	760,000

買 掛 金 元 帳

熊 本 商 店 1

令和 ○年		摘　　　要	借　方	貸　方	借また は　貸	残　高
1	1	前 月 繰 越		100,000	貸	100,000

宮 崎 商 店 2

令和 ○年		摘　　　要	借　方	貸　方	借また は　貸	残　高
1	1	前 月 繰 越		280,000	貸	280,000

第4章　決　算

損益計算書

解答 p.111

1 福岡商店（個人企業　決算年1回　12月31日）の総勘定元帳勘定残高と決算整理事項等は，次のとおりであった。よって，
(1)　決算整理仕訳を示しなさい。
(2)　損益計算書を完成しなさい。

元帳勘定残高

現　　　　　金	¥　534,000	当 座 預 金	¥ 3,605,000	売　掛　金　¥ 1,980,000
貸 倒 引 当 金	58,000	繰 越 商 品	690,000	備　　　品　　492,000
買　　掛　　金	1,782,000	借　入　金	1,400,000	資　本　金　3,600,000
売　　　　　上	8,752,000	受 取 手 数 料	60,000	仕　　　入　6,420,000
給　　　　　料	1,280,000	広　告　料	140,000	支 払 家 賃　　360,000
雑　　　　　費	61,000	支 払 利 息	90,000	

決算整理事項

    a．期末商品棚卸高　¥750,000
    b．貸 倒 見 積 高　売掛金残高の5％と見積もり，貸倒引当金を設定する。
    c．備品減価償却高　取得原価　¥600,000　残存価額は取得原価10％　耐用年数は5年とし，定額法により計算し，直接法で記帳している。

$$定額法による年間の減価償却費＝\frac{取得原価－残存価額}{耐用年数}$$

    d．現金の実際有高は¥542,000であったので，帳簿残高との差額は雑益とする。

(1)

	借　　　　方	貸　　　　方
a		
b		
c		
d		

(2)

損　益　計　算　書

福岡商店　　　　　令和○年1月1日から令和○年12月31日まで　　　　　（単位：円）

費　　用	金　　額	収　　益	金　　額
売 上 原 価		売　上　高	
給　　　料		（　　　　　）	
広　告　料		（　　　　　）	
（　　　　　）			
（　　　　　）			
支 払 家 賃			
雑　　　費			
（　　　　　）			
（　　　　　）			

2 佐賀商店（個人企業　決算年1回　12月31日）の総勘定元帳勘定残高と決算整理事項等は，次のとおりであった。よって，

(1) 決算整理仕訳を示しなさい。

(2) 損益計算書を完成しなさい。

元帳勘定残高

現　　　　金	¥ 375,000	当 座 預 金	¥ 797,000	売　掛　金	¥ 2,340,000
貸 倒 引 当 金	60,000	繰 越 商 品	891,000	貸　付　金	619,000
備　　　　品	738,000	買　掛　金	1,304,000	資　本　金	4,000,000
売　　　　上	7,694,000	受 取 利 息	62,000	仕　　　入	5,172,000
給　　　　料	1,246,000	支 払 家 賃	820,000	水 道 光 熱 費	94,000
雑　　　　費	58,000				

決算整理事項

a. 期末商品棚卸高　¥946,000

b. 貸 倒 見 積 高　売掛金残高の5%と見積もり，貸倒引当金を設定する。

c. 備品減価償却高　取得原価　¥900,000　残存価額は取得原価10%　耐用年数は10年とし，定額法により計算し，直接法で記帳している。

$$定額法による年間の減価償却費 = \frac{取得原価 - 残存価額}{耐用年数}$$

d. 現金の実際有高は¥345,000であったので，帳簿残高との差額は雑損とする。

(1)

	借　　　　方	貸　　　　方
a		
b		
c		
d		

(2)

損 益 計 算 書

佐賀商店　　　　令和○年1月1日から令和○年12月31日まで　　　　（単位：円）

費　　用	金　額	収　　益	金　額
売 上 原 価		売 上 高	
給　　料		（　　　　）	
（　　　　）			
（　　　　）			
支 払 家 賃			
水 道 光 熱 費			
雑　　費			
（　　　　）			
（　　　　）			

貸借対照表

解答 p.113

1 長崎商店（個人企業　決算年1回　12月31日）の総勘定元帳勘定残高と決算整理事項は，次のとおりであった。よって，
(1) 決算整理仕訳を示しなさい。
(2) 貸借対照表を完成しなさい。

元帳勘定残高

現　　　　金	¥ 731,000	当 座 預 金	¥ 2,562,000	売　掛　金	¥ 2,800,000
貸倒引当金	70,000	繰 越 商 品	1,560,000	備　　　品	750,000
買　掛　金	2,020,000	借　入　金	1,295,000	資　本　金	4,400,000
売　　　上	9,351,000	受 取 手 数 料	88,000	仕　　　入	6,334,000
給　　　料	1,336,000	支 払 家 賃	690,000	水 道 光 熱 費	380,000
雑　　　費	54,000	支 払 利 息	27,000		

決算整理事項
　a．期末商品棚卸高　¥1,480,000
　b．貸倒見積高　売掛金残高の3%と見積もり，貸倒引当金を設定する。
　c．備品減価償却高　取得原価 ¥1,200,000　残存価額は零（0）　耐用年数は8年とし，
　　　定額法により計算し，直接法で記帳している。

$$定額法による年間の減価償却費 = \frac{取得原価 - 残存価額}{耐用年数}$$

(1)

	借　　　　方	貸　　　　方
a		
b		
c		

(2)

貸　借　対　照　表

長崎商店　　　　　　　　　　令和○年12月31日　　　　　　　　　（単位：円）

資　　　産	金　額	負債および純資産	金　額
現　　　　金		買　掛　金	
当 座 預 金		（　　　　　　）	
売　掛　金（　　　）		資　本　金	
（　　　　）（　　　）		（　　　　　　）	
（　　　　　　）			
備　　　品			

2 熊本商店（個人企業 決算年 1 回 12 月 31 日）の総勘定元帳勘定残高と決算整理事項は，次の
とおりであった。よって，
(1) 決算整理仕訳を示しなさい。
(2) 貸借対照表を完成しなさい。

元帳勘定残高

現　　　　金	¥ 728,000	当 座 預 金	¥ 1,565,000	売　掛　金	¥ 2,900,000
貸倒引当金	34,000	繰 越 商 品	934,000	備　　　品	720,000
買　掛　金	1,569,000	借　入　金	600,000	資　本　金	3,880,000
売　　　上	9,670,000	受 取 手 数 料	89,000	仕　　　入	6,745,000
給　　　料	1,481,000	支 払 家 賃	575,000	消 耗 品 費	117,000
雑　　　費	36,000	支 払 利 息	41,000		

決算整理事項
　a．期末商品棚卸高　¥910,000
　b．貸 倒 見 積 高　売掛金残高の 2 %と見積もり，貸倒引当金を設定する。
　c．備品減価償却高　取得原価　¥900,000　残存価額は零（0）　耐用年数は 10 年とし，
　　　　　　　　　　　定額法により計算し，直接法で記帳している。

$$定額法による年間の減価償却費 = \frac{取得原価 - 残存価額}{耐用年数}$$

(1)

	借　　　　方	貸　　　　方
a		
b		
c		

(2)

貸 借 対 照 表

熊本商店　　　　　　　　令和○年 12 月 31 日　　　　　　　　（単位：円）

資　　産	金　額	負債および純資産	金　額
現　　金		買　掛　金	
当 座 預 金		（　　　　）	
売 掛 金（　　）		資　本　金	
（　　　）（　　　）		（　　　　）	
（　　　）			
備　　品			

3 四国商店（個人企業　決算年1回　12月31日）の残高試算表と棚卸表は，次のとおりであった。よって，

(1) 棚卸表のa～cの決算整理仕訳を示しなさい。

(2) 備品勘定・水道光熱費勘定に必要な記入をおこない，締め切りなさい。ただし，日付・相手科目・金額を記入すること。

(3) 貸借対照表を完成しなさい。

残 高 試 算 表
令和○年12月31日

借　　方	元丁	勘 定 科 目	貸　　方
296,000	1	現　　　　金	
1,660,000	2	当 座 預 金	
1,300,000	3	売 　掛　 金	
	4	貸倒引当金	20,000
680,000	5	繰 越 商 品	
280,000	6	貸 　付　 金	
400,000	7	備　　　　品	
	8	買 　掛　 金	884,000
	9	前 　受　 金	86,000
	10	資 　本　 金	2,970,000
	11	売　　　　上	7,771,000
	12	受 取 利 息	32,000
5,750,000	13	仕　　　　入	
960,000	14	給　　　　料	
288,000	15	支 払 家 賃	
52,000	16	水 道 光 熱 費	
97,000	17	雑　　　　費	
11,763,000			11,763,000

棚 　卸 　表
令和○年12月31日

勘定科目	摘　　　　要	内　　訳	金　　額
a.繰越商品	A品　800個　@¥900		720,000
b.売掛金	期末残高	1,300,000	
	貸倒見積高		
	売掛金残高の3％	39,000	1,261,000
c.備　品	事務用パーソナルコンピュータ		
	期首帳簿価額	400,000	
	当期減価償却費※	(　　　)	(　　　)

※　取得原価¥500,000　残存価額は零（0）耐用年数は10年とし，定額法により計算し，直接法で記帳している。

$$定額法による年間の減価償却費 = \frac{取得原価 - 残存価額}{耐用年数}$$

(1)

	借　　方	貸　　方
a		
b		
c		

備　　　品　　　　7

1/1 前期繰越 400,000	

水 道 光 熱 費　　　　17

12/15 現金 52,000	

(2)

貸 借 対 照 表

四国商店　　　　　　令和○年12月31日　　　　　　（単位：円）

資　　　　産	金　　額	負債および純資産	金　　額
現　　　　金		(　　　　)	(　　　　)
当 座 預 金		前 　受 　金	
売　掛　金 (　　　)		資 　本 　金	
(　　　　) (　　　)			
(　　　　)			
貸 　付 　金			
(　　　　)			

精算表

解答p.116

1 宮崎商店（個人企業 決算年1回 12月31日）の総勘定元帳勘定残高と決算整理事項は，次のとおりであった。よって，精算表を完成しなさい。

　　決算整理事項
　　　a．期末商品棚卸高　¥986,000
　　　b．貸倒見積高　売掛金残高の3％と見積もり，貸倒引当金を設定する。
　　　c．備品減価償却高　取得原価　¥800,000　残存価額は零（0）　耐用年数は10年とし，定額法により計算し，直接法で記帳している。

$$定額法による年間の減価償却費 = \frac{取得原価 - 残存価額}{耐用年数}$$

精　算　表
令和○年12月31日

勘定科目	残高試算表 借方	残高試算表 貸方	整理記入 借方	整理記入 貸方	損益計算書 借方	損益計算書 貸方	貸借対照表 借方	貸借対照表 貸方
現　金	698,000							
当座預金	3,189,000							
売掛金	2,600,000							
貸倒引当金		67,000						
繰越商品	916,000							
前払金	60,000							
備品	480,000							
買掛金		1,685,000						
借入金		800,000						
資本金		4,820,000						
売上		9,450,000						
受取手数料		294,000						
仕入	6,685,000							
給料	1,728,000							
支払家賃	510,000							
消耗品費	129,000							
雑費	86,000							
支払利息	35,000							
	17,116,000	17,116,000						
（　　　）								
（　　　）								
（　　　）								

2 鹿児島商店（個人企業　決算年1回　12月31日）の総勘定元帳勘定残高と決算整理事項は，次のとおりであった。よって，精算表を完成しなさい。

　　決算整理事項
　　　　a．期末商品棚卸高　￥860,000
　　　　b．貸倒見積高　売掛金残高の2%と見積もり，貸倒引当金を設定する。
　　　　c．備品減価償却高　取得原価　￥700,000　残存価額は零（0）　耐用年数は10年とし，定額法により計算し，直接法で記帳している。

$$定額法による年間の減価償却費 = \frac{取得原価 - 残存価額}{耐用年数}$$

精　算　表
令和○年12月31日

勘定科目	残高試算表		整理記入		損益計算書		貸借対照表	
	借方	貸方	借方	貸方	借方	貸方	借方	貸方
現　　　金	693,000							
当座預金	2,630,000							
売　掛　金	2,900,000							
貸倒引当金		20,000						
繰越商品	810,000							
前　払　金	80,000							
備　　　品	560,000							
買　掛　金		1,430,000						
借　入　金		600,000						
資　本　金		4,790,000						
売　　　上		9,720,000						
受取手数料		230,000						
仕　　　入	7,063,000							
給　　　料	1,130,000							
支払家賃	540,000							
水道光熱費	266,000							
雑　　　費	78,000							
支払利息	40,000							
	16,790,000	16,790,000						
（　　　　　）								
（　　　　　）								
（　　　　　）								

3 沖縄商店（個人企業　決算年 1 回　12 月 31 日）の総勘定元帳勘定残高と決算整理事項は，次のとおりであった。よって，精算表を完成しなさい。

元帳勘定残高

現　　　　金 ¥ 260,000	当 座 預 金 ¥2,340,000	売　掛　金 ¥2,700,000
貸 倒 引 当 金　64,000	繰 越 商 品　1,220,000	備　　　品　600,000
買　掛　金　1,989,000	借　入　金　500,000	資　本　金　3,520,000
売　　　上　9,734,000	受 取 手 数 料　186,000	仕　　　入　6,759,000
給　　　料　1,650,000	支 払 家 賃　264,000	消 耗 品 費　98,000
雑　　　費　86,000	支 払 利 息　16,000	

決算整理事項

a．期末商品棚卸高　¥1,337,000
b．貸 倒 見 積 高　売掛金残高の 3 ％と見積もり，貸倒引当金を設定する。
c．備品減価償却高　取得原価　¥1,000,000　残存価額は零（0）　耐用年数は10 年とし，定額法により計算し，直接法で記帳している。

$$定額法による年間の減価償却費 = \frac{取得原価 - 残存価額}{耐用年数}$$

精　算　表
令和○年 12 月 31 日

勘定科目	残高試算表 借方	残高試算表 貸方	整理記入 借方	整理記入 貸方	損益計算書 借方	損益計算書 貸方	貸借対照表 借方	貸借対照表 貸方
現　　　金	260,000							
当 座 預 金	2,340,000							
売　掛　金	2,700,000							
貸 倒 引 当 金		64,000						
繰 越 商 品	1,220,000							
備　　　品	600,000							
買　掛　金		1,989,000						
借　入　金		500,000						
資　本　金		3,520,000						
売　　　上		9,734,000						
受 取 手 数 料		186,000						
仕　　　入	6,759,000							
給　　　料	1,650,000							
支 払 家 賃	264,000							
消 耗 品 費	98,000							
雑　　　費	86,000							
支 払 利 息	16,000							
	15,993,000	15,993,000						
（　　　　）								
（　　　　）								
（　　　　）								

第5章　英文会計

基本問題

解答p.119

1　次の用語を英語にしたときに，もっとも適当なものを下記の語群から選び，その番号を解答欄に記入しなさい。

ア　簿　　記　　イ　資　　　産　　ウ　負　　　債　　エ　純　資　産
オ　貸借対照表　　カ　収　　　益　　キ　費　　　用　　ク　損益計算書

【語群】

1	Balance Sheet	2	asset	3	income	4	net assets
5	bookkeeping	6	expense	7	Profit and Loss statement	8	liability

ア	イ	ウ	エ	オ	カ	キ	ク

2　次の用語を英語にしたときに，もっとも適当なものを下記の語群から選び，その番号を解答欄に記入しなさい。

ア　取　　　引　　イ　勘　　　定　　ウ　借　　　方　　エ　貸　　　方
オ　仕　　　訳　　カ　転　　　記　　キ　仕　訳　帳　　ク　総勘定元帳
ケ　試　算　表　　コ　決　　　算　　サ　精　算　表

【語群】

1	Trial Balance	2	closing books	3	account	4	journalizing
5	Work Sheet	6	debit	7	posting	8	transaction
9	credit	10	general ledger	11	journal		

ア	イ	ウ	エ	オ	カ	キ	ク

ケ	コ	サ

3 次の用語を英語にしたときに，もっとも適当なものを下記の語群から選び，その番号を解答欄に記入しなさい。

ア 現 金　イ 現金出納帳　ウ 現金過不足　エ 当座預金
オ 当座借越　カ 当座預金出納帳　キ 小口現金　ク 定額資金前渡法
ケ 小口現金出納帳

【語群】

1 bank overdraft 　　2 petty cash 　　3 cashbook 　　4 imprest system
5 petty cashbook 　 6 cash 　　　　 7 checking account 　8 bankbook
9 cash over and short

ア	イ	ウ	エ	オ	カ	キ	ク

ケ

4 次の用語を英語にしたときに，もっとも適当なものを下記の語群から選び，その番号を解答欄に記入しなさい。

ア 仕 入 勘 定　イ 売 上 勘 定　ウ 繰越商品勘定　エ 仕 入 帳
オ 売 上 帳　カ 商 品 有 高 帳　キ 先 入 先 出 法　ク 移 動 平 均 法

【語群】

1 Moving Average Method 2 purchase book 　　3 inventory book 　　4 First in First out Method
5 sales account 　　　　 6 purchase account 　7 inventory account 　8 sales journal

ア	イ	ウ	エ	オ	カ	キ	ク

5 次の用語を英語にしたときに，もっとも適当なものを下記の語群から選び，その番号を解答欄に記入しなさい。

ア 売 掛 金　イ 売掛金元帳　ウ 買 掛 金　エ 買掛金元帳
オ 貸 し 倒 れ

【語群】

1 bad debt 　　2 accounts payable 　　3 accounts receivable 　　4 accounts receivable ledger
5 accounts payable ledger

ア	イ	ウ	エ	オ

⑥ 次の用語を英語にしたときに，もっとも適当なものを下記の語群から選び，その番号を解答欄に記入しなさい。

ア 約 束 手 形 イ 支払手形勘定 ウ 受取手形勘定 エ 裏 書 譲 渡
オ 手 形 の 割 引 カ 受取手形記入帳 キ 支払手形記入帳

【語群】

1 notes receivable book 2 notes receivable account 3 discount on note 4 promissory note
5 notes payable account 6 notes payable book 7 endorsement

ア	イ	ウ	エ	オ	カ	キ

⑦ 次の用語を英語にしたときに，もっとも適当なものを下記の語群から選び，その番号を解答欄に記入しなさい。

ア 仮 払 金 イ 仮 受 金 ウ 商 品 券 エ 有 価 証 券
オ 固 定 資 産 カ 追 加 元 入 れ キ 資本の引き出し ク 税 金

【語群】

1 securities 2 increase capital 3 taxes 4 capital drawing
5 temporary payment 6 gift tickets 7 fixed asset 8 temporary receipt

ア	イ	ウ	エ	オ	カ	キ	ク

⑧ 次の用語を英語にしたときに，もっとも適当なものを下記の語群から選び，その番号を解答欄に記入しなさい。

ア 証 ひょう イ 伝 票 ウ 入 金 伝 票 エ 出 金 伝 票
オ 振 替 伝 票

【語群】

1 receipt slip 2 journal slip 3 voucher 4 slip
5 disbursement slip

ア	イ	ウ	エ	オ

Ⅵ 決算整理の応用

第1章　減価償却費の間接法による記帳

学習の要点 ●●●

1. 減価償却費の記帳法

減価償却費の記帳法には，前に学習した①直接法（3級）と②間接法（2級）がある。

①直接法……固定資産の各勘定残高から減価償却費を直接減額する方法である。

②間接法……減価償却費を固定資産の各勘定ごとに設けられた減価償却累計額勘定に記入することで，間接的に減額する方法である。

（例）備品の取得原価￥100,000　当期の減価償却費￥30,000 について，直接法と間接法によって記帳しなさい（決算日12月31日）。

取 得 原 価……購入代価＋付随費用：A

減価償却費……当期末までに価値が減った分：B

帳 簿 価 額……当期末の固定資産の価値（A－B）：C

①直接法

（借）減 価 償 却 費　　　30,000　　　（貸）備　　　　　品　　　30,000

備　　　品

A：取 得 原 価　100,000	12/31 B：減価償却費 30,000

C：残高￥70,000

減 価 償 却 費

12/31 備　　　品　　　30,000

②間接法

（借）減 価 償 却 費　　　30,000　　　（貸）備品減価償却累計額　　　30,000

備　　　品

A：取 得 原 価　100,000

C：残高￥100,000

備品減価償却累計額

12/31 B：減価償却費 30,000

減 価 償 却 費

12/31 備 品 減 価償却累計額　30,000

A－B＝C：￥70,000 が当期末の備品の帳簿価額である。

2．固定資産売却の記帳法（間接法の場合）

固定資産を売却したときは，売却した固定資産の取得原価とその固定資産の減価償却累計額を減少させる。

C：帳簿価額 ＝ A：取得原価 － B：減価償却累計額

D：売却価額 ＝ 固定資産を売って，手に入れた金額

D：売却価額 － C：帳簿価額 ＝ 固定資産売却益（マイナスのときは固定資産売却損）

（例）備品の取得原価¥*100*　減価償却累計額¥*30*

①売却価額　¥*120*　＞　帳簿価額　¥*70*（売却価額のほうが帳簿価額より大きい）

（借）当　座　預　金　　*120*　　（貸）備　　　　　品　　　　*100*

　　　備品減価償却累計額　　*30*　　　　　　固定資産売却益　　　　*50*

②売却価額　¥*60*　＜　帳簿価額　¥*70*（売却価額のほうが帳簿価額より小さい）

（借）当　座　預　金　　*60*　　（貸）備　　　　　品　　　　*100*

　　　備品減価償却累計額　　*30*

　　　固定資産売却損　　*10*

基本問題

解答 p.120

1 次の決算整理仕訳を，直接法と間接法の2つの記帳法で示しなさい。

　　12月31日　決算にあたり，取得原価¥*300,000* の金庫の減価償却をおこなった。ただし，決算は年1回，残存価額は取得原価の10%，耐用年数15年　定額法による。

	借　　　　　方	貸　　　　　方
直接法		
間接法		

2 次の建物について，毎期定額法で減価償却をするときの，直接法と間接法による仕訳を示し，下記の勘定に転記して締め切りなさい。ただし，勘定には日付・相手科目・金額を記入し，開始記入も示すこと。

　　決算日　12月31日　取得原価¥*6,000,000*　残存価額は取得原価の10%　耐用年数30年

	借　　　　　方	貸　　　　　方
直接法		

建　　物

1/10 当　座　預　金	*6,000,000*		

	借　　　　　方	貸　　　　　方
間接法		

建　　物　　　　　　　　　　　　建物減価償却累計額

1/10 当座預金 *6,000,000*	

3 **2**の場合の，建物の帳簿価額を求めなさい。

建物の帳簿価額	￥

4 次の取引の仕訳を示しなさい。

(1) 期首に取得原価￥2,000,000 の備品を￥900,000 で売却し，代金は月末に受け取ることにした。なお，この備品に対する減価償却累計額は￥1,200,000 である。

(2) 期首に取得原価￥1,500,000 の備品を￥400,000 で売却し，代金は月末に受け取ることにした。なお，この備品に対する減価償却累計額は￥800,000 である。

	借　　　　　　方	貸　　　　　　方
(1)		
(2)		

簿記の寄り道

■貸倒引当金ってなに？

金田商店には期末現在，売掛金が100万円あります。その内訳は次のとおりです。

　　冨高商店　80万円　　　片山商店　20万円

この売掛金100万円のうち，冨高商店の売掛金は間違いなく入金されると予想されますが，どうも片山商店は倒産の危機にあるという情報をつかみました。さて，このようななかで決算日をむかえ，貸借対照表を作成することになりました。金田商店は貸借対照表上の売掛金をいくらで表示すればよいのでしょうか？

法律上の売掛金はあくまでも100万円だから貸借対照表上も100万円と考えるのでしょうか？

もし貸借対照表上に売掛金100万円と表示したら，それを見た人は「もう少ししたら100万円が入金される」と思うでしょう。そうすると金田商店はうその表示をしたことになります。

それでは，売掛金80万円と表示したらよいかというと，これも問題です。なぜなら，片山商店はまだ現実に倒産してはいないからです。すなわち，片山商店に対する売掛金の経済的な価値は￥0になっ

たとしても片山商店は法律的にはまだ存在しています。それを売掛金80万円と表示したら，法律的にも消滅したことになってしまいます。

そこで，回収できないであろう片山商店に対する売掛金20万円を直接減らすのではなく，貸倒引当金という売掛金に対する修正勘定を設けることで，法律上の売掛金と回収可能な売掛金を両方示すのです。

では，この貸倒引当金は，貸借対照表上ではどのように表示されるのでしょうか。

　　　　　　　　貸 借 対 照 表

売　掛　金	100万円	
貸倒引当金	20万円	80万円

このように，法律上の売掛金100万円から回収できないであろう金額20万円をマイナスするかたちで記し，売掛金の回収可能な金額80万円を示すのです。

売掛金に対する修正勘定である貸倒引当金のことを評価勘定とよびます。

■章末チェックリスト■　クリアした項目に✓をつけよう！

□減価償却費の記帳法について，直接法とは何か説明できる。

□減価償却費の記帳法について，間接法とは何か説明できる。

□決算時に減価償却費を計上したときの，間接法による記帳ができる。

□間接法を採用している場合の，固定資産売却時の記帳ができる。

第2章 有価証券の評価

学習の要点 ●●●

1. 有価証券の評価

貸借対照表に記載する有価証券の価額を決定することを，**有価証券の評価**という。

有価証券勘定には，取得時は取得原価で記入するが，有価証券の時価は変動するため取得原価と時価は一致しないことが多い。そこで，時価のある有価証券で売買を目的として保有しているものは，決算のときに有価証券の帳簿価額を修正する。

A：時　　価……決算時の価格

B：帳簿価額……総勘定元帳の残高

A：時価 － B：帳簿価額 ＝ C：マイナスは有価証券評価損　プラスは有価証券評価益

(1) 時価 ＜ 帳簿価額の場合

（例）12/31　決算にさいし，売買目的で保有している京都物産株式会社の株式1株（1株の帳簿価額￥60,000）について，時価が1株につき￥55,000に下落したので評価替えした。

A：時　　価 － B：帳簿価額 ＝ C：有価証券評価損or有価証券評価益

￥55,000　 － 　￥60,000　 ＝ 　　　　 －￥5,000

→有価証券の価値が￥5,000下がった

(借) 有価証券評価損　　　5,000　　　　(貸) 有　価　証　券　　　　5,000

有　価　証　券

		12/31 C：有価証券評価損　5,000
残高 ￥55,000 {	B：帳 簿 価 額　　　60,000	} A：時価￥55,000

有価証券評価損

12/31 有 価 証 券　　　5,000	

(2) 時価 ＞ 帳簿価額の場合

（例）12/31　決算にさいし，売買目的で保有している京都物産株式会社の株式1株（1株の帳簿価額￥60,000）について，時価が1株につき￥70,000に上昇したので評価替えした。

A：時　　価 － B：帳簿価額 ＝ C：有価証券評価損or有価証券評価益

￥70,000　 － 　￥60,000　 ＝ 　　　　 ＋￥10,000

→有価証券の価値が￥10,000上がった

(借) 有　価　証　券　　　10,000　　　　(貸) 有価証券評価益　　　10,000

有　価　証　券

残高 ￥70,000 {	B：帳 簿 価 額　　　60,000	} A：時価￥70,000
	C：有価証券評価益　　10,000	

有価証券評価益

	12/31 有 価 証 券　　　10,000

基本問題

解答p.121

1 決算にさいし，売買目的で保有する公債￥350,000 を￥300,000に評価替えしたときの決算整理仕訳を示し，有価証券勘定に転記して締め切りなさい。ただし，勘定には日付・相手科目・金額を記入すること。（決算日12月31日）

借　　　　　　方	貸　　　　　　方

有 価 証 券

9/13 当 座 預 金	350,000		

2 次の取引の仕訳を示し，有価証券勘定に転記して締め切りなさい。ただし，勘定には日付・相手科目・金額を記入すること。

　　6月25日　売買目的で釧路産業株式会社の株式100株を，1株につき￥5,500 で買い入れ，代金は小切手を振り出して支払った。

　　12月31日　決算にあたり，上記の株式を1株につき￥5,800 で評価した。

	借　　　　　　方	貸　　　　　　方
6/25		
12/31		

有 価 証 券

売買目的で保有する有価証券については時価で評価するんだ。

応用問題

解答p.122

　次の取引の仕訳を示し，有価証券勘定と有価証券評価損勘定に転記して締め切りなさい。ただし，勘定には日付・相手科目・金額を記入すること。

　　3月11日　売買目的で長崎商会株式会社の株式200株を1株¥60,000で買い入れ，手数料¥240,000とともに，小切手を振り出して支払った。

　　12月31日　保有する株式200株を1株につき¥56,000に評価替えした。

　　　　　　　また，有価証券評価損勘定の残高を損益勘定に振り替えた。

	借　　　　　方	貸　　　　　方
3/11		
12/31		

有　価　証　券

有価証券評価損

第3章　費用・収益の繰り延べと見越し

学習の要点 ●●●

1. 費用・収益の繰り延べ

　費用・収益の諸勘定は，ふつう収入・支出のつど帳簿に記入する。しかし，この収入・支出のなかには，次期以降に属する費用や収益が含まれていることがある。そこで，当期純損益を求めるために，決算にあたって，次期以降に属する費用と収益を当期から除く手続きが必要となる。この手続きを**費用・収益の繰り延べ**という。

（1）費用の繰り延べ

　① 費用の繰り延べ

　　費用として支払った金額のうち，次期以降に属する金額（前払高）は，その金額を当期の費用の勘定から差し引くとともに，資産として次期に繰り延べる。この資産を**前払費用**といい，前払保険料・前払地代・前払家賃・前払利息などがある。

　　前払費用は，資産として貸借対照表に記載されるが，次期以降の費用なので，次期の最初の日付で費用の勘定に再び振り替える。これを**再振替**といい，このための仕訳を**再振替仕訳**という。

	借　　　方		貸　　　方	
費用の支払い	費用の勘定	×××	現金など	×××
決算（繰り延べ）	前払○○	×××	費用の勘定	×××
決算（振替仕訳）	損益	×××	費用の勘定	×××
期首に再振替仕訳	費用の勘定	×××	前払○○	×××

　② 消耗品の未使用高

　　事務用文房具などの消耗品を買い入れたときは，**消耗品費勘定**（費用の勘定）の借方に記入しておき，期末に未使用高がある場合には，これを**消耗品勘定**（資産の勘定）の借方に振り替える。消耗品は，次期以降に使用されて費用となるので，次期の最初の日付で，消耗品勘定から消耗品費勘定へ再振替をおこなう。

	借　　　方		貸　　　方	
消耗品の買い入れ	消耗品費	×××	現金など	×××
決算（繰り延べ）	消耗品	×××	消耗品費	×××
決算（振替仕訳）	損益	×××	消耗品費	×××
期首に再振替仕訳	消耗品費	×××	消耗品	×××

(2) 収益の繰り延べ

　　収益として受け取った金額のうち，次期以降に属する金額（前受高）は，その金額を当期の収益の勘定から差し引くとともに，負債として次期に繰り延べる。この負債を**前受収益**といい，前受地代・前受家賃・前受利息などがある。

　　前受収益は，負債として貸借対照表に記載されるが，次期以降の収益なので，次期の最初の日付で収益の勘定に再振替をおこなう。

	借　　　　　方		貸　　　　　方	
収益の受け取り	現　金　など	×　×　×	収 益 の 勘 定	×　×　×
決 算（繰り延べ）	収 益 の 勘 定	×　×　×	前 受 ○ ○	×　×　×
決 算（振替仕訳）	収 益 の 勘 定	×　×　×	損　　　　益	×　×　×
期首に再振替仕訳	前 受 ○ ○	×　×　×	収 益 の 勘 定	×　×　×

2. 費用・収益の見越し

　実際に収入や支出がなくても，当期の費用や収益が発生していることがある。そこで，当期純損益を求めるために，決算にあたって当期に属する費用と収益を計上しなければならない。この手続きを**費用・収益の見越し**という。

(1) 費用の見越し

　　まだ支払っていなくても，当期に属する費用が発生しているときは，その金額を当期の費用の勘定に加えるとともに，負債として次期に繰り越す。この負債を**未払費用**という。未払費用には，未払地代・未払家賃・未払利息などがある。

　　未払費用は，負債として貸借対照表に記載されるが，次期の費用の支払額から差し引かれるので，次期の最初の日付で費用の勘定に再振替をおこなう。このようにすれば，後日支払ったときに前期分と当期分を区別しないで，その全額を費用の勘定に記入すればよいことになる。

	借　　　　　方		貸　　　　　方	
費 用 の 支 払 い	費 用 の 勘 定	×　×　×	現　金　など	×　×　×
決 算（見越し）	費 用 の 勘 定	×　×　×	未 払 ○ ○	×　×　×
決 算（振替仕訳）	損　　　　益	×　×　×	費 用 の 勘 定	×　×　×
期首に再振替仕訳	未 払 ○ ○	×　×　×	費 用 の 勘 定	×　×　×

(2) 収益の見越し

　　まだ収入になっていなくても，当期に属する収益は，その金額を当期の収益の勘定に加えるとともに，資産として次期に繰り越す。この資産を**未収収益**という。未収収益には，未収地代・未収家賃・未収利息などがある。

	資産として貸借対照表に記載

当期の受取分（帳簿に記入された金額）	当期の収益の未収分（次期繰越）

　　　　　←────── 当期の収益として損益計算書に記載 ──────→　（決算日）

　未収収益は，資産として貸借対照表に記載されるが，次期の収入から差し引かれるので，次期の最初の日付で収益の勘定に再振替をおこなう。このようにすれば，後日受け取ったときに前期分と当期分を区別しないで，その全額を収益の勘定に記入すればよいことになる。

	借　　　　方		貸　　　　方	
収益の受け取り	現　金　など	×××	収益の勘定	×××
決　算（見越し）	未　収　○　○	×××	収益の勘定	×××
決　算（振替仕訳）	収益の勘定	×××	損　　　　益	×××
期首に再振替仕訳	収益の勘定	×××	未　収　○　○	×××

3. 損益計算書・貸借対照表

(1)　2区分の損益計算書

　　これまで学習した損益計算書はすべての収益と費用が対応する形式であったが，よりわかりやすくいくつかに区分を設けることがある。ここでは，売り上げの総損益を計算する区分と当期純損益を計算する区分の二つに分けて表示する損益計算書を学習する。

①　区分しない損益計算書（これまで学習した形式）

損 益 計 算 書

○○商店　　　令和○年1月1日から令和○年12月31日まで（単位：円）

費　　　用	金　　　額	収　　　益	金　　　額
売 上 原 価	4,260,000	売　　上　　高	5,820,000
給　　　　料	1,250,000	受 取 手 数 料	500,000
貸倒引当金繰入	76,000		
当 期 純 利 益	620,000		
	6,320,000		6,320,000

②　2区分の損益計算書

損 益 計 算 書

○○商店　　　令和○年1月1日から令和○年12月31日まで（単位：円）

費　　　用	金　　　額	収　　　益	金　　　額
期首商品棚卸高	865,000	売　　上　　高	5,820,000
仕　入　高	4,308,000	期末商品棚卸高	913,000
売 上 総 利 益※	1,560,000		
	6,733,000		6,733,000
給　　　　料	1,250,000	売 上 総 利 益	1,560,000
貸倒引当金繰入	76,000	受 取 手 数 料	500,000
当 期 純 利 益	620,000		
	2,060,000		2,060,000

　　　　□□□□　売上原価の計算……2区分の損益計算書では計算過程を示す。
※主たる営業活動での利益

2区分の損益計算書では，主たる営業活動（商品売買活動）についての正確な情報を伝達するため，売上原価の計算過程や売上総利益を表示する。

(2) 貸借対照表

貸借対照表では，貸倒引当金と同様に，備品などの固定資産の減価償却累計額も控除形式で示す。

貸　借　対　照　表

○○商店　　　　　　　　令和○年12月31日　　　　　　（単位：円）

資　　　産	金　　額		負債および純資産	金　　額
現　　　　　金		378,000	支　払　手　形	490,000
当　座　預　金		846,000	買　　掛　　金	350,000
売　　掛　　金	2,000,000		借　　入　　金	900,000
貸倒引当金	100,000	1,900,000	資　　本　　金	2,500,000
商　　　　　品		760,000	当 期 純 利 益	620,000
備　　　　　品	800,000			
減価償却累計額	360,000	440,000		
		4,860,000		4,860,000

■ 控除形式（ある勘定から関係する勘定の金額をマイナスする形式）

基本問題

解答p.122

1 次の決算時における必要な仕訳を示しなさい。

(1) 決算にあたり，利息の前払高 ¥36,000 を次期に繰り延べた。

(2) 決算にあたり，保険料の前払高 ¥40,000 を次期に繰り延べた。

(3) 決算にあたり，消耗品の未使用高 ¥10,000 を次期に繰り延べた。

(4) 決算にあたり，家賃の前受高 ¥63,000 を次期に繰り延べた。

(5) 決算にあたり，手数料の前受高 ¥18,000 を次期に繰り延べた。

	借　　　　　方	貸　　　　　方
(1)		
(2)		
(3)		
(4)		
(5)		

2 次の連続した取引の仕訳を示し，下記の勘定に転記して締め切りなさい（損益勘定は締め切らなくてよい）。ただし，勘定には日付・相手科目・金額を記入すること。また，損益計算書・貸借対照表に記入しなさい。（個人企業　決算年1回　12月31日）

4月　1日　1年分の保険料 ¥480,000 を現金で支払った。

12月31日　決算にあたり，保険料の前払高 ¥120,000 を次期に繰り延べた。

　〃 日　当期分の保険料 ¥360,000 を損益勘定に振り替えた。

1月　1日　前期から繰り延べられた保険料の前払高 ¥120,000 を保険料勘定に振り戻した。

	借 方	貸 方
4/ 1		
12/31		
〃		
1/ 1		

保 険 料	

前 払 保 険 料	

損 益	

損益計算書（一部）　（単位：円）

費 用	金 額	収 益	金 額
保 険 料			

貸借対照表（一部）　（単位：円）

資 産	金 額	負債・純資産	金 額
前払保険料			

3 次の連続した取引の仕訳を示し，下記の勘定に転記して締め切りなさい（損益勘定は締め切らなくてよい）。ただし，勘定には日付・相手科目・金額を記入すること。また，損益計算書・貸借対照表に記入しなさい。（個人企業　決算年1回　12月31日）

8月 1日　伝票・文房具などを買い入れ，代金¥40,000を現金で支払った。

12月31日　決算にあたり，消耗品の未使用高¥10,000を次期に繰り延べた。

　〃 日　当期分の消耗品費¥30,000を損益勘定に振り替えた。

1月 1日　前期から繰り延べられた消耗品の未使用高¥10,000を消耗品費勘定に振り戻した。

	借 方	貸 方
8/ 1		
12/31		
〃		
1/ 1		

消 耗 品 費	

消 耗 品	

損 益	

損益計算書（一部）　（単位：円）

費 用	金 額	収 益	金 額
消 耗 品 費			

貸借対照表（一部）　（単位：円）

資 産	金 額	負債・純資産	金 額
消 耗 品			

次期に繰り延べられた前払費用勘定は次期以降の費用となるものだから，翌期首に再振替仕訳をして再びもとの費用勘定に戻すんだね。

4 次の連続した取引の仕訳を示し，下記の勘定に転記して締め切りなさい（損益勘定は締め切らなくてよい）。ただし，勘定には日付・相手科目・金額を記入すること。また，損益計算書・貸借対照表に記入しなさい。（個人企業　決算年1回　12月31日）

10月　1日　半年分（6か月）の利息¥72,000を現金で受け取った。

12月31日　決算にあたり，利息の前受高¥36,000を次期に繰り延べた。

〃 日　当期分の受取利息¥36,000を損益勘定に振り替えた。

1月　1日　前期から繰り延べられた利息の前受高¥36,000を受取利息勘定に再振替した。

	借　　　　　方	貸　　　　　方
10/ 1		
12/31		
〃		
1/ 1		

受　取　利　息

前　受　利　息

損　　　益

損益計算書（一部）　（単位：円）

費　用	金　額	収　益	金　額
		受取利息	

貸借対照表（一部）　（単位：円）

資　産	金　額	負債・純資産	金　額
		前受利息	

5 次の決算時における必要な仕訳を示しなさい。

(1) 決算にあたり，利息の未払高¥18,000を計上した。

(2) 決算にあたり，地代の未払高¥20,000を計上した。

(3) 決算にあたり，家賃の未収高¥90,000を計上した。

(4) 決算にあたり，手数料の未収高¥81,000を計上した。

	借　　　　　方	貸　　　　　方
(1)		
(2)		
(3)		
(4)		

6 次の連続した取引の仕訳を示し，下記の勘定に転記して締め切りなさい（損益勘定は締め切らなくてよい）。ただし，勘定には日付・相手科目・金額を記入すること。また，損益計算書・貸借対照表に記入しなさい。（個人企業　決算年1回　12月31日）

6月　1日　広告料¥200,000を現金で支払った。

12月31日　決算にあたり，広告料の未払高¥100,000を計上した。

〃 日　当期分の広告料¥300,000を損益勘定に振り替えた。

1月　1日　期首にあたり，前期末の決算における広告料の未払高¥100,000を再振替した。

	借　　　　方	貸　　　　方
6/ 1		
12/31		
〃		
1/ 1		

広　告　料	未払広告料

損　　益

損益計算書（一部）　（単位：円）

費　用	金　額	収　益	金　額
広　告　料			

貸借対照表（一部）　（単位：円）

資　産	金　額	負債・純資産	金　額
		未払広告料	

7 　次の連続した取引の仕訳を示し，下記の勘定に転記して締め切りなさい（損益勘定は締め切らなくてよい）。ただし，勘定には日付・相手科目・金額を記入すること。また，損益計算書・貸借対照表に記入しなさい。（個人企業　決算年1回　12月31日）

　　5月　1日　手数料￥*260,000* を現金で受け取った。
　12月31日　決算にあたり，手数料の未収高￥*140,000* を計上した。
　　〃 日　当期分の受取手数料￥*400,000* を損益勘定に振り替えた。
　　1月　1日　手数料の未収高￥*140,000* を受取手数料勘定に再振替した。

	借　　　　方	貸　　　　方
5/ 1		
12/31		
〃		
1/ 1		

受取手数料	未収手数料

損　　益

損益計算書（一部）　（単位：円）

費　用	金　額	収　益	金　額
		受取手数料	

貸借対照表（一部）　（単位：円）

資　産	金　額	負債・純資産	金　額
未収手数料			

8 次の決算整理事項により，決算に必要な仕訳を示しなさい。

(1) 保険料前払高　　　¥40,000　　(2) 消耗品未使用高　　　¥60,000

(3) 家 賃 前 受 高　　　¥30,000　　(4) 利 息 未 払 高　　　¥20,000

(5) 地 代 未 収 高　　　¥10,000

	借　　　　　方	貸　　　　　方
(1)		
(2)		
(3)		
(4)		
(5)		

応用問題

解答 p.125

1 静岡商店（個人企業　決算年1回　12月31日）の次の決算整理事項によって，

(1) 決算整理仕訳を示しなさい。

(2) 精算表を完成しなさい。

決算整理事項

a. 期末商品棚卸高　¥770,000

b. 貸 倒 見 積 高　受取手形残高と売掛金残高に対し，それぞれ5％と見積もり，貸倒引当金を設定する。

c. 備品減価償却高　定額法による。ただし，残存価額は取得原価の10％　耐用年数は10年とする。

d. 有価証券評価高　有価証券は，売買目的で保有している次の株式であり，時価によって評価する。

大館商事株式会社　300株　時価　1株　¥7,300

e. 保険料前払高　保険料の¥180,000は，本年9月1日からの1年分を支払ったものであり，前払高を次期に繰り延べる。

f. 消耗品未使用高　¥ 30,000

g. 利 息 未 払 高　¥　4,000

(1)

	借　　　　　方	貸　　　　　方
a		
b		
c		
d		
e		
f		
g		

(2)

精　算　表

令和○年12月31日

勘定科目	残高試算表		整理記入		損益計算書		貸借対照表	
	借　方	貸　方	借　方	貸　方	借　方	貸　方	借　方	貸　方
現　　　金	780,000							
当 座 預 金	3,314,000							
受 取 手 形	600,000							
売 　掛　 金	1,400,000							
貸 倒 引 当 金		72,000						
有 価 証 券	2,250,000							
繰 越 商 品	830,000							
備　　　品	900,000							
備品減価償却累計額		162,000						
支 払 手 形		900,000						
買 　掛　 金		1,060,000						
借 　入　 金		800,000						
資 　本　 金		6,500,000						
売　　　上		5,320,000						
受 取 手 数 料		40,000						
仕 　　　入	3,930,000							
給 　　　料	480,000							
保 　険　 料	180,000							
消 耗 品 費	71,000							
雑 　　　費	87,000							
支 払 利 息	32,000							
	14,854,000	14,854,000						

2 秋田商店（個人企業　決算年1回　12月31日）の総勘定元帳勘定残高と決算整理事項は，次のとおりであった。よって，

(1) 決算整理仕訳を示しなさい。

(2) 損益計算書および貸借対照表を完成しなさい。

元帳勘定残高

現　　　金	¥ 489,000	当 座 預 金	¥ 1,828,000	受 取 手 形	¥ 1,200,000
売　掛　金	4,400,000	貸倒引当金	127,000	有 価 証 券	2,320,000
繰 越 商 品	1,240,000	貸　付　金	790,000	備　　　品	1,600,000
備品減価償却累計額	360,000	買　掛　金	3,900,000	前　受　金	576,000
従業員預り金	129,000	資　本　金	8,000,000	売　　　上	14,900,000
受 取 利 息	72,000	仕　　　入	11,920,000	給　　　料	1,670,000
支 払 家 賃	260,000	保　険　料	54,000	消 耗 品 費	138,000
雑　　　費	155,000				

決算整理事項

a. 期末商品棚卸高　¥1,060,000

b. 貸 倒 見 積 高　受取手形残高と売掛金残高に対し，それぞれ5%と見積もり，貸倒引当金を設定する。

c. 備品減価償却高　定額法による。ただし，残存価額は取得原価の10%　耐用年数は8年とする。

d. 有価証券評価高　有価証券は，売買目的で保有している次の株式であり，時価によって評価する。
　　　　　　　大館商事株式会社　400株　時価　1株　¥5,400

e. 家 賃 未 払 高　家賃は1か月　¥52,000で，12月分は翌月5日に支払う契約のため，見越し計上する。

f. 保 険 料 前 払 高　保険料のうち¥54,000は，本年5月1日からの1年分を支払ったものであり，前払高を次期に繰り延べる。

g. 消耗品未使用高　¥　20,000

(1)

	借　　　　　方	貸　　　　　方
a		
b		
c		
d		
e		
f		
g		

(2)

損　益　計　算　書

秋田商店　　　　　令和○年１月１日から令和○年12月31日まで　　　　（単位：円）

費　　　　用	金　　額	収　　　　益	金　　額
売　上　原　価		売　上　高	
給　　　料		受　取　利　息	
貸倒引当金繰入			
減　価　償　却　費			
支　払　家　賃			
保　　険　　料			
消　耗　品　費			
雑　　　　費			
有価証券評価損			
（　　　　　　　）			

貸　借　対　照　表

秋田商店　　　　　　　　令和○年12月31日　　　　　　　　　（単位：円）

資　　　産	金　　額	負債および純資産	金　　額
現　　金		買　掛　金	
当　座　預　金		前　受　金	
受取手形（　　　）		従業員預り金	
貸倒引当金（　　　）		未　払　家　賃	
売　掛　金（　　　）		資　本　金	
貸倒引当金（　　　）		（　　　　　）	
有　価　証　券			
商　　品			
消　耗　品			
貸　付　金			
前払保険料			
備　品（　　　）			
減価償却累計額（　　　）			

3 四国商店（個人企業　決算年1回　12月31日）の総勘定元帳勘定残高と決算整理事項は，次のとおりであった。よって，

(1) 決算整理仕訳を示しなさい。

(2) 損益計算書および貸借対照表を完成しなさい。

元帳勘定残高

現　　　金	¥ 508,000	当 座 預 金	¥ 2,070,000	受 取 手 形	¥ 1,800,000
売 掛 金	4,100,000	貸倒引当金	108,000	繰 越 商 品	1,700,000
貸 付 金	1,200,000	備　　　品	2,000,000	備品減価償却累計額	1,350,000
支 払 手 形	1,040,000	買 掛 金	3,500,000	前 受 金	170,000
所得税預り金	59,000	資 本 金	6,000,000	売　　　上	12,150,000
受取手数料	143,000	仕　　　入	8,900,000	給　　　料	1,480,000
支 払 家 賃	600,000	保 険 料	56,000	消 耗 品 費	71,000
雑　　　費	35,000				

決算整理事項

a. 期末商品棚卸高　¥1,820,000

b. 貸 倒 見 積 高　受取手形と売掛金の期末残高に対し，それぞれ3%と見積もり，貸倒引当金を設定する。

c. 備品減価償却高　取得原価¥2,000,000　残存価額は取得原価の10%　耐用年数8年とし，定額法による。

d. 消耗品未使用高　¥　19,000

e. 保険料前払高　¥　14,000

f. 家 賃 未 払 高　¥120,000

g. 利 息 未 収 高　貸付金は本年4月1日に貸し付けたものであり，1年分の利息¥36,000は貸し付けた日から1年後に受け取ることになっている。よって，未収高を計上する。

(1)

	借　　　　　方	貸　　　　　方
a		
b		
c		
d		
e		
f		
g		

(2)

損　益　計　算　書

四国商店　　　　　　令和○年 1 月 1 日から令和○年12月31日まで　　　　　（単位：円）

費　　用	金　　額	収　　益	金　　額
売 上 原 価		売 上 高	
給 料		受 取 手 数 料	
貸倒引当金繰入		受 取 利 息	
減 価 償 却 費			
支 払 家 賃			
保 険 料			
消 耗 品 費			
雑 費			
（　　　　　）			

貸　借　対　照　表

四国商店　　　　　　　　　令和○年12月31日　　　　　　　　　（単位：円）

資　　産	金　　額	負債および純資産	金　　額
現 金		支 払 手 形	
当 座 預 金		買 掛 金	
受 取 手 形 （　　　）		前 受 金	
貸倒引当金 （　　　）		所得税預り金	
売 掛 金 （　　　）		未 払 家 賃	
貸倒引当金 （　　　）		資 本 金	
商 品		当期純利益	
消 耗 品			
貸 付 金			
前 払 保 険 料			
未 収 利 息			
備 品 （　　　）			
減価償却累計額 （　　　）			

━━**■章末チェックリスト■**　クリアした項目に✓をつけよう！

□費用の繰り延べに関する仕訳ができる。　　　　□収益の見越しに関する仕訳ができる。

□消耗品の未使用高に関する仕訳ができる。　　　□再振替仕訳の意味を説明できる。

□収益の繰り延べに関する仕訳ができる。　　　　□2区分の損益計算書が作成できる。

□費用の見越しに関する仕訳ができる。　　　　　□貸借対照表（控除形式）が作成できる。

●執筆　検定簿記問題研究会

簿記実務検定対策問題集

合格ガイド

3　級

12訂版　解答編

東京法分 とうほう

I 簿記の基本

第1章 企業の簿記

■基本問題 (p.9)

1

(1)				(2)	
ア	イ	ウ	エ	オ	カ
6	2	5	3	4	1

※ウエ順不同

 学習の要点1および2を参照すること。

2

1

 学習の要点5を参照すること。

■応用問題 (p.10)

1

ア	イ	ウ	エ	オ
9	13	2	6	7
カ	キ	ク	ケ	コ
10	3	14	5	12
サ	シ	ス	セ	
8	1	4	11	

※オカ順不同
キク順不同
シスセ順不同

学習の要点1～5を参照すること。

第2章 資産・負債・純資産 貸借対照表

■基本問題 (p.12)

1

資 産	1, 2, 4, 5, 6, 7, 8
負 債	3, 10
資 本	9

 項目の分類は，以後解答する簿記の問題すべてにおいて重要である。学習の要点1～3を参考に，イメージして分類できるようにしたい。

2

ア	イ	ウ
資産	貸借対照表	期末純資産
エ	オ	
当期純利益（または当期純損失）	財産	

 貸借対照表は左側に資産，右側に負債と純資産（資本）を記入して作成する。この関係を示した式を貸借対照表等式という。

3

(1) 資産の総額 ¥ 820,000	(2) 負債の総額 ¥ 420,000
(3) 純資産の額 ¥ 400,000	

(4)貸借対照表

<table>
<tr><td colspan="5" align="center">貸　借　対　照　表</td></tr>
<tr><td>（福岡）商店</td><td colspan="2" align="center">令和○年**1月1日**</td><td colspan="2" align="right">（単位：円）</td></tr>
<tr><td align="center">資　　産</td><td align="center">金　　額</td><td align="center">負債および純資産</td><td align="center">金　　額</td></tr>
<tr><td>現　　　　金</td><td align="right">80,000</td><td>買　掛　金</td><td align="right">240,000</td></tr>
<tr><td>売　掛　金</td><td align="right">300,000</td><td>借　入　金</td><td align="right">180,000</td></tr>
<tr><td>商　　　品</td><td align="right">240,000</td><td>資　本　金</td><td align="right">400,000</td></tr>
<tr><td>備　　　品</td><td align="right">200,000</td><td></td><td></td></tr>
<tr><td></td><td align="right">820,000</td><td></td><td align="right">820,000</td></tr>
</table>

以下，解答の方法を問いごとに示すと次のようになる。

(1)～(3) ❶　すべての項目を資産・負債にまず分類する。

❷　資産・負債の項目ごとに金額を合計する。

❸　資産総額から負債総額を差し引いて資本金を計算する。

(4) ❶　タイトルを確認し，商店名・作成年月日を記入する。

❷　資産の項目を貸借対照表の左側に記入する。

❸　負債の項目を貸借対照表の右側に記入する。

❹　負債である借入金の次に「資本金」と記入し，(3)で計算された金額を記入する。

❺　合計線を記入し，左側と右側の合計をそれぞれ求める。余白があれば余白線を記入する。

❻　合計が一致したことを確かめ，締め切り線を引く。

〈注〉記入にあたっては，文字・数字のけたを見やすくそろえること。

４

<table>
<tr><td colspan="5" align="center">貸　借　対　照　表</td></tr>
<tr><td>（熊本）商店</td><td colspan="2" align="center">令和○年**12月31日**</td><td colspan="2" align="right">（単位：円）</td></tr>
<tr><td align="center">資　　産</td><td align="center">金　　額</td><td align="center">負債および純資産</td><td align="center">金　　額</td></tr>
<tr><td>現　　　　金</td><td align="right">360,000</td><td>買　掛　金</td><td align="right">240,000</td></tr>
<tr><td>売　掛　金</td><td align="right">420,000</td><td>借　入　金</td><td align="right">648,000</td></tr>
<tr><td>商　　　品</td><td align="right">432,000</td><td>資　本　金</td><td align="right">500,000</td></tr>
<tr><td>備　　　品</td><td align="right">480,000</td><td>当 期 純 利 益</td><td align="right">304,000</td></tr>
<tr><td></td><td align="right">1,692,000</td><td></td><td align="right">1,692,000</td></tr>
</table>

(期末)貸借対照表作成の問題である。

解答の方法を以下に示す。

❶　タイトルを確認し，商店名・作成年月日を記入する。

❷　すべての項目を資産・負債に分類する。

❸　資産の項目を記入する。

❹　負債の項目を記入する。

❺　貸借対照表の純資産の金額は期末時点のものであり，資本金は，期首の金額を記入すべきであるので，問題文に与えられている期首の資本金を記入する。

❻　財産法により，当期純利益を計算する。

❼　当期純利益を貸借対照表の右側に記入する。

❽　合計線を記入し，左側と右側の合計をそれぞれ求める。余白があれば余白線を記入する。

❾　合計が一致したことを確かめ，締め切り線を引く。

〈注〉記入にあたっては，文字・数字のけたを見やすくそろえること。

5

(1)(期首)貸借対照表

貸 借 対 照 表

(宮崎)商店	令和○年1月1日			(単位：円)
資　　産	金　　額	負債および純資産	金　　額	
現　　　金	540,000	買　掛　金	580,000	
売　掛　金	840,000	資　本　金	1,400,000	
商　　　品	600,000			
	1,980,000		1,980,000	

(2)(期末)貸借対照表

貸 借 対 照 表

(宮崎)商店	令和○年12月31日			(単位：円)
資　　産	金　　額	負債および純資産	金　　額	
現　　　金	960,000	買　掛　金	1,020,000	
売　掛　金	1,320,000	借　入　金	360,000	
商　　　品	540,000	資　本　金	1,400,000	
備　　　品	300,000	当期純利益	340,000	
	3,120,000		3,120,000	

解説 （期首）貸借対照表と（期末）貸借対照表作成の問題である。**3**・**4**の解答の方法を参考にすること。

※1 （期首）貸借対照表の資本金の金額は，資産総額から負債総額を差し引いて求める。

※2 （期末）貸借対照表の資本金の金額は，（期首）貸借対照表で求めた資本金の金額を記入する。

※3 当期純利益は，財産法で求める。

〈注〉記入にあたっては，文字・数字のけたを見やすくそろえること。

■応用問題（p.14）

1

貸 借 対 照 表

(佐賀)商店	令和○年12月31日			(単位：円)
資　　産	金　　額	負債および純資産	金　　額	
現　　　金	450,000	買　掛　金	570,000	
売　掛　金	520,000	借　入　金	780,000	
商　　　品	430,000	資　本　金	960,000	
建　　　物	960,000	当期純利益	290,000	
備　　　品	240,000			
	2,600,000		2,600,000	

解説 （期末）貸借対照表作成の問題である。貸借対照表の作成時点は2回（期首・期末）である。問題文を読んで，いつの時点の問題なのかを理解して解答すること。

❶ （期首）貸借対照表の資本金の金額を求めなければならない。

1月1日現在の貸借対照表（期首）を各自で作成して期首の資本金を把握しておく。

貸 借 対 照 表

佐賀商店	令和○年1月1日			
資　　産	金　　額	負債および純資産	金　　額	
現　　金	720,000	資　本　金	960,000	
備　　品	240,000			
	960,000		960,000	

¥960,000 − ¥0 ＝ ¥960,000

❷ （期末）貸借対照表の資本金の金額は，（期首）貸借対照表で把握した資本金の金額を記入する。

当期純利益は，財産法で求める。

〈注〉記入にあたっては，文字・数字のけたを見やすくそろえること。

4

2

ア	イ	ウ	エ	オ	カ
¥ 70,000	¥ 160,000	¥ 20,000	¥ 60,000	¥ 220,000	¥ −20,000
キ	ク	ケ	コ	サ	シ
¥ 100,000	¥ 320,000	¥ 90,000	¥ 510,000	¥ 150,000	¥ 310,000

3

ア	¥ 1,230,000	イ	¥ 3,730,000

解説

文章問題から求めさせる計算問題である。文章問題であるから特別ということはなく，タイムテーブルを使用して解答できる。

❶

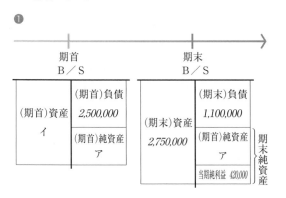

❷

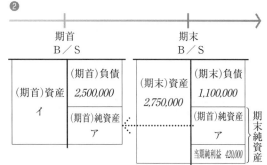

ア．期末B／Sより左側の金額から右側の金額の合計を引いて差額を求める。

¥2,750,000 − ¥1,520,000 = ¥1,230,000

イ．アの金額を期首B／Sの(期首)純資産に移す。右側の合計が答えとなる。

¥2,500,000 + ¥1,230,000(アの答え) = ¥3,730,000

■検定問題 (p.15)

1

(1)ア	(1)イ	(2)ウ	(3)エ
5	3	4	1

②

(1)	¥	3,140,000	(2)	¥	3,690,000

解説

(1) ¥4,380,000 − ¥2,750,000 = ¥1,630,000（期首純資産）

　　¥1,630,000 + ¥420,000 = ¥2,050,000（期末純資産）

　　¥5,190,000 − ¥2,050,000 = ¥3,140,000（期末の負債）

(2) ¥3,180,000 − ¥2,246,000 = ¥934,000（期首純資産）

　　¥934,000 + ¥210,000 = ¥1,144,000（期末純資産）

　　¥2,546,000 + ¥1,144,000 = ¥3,690,000（期末の資産）

第3章 収益・費用 損益計算書

■基本問題（p.18）

①

収　益	1，3，6
費　用	2，4，5，7，8

解説 　項目の分類は，以後解答する簿記の問題すべてにおいて重要である。学習の要点1，2を参考に，イメージして分類できるようにしておくこと。

②

ア	収益	イ	損益	ウ	費用	エ	損益計算書

解説 　計算式は，以後解答する簿記の計算問題において重要である。学習の要点3，5を参考にして理解すること。

③

(1)収益の総額	(2)費用の総額	(3)当期純利益
¥　1,760,000	¥　1,680,000	¥　80,000

(4)損益計算書

損　益　計　算　書

（北海道）商店　令和○年1月1日から令和○年12月31日まで（単位：円）

費　用	金　額	収　益	金　額
売 上 原 価	1,020,000	売 上 高	1,700,000
給 　　料	400,000	受 取 利 息	60,000
支 払 家 賃	225,000		
雑 　　費	35,000		
当 期 純 利 益	80,000		
	1,760,000		1,760,000

解説

　項目の分類から損益法の計算式を用いて当期純利益を計算し，損益計算書作成までの一連の流れを確認する問題である。

(1)～(3)

❶　すべての項目を費用・収益に分類する。

❷　費用・収益の項目ごとに金額を合計する。

❸　損益法を用いて，当期純利益の額を計算する。

(4)

❶　タイトルを確認し，商店名・会計期間を記入する。

❷　すべての項目を費用・収益に分類する。

❸　費用の項目を記入する。

❹　収益の項目を記入する。

❺　損益法で求めた当期純利益を，左側に金額とともに赤記する。

❻　合計線を記入し，左側と右側の合計をそれぞれ求める。余白があれば余白線を記入する。

❼　合計が一致したことを確かめ，締め切り線を引く。

〈注〉記入にあたっては，文字・数字のけたを見やすくそろえること。

4

(1) (期末)貸借対照表

貸 借 対 照 表

(岩手) 商店　　令和〇年12月31日　　（単位：円）

資 産	金 額	負債および純資産	金 額
現　　　金	70,000	買　掛　金	96,000
売　掛　金	45,000	借　入　金	24,000
建　　　物	80,000	資　本　金	90,000
備　　　品	35,000	当期純利益	20,000
	230,000		230,000

(2) 損益計算書

損 益 計 算 書

(岩手) 商店　令和〇年1月1日から令和〇年12月31日まで（単位：円）

費 用	金 額	収 益	金 額
売 上 原 価	161,000	売　上　高	268,000
給　　　料	96,000	受取手数料	60,000
支 払 家 賃	36,000		
支 払 利 息	15,000		
当期純利益	20,000		
	328,000		328,000

■応用問題　(p.20)

1

(1) 貸借対照表

貸 借 対 照 表

(宮城) 商店　　令和〇年12月31日　　（単位：円）

資 産	金 額	負債および純資産	金 額
現　　　金	810,000	買　掛　金	642,000
売　掛　金	902,000	借　入　金	600,000
建　　　物	784,000	資　本　金	1,300,000
備　　　品	384,000	当期純利益	338,000
	2,880,000		2,880,000

(2) 損益計算書

損 益 計 算 書

(宮城) 商店　令和〇年1月1日から令和〇年12月31日まで（単位：円）

費 用	金 額	収 益	金 額
売 上 原 価	990,000	売　上　高	1,650,000
給　　　料	287,000	受取手数料	139,000
広　告　料	132,000		
通　信　費	42,000		
当期純利益	338,000		
	1,789,000		1,789,000

解説　前問同様，損益計算書と(期末)貸借対照表の同時作成の問題であるが，期首純資産の金額を求めることがポイントである。期首純資産さえ求めることができれば，基本問題**4**と同じ方法で作成すればよい。

〈注〉記入にあたっては，文字・数字のけたを見やすくそろえること。

参考までに(期首)貸借対照表を作成すると次のようになる。

貸 借 対 照 表

宮城商店　　令和〇年1月1日　　（単位：円）

資 産	金 額	負債および純資産	金 額
現　　　金	1,300,000	資　本　金	1,300,000

¥1,300,000 － ¥0 ＝ ¥1,300,000

7

(1)			(2)		
ア	イ	ウ	エ	オ	カ
¥ 840,000	¥ 1,290,000	¥ 970,000	¥ 770,000	¥ 1,190,000	¥ 872,000

(3)		
キ	ク	ケ
¥ 1,460,000	¥ 430,000	¥ 80,000

解説

　貸借対照表および損益計算書に関する計算問題である。計算問題は計算式で解答する方法が一般的であるが，タイムテーブルを用いて解答する方法もある。少々戸惑うこともあるかと思うが，根気強く取り組みたい。

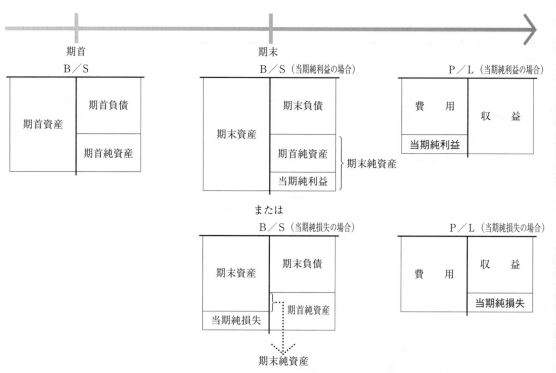

❶　すべてのデータを記入する。

❷　左側と右側の合計は一致するので，それぞれのボックスを差額で計算する。

期首純資産の金額をポイントにおいて解答すること。

3

(1)			(2)		
ア	イ	ウ	エ	オ	カ
¥ 740,000	¥ 1,100,000	¥ 910,000	¥ 660,000	¥ 1,170,000	¥ 1,090,000

(3)			
キ	ク	ケ	コ
¥ 1,330,000	¥ 1,430,000	¥ 70,000	

■検定問題（p.21）

1

(1)		(2)	
ア	4	イ	2	ウ	7	エ	3

2

(1)		(2)		(3)	
ア	イ	ウ	エ	オ	カ
¥ 2,625,000	¥ 718,000	¥ 6,950,000	¥ 3,800,000	¥ 6,080,000	¥ 2,800,000
(4)		(5)		(6)	
キ	ク	ケ	コ	サ	シ
¥ 7,180,000	¥ 2,930,000	¥ 6,520,000	¥ 3,840,000	¥ 4,200,000	¥ 3,435,000
(7)		(8)		(9)	
ス	セ	ソ	タ	チ	ツ
¥ 6,240,000	¥ 2,100,000	¥ 2,980,000	¥ 1,250,000	¥ 7,540,000	¥ 1,960,000
(10)		(11)		(12)	
テ	ト	ナ	ニ	ヌ	ネ
¥ 8,520,000	¥ 5,490,000	¥ 7,190,000	¥ 1,230,000	¥ 6,540,000	¥ 1,200,000

解説

文章による計算問題である。文章になっても応用問題で使用したタイムテーブルによる解法を利用すれば，簡単に正解が求められる。

紙面の都合上，⑿について解答方法を示す。

⑿

| 期首B／S | 期末B／S | P／L |

ヌ．期末B／Sの当期純利益をP／Lに移す。
P／Lより差額で求める。
¥6,740,000 − ¥200,000 = ¥6,540,000

ネ．期首B／Sより期首純資産を求める。
¥2,400,000 − ¥900,000 = ¥1,500,000

期首B／Sの期首純資産を期末B／Sに移す。
期末B／Sより差額で求める。
¥920,000 + ¥890,000 + ¥580,000 + ¥510,000
− ¥1,500,000 − ¥200,000 = ¥1,200,000

■基本問題（p.26）

1

(1)（○）　(2)（×）　(3)（×）　(4)（○）　(5)（×）　(6)（○）

2

資産	2, 6, 7, 14	負債	5, 10	純資産	13
収益	4, 11	費用	1, 3, 8, 9, 12, 15		

解説　資産・負債・純資産・費用・収益の分類は簿記の大前提である。

本章の学習の要点3を必ず暗記すること。項目の分類のポイントについては貸借対照表の章, 損益計算書の章を参考のこと。

3

資 産 の 勘 定		負 債 の 勘 定		純 資 産 の 勘 定	
（増　加）	（減　少）	（減　少）	（増　加）	（減　少）	（増　加）

収 益 の 勘 定		費 用 の 勘 定		現　　　　金	
	（発　生）	（発　生）		（増　加）	（減　少）

売 　掛　 金		買 　掛　 金		資 　本　 金	
（増　加）	（減　少）	（減　少）	（増　加）	（減　少）	（増　加）

売　　　　上		仕　　　　入	
	（発　生）	（発　生）	

4

(1) 各勘定の左側を（**借方**），右側を（**貸方**）という。

(2) 資産の増加は（**借方**）に記入し，資産の減少は（**貸方**）に記入する。

(3) 負債の増加は（**貸方**）に記入し，負債の減少は（**借方**）に記入する。

(4) 純資産の増加は（**貸方**）に記入し，純資産の減少は（**借方**）に記入する。

(5) 収益の発生は（**貸方**）に記入し，費用の発生は（**借方**）に記入する。

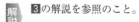 **3**の解説を参照のこと。

■応用問題（p.27）

1

(1)（**1**）　(2)（**4**）　(3)（**3**）　(4)（**2**）　(5)（**5**）　(6)（**6**）

2

総 勘 定 元 帳

	現　　金			売　掛　金	
(3)	*180,000*	(8)　*80,000*	(6)	*80,000*	(9)　*20,000*

	買　掛　金			借　入　金	
(14)	*10,000*	(12)　*60,000*	(5)	*40,000*	(2)　*50,000*

	資　本　金			売　　上	
(10)	*30,000*	(1)　*100,000*			(13)　*80,000*

	受 取 手 数 料			仕　　入	
		(4)　*10,000*	(11)	*70,000*	

	支 払 家 賃	
(7)	*20,000*	

3

例	費用（仕　　入）の発生	¥	70,000	————	資産（現　　金）の減少	¥	70,000
(1)	資産（現　　金）の増加	¥	1,000,000	————	純資産（資本金）の増加	¥	1,000,000
(2)	費用（仕　　入）の発生	¥	360,000	————	負債（買掛金）の増加	¥	360,000
(3)	資産（売掛金）の増加	¥	200,000	————	収益（売　　上）の発生	¥	200,000
(4)	資産（備　　品）の増加	¥	120,000	————	資産（現　　金）の減少	¥	120,000
(5)	資産（現　　金）の増加	¥	560,000	＼	負債（借入金）の増加	¥	600,000
	費用（支払利息）の発生	¥	40,000	／			
(6)	費用（仕　　入）の発生	¥	180,000	＜	資産（現　　金）の減少	¥	100,000
					負債（買掛金）の増加	¥	80,000
(7)	資産（現　　金）の増加	¥	80,000	————	収益（受取利息）の発生	¥	80,000
(8)	負債（買掛金）の減少	¥	140,000	————	資産（現　　金）の減少	¥	140,000
(9)	費用（給　　料）の発生	¥	90,000	————	資産（現　　金）の減少	¥	90,000

 解説　取引要素の結合関係は，次章で仕訳をおこなうための基礎となる。
　　　原因と結果の関係をつかむこと。

4

総　勘　定　元　帳

現　　金　　　　　1

7/1	1,000,000	7/3	360,000
19	120,000	14	480,000
25	440,000	22	190,000
		27	130,000
		31	60,000

売　掛　金　　　　　2

7/8	320,000	7/25	440,000
19	260,000		

備　　品　　　　　3

7/3	360,000		

買　掛　金　　　　　4

7/22	190,000	7/6	300,000

資　本　金　　　　　5

		7/1	1,000,000

売　　上　　　　　6

		7/8	320,000
		19	380,000

仕　　入　　　　　7

7/6	300,000		
14	480,000		

給　　料　　　　　8

7/27	130,000		

雑　　費　　　　　9

7/31	60,000		

借方合計金額	¥	3,660,000	貸方合計金額	¥	3,660,000

■基本問題（p.31）

1

4月2日

| （借）備　　品 | 450,000 | （貸）現　　金 | 450,000 |

備　　品			4		現　　金			1
4/ 2	450,000						4/ 2	450,000

6日

| （借）仕　　入 | 330,000 | （貸）買　掛　金 | 330,000 |

仕　　入			7		買　掛　金			5
4/ 6	330,000						4/ 6	330,000

9日

| （借）売　掛　金 | 240,000 | （貸）売　　上 | 240,000 |

売　掛　金			2		売　　上			6
4/ 9	240,000						4/ 9	240,000

12日

| （借）給　　料 | 100,000 | （貸）現　　金 | 100,000 |

給　　料			8		現　　金			1
4/12	100,000						4/12	100,000

解説

❶　取引の分解（原因と結果）。

❷　取引の8要素より（第4章参照），借方・貸方のどちら側に記入するかを決定。

❸　勘定科目にあてはまる金額を記入する。

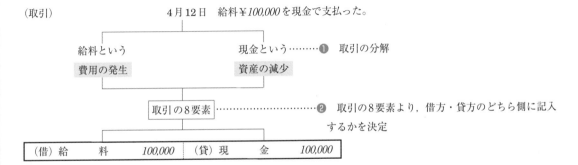

（取引）　4月12日　給料¥100,000を現金で支払った。

給料という　　　　　　　　現金という………❶　取引の分解

費用の発生　　　　　　　　資産の減少

取引の8要素………………………❷　取引の8要素より，借方・貸方のどちら側に記入するかを決定

（借）給　　料　　100,000　（貸）現　　　金　　100,000

2

	借　　方		貸　　方	
4/ 1	現　　金	400,000	資　本　金	400,000
7	仕　　入	165,000	買　掛　金	165,000
12	売　掛　金	120,000	売　　上	120,000
15	買　掛　金	36,000	現　　金	36,000
19	給　　料	50,000	現　　金	50,000
24	現　　金	18,000	売　掛　金	18,000

解説　仕訳の方法については，学習の要点1，基本問題**1**の解説を参照のこと。

3

総　勘　定　元　帳

現　　金　　　　　　1

4/ 1	400,000	4/15	36,000
24	18,000	19	50,000

売　掛　金　　　　　　2

4/12	120,000	4/24	18,000

買　掛　金　　　　　　3

4/15	36,000	4/ 7	165,000

資　本　金　　　　　　4

		4/ 1	400,000

売　　上　　　　　　5

		4/12	120,000

仕　　入　　　　　　6

4/ 7	165,000		

給　　料　　　　　　7

4/19	50,000		

借方合計金額	¥	789,000	貸方合計金額	¥	789,000

1

	借　　　方		貸　　　方	
5/ 1	現　　　　　金	1,000,000	資　本　金	1,000,000
4	備　　　　　品	300,000	現　　　　金	300,000
10	仕　　　　　入	660,000	現　　　　金	260,000
			買　掛　金	400,000
15	売　掛　金	150,000	売　　　上	150,000
20	支　払　家　賃	60,000	現　　　　金	60,000
25	給　　　　　料	100,000	現　　　　金	100,000
28	売　掛　金	650,000	売　　　上	650,000
30	買　掛　金	180,000	現　　　　金	180,000

総　勘　定　元　帳

現　　　金　　　　1

5/ 1	1,000,000	5/ 4	300,000
		10	260,000
		20	60,000
		25	100,000
		30	180,000

売　掛　金　　　　2

5/15	150,000		
28	650,000		

備　　　品　　　　3

5/ 4	300,000		

買　掛　金　　　　4

5/30	180,000	5/10	400,000

資　本　金　　　　5

		5/ 1	1,000,000

売　　　上　　　　6

		5/15	150,000
		28	650,000

仕　　　入　　　　7

5/10	660,000		

給　　　料　　　　8

5/25	100,000		

支　払　家　賃　　　　9

5/20	60,000		

解説　仕訳 → 転記という一連の流れを問う問題である。
日付ごとに1つひとつ仕訳と転記を繰り返すこと。

2

	借　　　方		貸　　　方	
6/ 1	現　　　　　金	*1,000,000*	資　本　金	*1,500,000*
	備　　　　　品	*500,000*		
6	仕　　　　　入	*840,000*	現　　　　金	*360,000*
			買　掛　金	*480,000*
12	売　掛　金	*520,000*	売　　　　上	*520,000*
17	現　　　　　金	*290,000*	借　入　金	*300,000*
	支　払　利　息	*10,000*		
18	現　　　　　金	*180,000*	売　掛　金	*180,000*
25	給　　　　　料	*100,000*	現　　　　金	*100,000*
27	現　　　　　金	*100,000*	売　　　　上	*280,000*
	売　掛　金	*180,000*		
28	水　道　光　熱　費	*60,000*	現　　　　金	*60,000*

総　勘　定　元　帳

現　　　金 　　　1

6/1	*1,000,000*	6/ 6	*360,000*
17	*290,000*	25	*100,000*
18	*180,000*	28	*60,000*
27	*100,000*		

売　掛　金 　　　2

6/12	*520,000*	6/18	*180,000*
27	*180,000*		

備　　　品 　　　3

6/ 1	*500,000*

買　掛　金 　　　4

		6/ 6	*480,000*

借　入　金 　　　5

		6/17	*300,000*

資　本　金 　　　6

		6/ 1	*1,500,000*

売　　　上 　　　7

		6/12	*520,000*
		27	*280,000*

仕　　　入 　　　8

6/ 6	*840,000*

給　　　料 　　　9

6/25	*100,000*

水　道　光　熱　費 　　　10

6/28	*60,000*

支　払　利　息 　　　11

6/17	*10,000*

借方合計金額	￥	*3,780,000*	貸方合計金額	￥	*3,780,000*

解説

1 同様，仕訳→転記という一連の流れを問うている。何度も繰り返し解いて，慣れてほしい。

■基本問題（p.38）

1

<table>
<tr><th colspan="6">仕　　訳　　帳</th><th>1</th></tr>
<tr><th>令和
○年</th><th colspan="2">摘　　　要</th><th>元
丁</th><th>借　方</th><th>貸　方</th></tr>
<tr><td>7 1</td><td colspan="2">（現　　金）</td><td></td><td>1,000,000</td><td></td></tr>
<tr><td></td><td colspan="2">　　　　（資 本 金）</td><td></td><td></td><td>1,000,000</td></tr>
<tr><td></td><td colspan="2">元入れして開業</td><td></td><td></td><td></td></tr>
<tr><td>7</td><td>（仕　　入）</td><td>諸　　口</td><td></td><td>360,000</td><td></td></tr>
<tr><td></td><td colspan="2">　　　　（現　　金）</td><td></td><td></td><td>120,000</td></tr>
<tr><td></td><td colspan="2">　　　　（買 掛 金）</td><td></td><td></td><td>240,000</td></tr>
<tr><td></td><td colspan="2">埼玉商店から商品仕入れ</td><td></td><td></td><td></td></tr>
<tr><td>14</td><td>諸　　口</td><td>（借 入 金）</td><td></td><td></td><td>250,000</td></tr>
<tr><td></td><td colspan="2">（現　　金）</td><td></td><td>240,000</td><td></td></tr>
<tr><td></td><td colspan="2">（支払利息）</td><td></td><td>10,000</td><td></td></tr>
<tr><td></td><td colspan="2">関東銀行から借り入れ</td><td></td><td></td><td></td></tr>
<tr><td>30</td><td>諸　　口</td><td>（売　　上）</td><td></td><td></td><td>300,000</td></tr>
<tr><td></td><td colspan="2">（現　　金）</td><td></td><td>220,000</td><td></td></tr>
<tr><td></td><td colspan="2">（売 掛 金）</td><td></td><td>80,000</td><td></td></tr>
<tr><td></td><td colspan="2">千葉商店に商品売り渡し</td><td></td><td></td><td></td></tr>
</table>

解説　2つ以上の勘定があるときは，その一番上の行に「諸口」と記入する。

　仕訳の下には小書き（取引の内容）を簡単に記入する。なお，商店名などの取引先を明記すること。

小書きは取引の内容がわかればいいんだよ。

2

仕　訳　帳　3

令和○年	摘　　要	元丁	借　方	貸　方
	前ページから		3,200,000	3,200,000
8 21	（買 掛 金）		96,000	
	（現　　金）			96,000
	栃木商店に買掛金支払い			
	次ページへ		3,296,000	3,296,000

仕　訳　帳　4

令和○年	摘　　要	元丁	借　方	貸　方
	前ページから		3,296,000	3,296,000
8 23	（仕　　入）　　諸　口		400,000	
	（現　　金）			250,000
	（買 掛 金）			150,000
	群馬商店から商品仕入れ			
30	（現　　金）		60,000	
	（売 掛 金）			60,000
	神奈川商店から売掛金回収			

解説

　本問は次ページへの繰越記入，前ページからの開始記入のしかたを問うている。

　ページに仕訳が記入できなくなったら，次ページへ，

なお，余白には余白線を引くこと。また，次ページへ繰り越す金額はそのページで仕訳した金額のみでなく，前ページからの繰越金額も含める。

3

仕　訳　帳　1

令和○年	摘　　要	元丁	借　方	貸　方
9 1	（現　　金）	1	1,000,000	
	（資 本 金）	8		1,000,000
9	（仕　　入）	12	280,000	
	（買 掛 金）	7		280,000
12	諸　口　　（売　　上）	10	330,000	
	（現　　金）	1	90,000	
	（売 掛 金）	2	240,000	
17	（買 掛 金）	7	160,000	
	（現　　金）	1		160,000

総　勘　定　元　帳

現　　金　1

令和○年	摘　要	仕丁	借　方	令和○年	摘　要	仕丁	貸　方
9 1	資 本 金	1	1,000,000	9 17	買 掛 金	1	160,000
12	売　　上	〃	90,000				

売　掛　金　2

令和○年	摘　要	仕丁	借　方				
9 12	売　　上	1	240,000				

買　掛　金　7

令和○年	摘　要	仕丁	借　方	令和○年	摘　要	仕丁	貸　方
9 17	現　　金	1	160,000	9 9	仕　　入	1	280,000

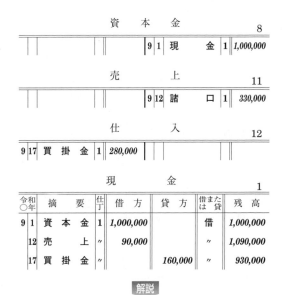

資　本　金　8

				9 1	現　　金	1	1,000,000

売　　上　11

				9 12	諸　口	1	330,000

仕　　入　12

9 17	買 掛 金	1	280,000				

現　　金　1

令和○年	摘　要	仕丁	借　方	貸　方	借または貸	残　高
9 1	資 本 金	1	1,000,000		借	1,000,000
12	売　　上	〃	90,000		〃	1,090,000
17	買 掛 金	〃		160,000	〃	930,000

解説

　本問は，仕訳帳から総勘定元帳への転記のしかたを問うている。

　転記は以下の手順でおこなうとよい（9月1日の現金勘定への転記を例にする）。

❶ 仕訳帳から日付，仕丁欄と金額を記入する。

　　仕丁欄＝仕訳帳のページ数（どこから転記してきたか）

現　金　1

令和○年	摘　要	仕丁	借　方	令和○年	摘　要	仕丁	貸　方
9 1		1	1,000,000				

❷　金額を記入したあと，相手勘定科目を記入する。

現　金　1

令和○年	摘　要	仕丁	借　方	令和○年	摘　要	仕丁	貸　方
9 1	資　本　金	1	1,000,000				

↑ 金額のあとに記入（現金が増えた原因を示す）

❸　仕訳帳の元丁欄に，転記した総勘定元帳の番号を記入（どこに転記したか）する。

❹

仕　訳　帳　1

令和○年	摘　　　　要	元丁	借　方	貸　方
9 5	（仕　入）	24	420,000	
	（買掛金）	14		420,000
	山形商店から商品仕入れ			
10	（売掛金）	2	320,000	
	（売　上）	21		320,000
	茨城商店に商品売り渡し			
18	（現　金）	1	220,000	
	（売掛金）	2		220,000
	福島商店から売掛金回収			

総　勘　定　元　帳
現　金　1

令和○年	摘　要	仕丁	借　方	令和○年	摘　要	仕丁	貸　方
9 18	売掛金	1	220,000				

現　金　1

令和○年	摘　要	仕丁	借　方	貸　方	借または貸	残　高
9 1	資　本　金	1	1,000,000		借	1,000,000
12	売　上	〃	90,000		〃	1,090,000
17	買　掛　金	〃		160,000	貸	930,000

←ダメ！

「借または貸」欄は，あくまでも残高が借方・貸方のいずれにあるかを示すものです。現金が貸方に記帳されたからといって，残高が貸方になるわけではありません。

売　掛　金　2

令和○年	摘　要	仕丁	借　方	令和○年	摘　要	仕丁	貸　方
9 10	売　上	1	320,000	9 18	現　金	1	220,000

買　掛　金　14

令和○年	摘　要	仕丁	借　方	令和○年	摘　要	仕丁	貸　方
				9 5	仕　入	1	420,000

売　上　21

令和○年	摘　要	仕丁	借　方	令和○年	摘　要	仕丁	貸　方
				9 10	売掛金	1	320,000

仕　入　24

令和○年	摘　要	仕丁	借　方	令和○年	摘　要	仕丁	貸　方
9 5	買掛金	1	420,000				

解説

仕訳帳 → 総勘定元帳の流れを問う問題である。日付ごとに順番に仕訳・転記を繰り返すこと。

１

<table>
<tr><th colspan="6">仕　訳　帳</th></tr>
<tr><th colspan="5"></th><th>1</th></tr>
<tr><th>令和
○年</th><th>摘　　　要</th><th>元丁</th><th>借　方</th><th>貸　方</th></tr>
<tr><td>4 1</td><td>（現　金）</td><td>1</td><td>900,000</td><td></td></tr>
<tr><td></td><td>　　　　　（資本金）</td><td>16</td><td></td><td>900,000</td></tr>
<tr><td></td><td>元入れして開業</td><td></td><td></td><td></td></tr>
<tr><td>2</td><td>（備　品）</td><td>7</td><td>360,000</td><td></td></tr>
<tr><td></td><td>　　　　　（現　金）</td><td>1</td><td></td><td>360,000</td></tr>
<tr><td></td><td>徳島家具店から備品買い入れ</td><td></td><td></td><td></td></tr>
<tr><td>6</td><td>（仕　入）　諸　口</td><td>24</td><td>480,000</td><td></td></tr>
<tr><td></td><td>　　　　　（現　金）</td><td>1</td><td></td><td>100,000</td></tr>
<tr><td></td><td>　　　　　（買掛金）</td><td>14</td><td></td><td>380,000</td></tr>
<tr><td></td><td>香川商店から商品仕入れ</td><td></td><td></td><td></td></tr>
<tr><td>10</td><td>（売掛金）</td><td>2</td><td>130,000</td><td></td></tr>
<tr><td></td><td>　　　　　（売　上）</td><td>21</td><td></td><td>130,000</td></tr>
<tr><td></td><td>高知商店に商品売り渡し</td><td></td><td></td><td></td></tr>
<tr><td>26</td><td>（買掛金）</td><td>14</td><td>240,000</td><td></td></tr>
<tr><td></td><td>　　　　　（現　金）</td><td>1</td><td></td><td>240,000</td></tr>
<tr><td></td><td>香川商店へ買掛金支払い</td><td></td><td></td><td></td></tr>
<tr><td></td><td>　　　　　次ページへ</td><td></td><td>2,110,000</td><td>2,110,000</td></tr>
</table>

<table>
<tr><th colspan="6">仕　訳　帳</th></tr>
<tr><th colspan="5"></th><th>2</th></tr>
<tr><th>令和
○年</th><th>摘　　　要</th><th>元丁</th><th>借　方</th><th>貸　方</th></tr>
<tr><td></td><td>　　　　　前ページから</td><td></td><td>2,110,000</td><td>2,110,000</td></tr>
<tr><td>4 28</td><td>（現　金）</td><td>1</td><td>70,000</td><td></td></tr>
<tr><td></td><td>　　　　　（売掛金）</td><td>2</td><td></td><td>70,000</td></tr>
<tr><td></td><td>高知商店から売掛金回収</td><td></td><td></td><td></td></tr>
<tr><td>30</td><td>諸　口　（売　上）</td><td>21</td><td></td><td>350,000</td></tr>
<tr><td></td><td>（現　金）</td><td>1</td><td>90,000</td><td></td></tr>
<tr><td></td><td>（売掛金）</td><td>2</td><td>260,000</td><td></td></tr>
<tr><td></td><td>愛媛商店に商品売り渡し</td><td></td><td></td><td></td></tr>
<tr><td></td><td></td><td></td><td>2,530,000</td><td>2,530,000</td></tr>
</table>

総　勘　定　元　帳

現　金　1

令和○年	摘要	仕丁	借　方	令和○年	摘要	仕丁	貸　方
4 1	資本金	1	900,000	4 2	備品	1	360,000
28	売掛金	2	70,000	6	仕入	〃	100,000
30	諸口	〃	90,000	26	買掛金	〃	240,000

売　掛　金　2

4 19	売上	1	130,000	4 28	現金	2	70,000
30	売上	2	260,000				

備　品　7

4 2	現金	1	360,000				

買　掛　金　14

4 26	現金	1	240,000	4 6	仕入	1	380,000

資　本　金　16

				4 1	現金	1	900,000

売　上　21

				4 19	売掛金	1	130,000
				30	諸口	2	350,000

仕　入　24

4 6	諸口	1	480,000				

解説

一連の仕訳・勘定記入・繰越記入の問題である。
日付ごとに正確に仕訳・転記を繰り返すこと。

■基本問題 (p.46)

1

合 計 試 算 表
令和○年6月30日

借　方	元丁	勘 定 科 目	貸　方
660,000	1	現　　　　金	270,000
210,000	2	売　掛　金	160,000
40,000	3	買　掛　金	150,000
	4	資　本　金	500,000
	5	売　　　　上	210,000
200,000	6	仕　　　　入	
40,000	7	消　耗　品　費	
140,000	8	支　払　家　賃	
1,290,000			1,290,000

残 高 試 算 表
令和○年6月30日

借　　方	元丁	勘 定 科 目	貸　　方
390,000	1	現　　　　金	
50,000	2	売　掛　金	
	3	買　掛　金	110,000
	4	資　本　金	500,000
	5	売　　　　上	210,000
200,000	6	仕　　　　入	
40,000	7	消　耗　品　費	
140,000	8	支　払　家　賃	
820,000			820,000

合 計 残 高 試 算 表
令和○年6月30日

借　　方		元丁	勘定科目	貸　　方	
残　高	合　計			合　計	残　高
390,000	660,000	1	現　　金	270,000	
50,000	210,000	2	売　掛　金	160,000	
	40,000	3	買　掛　金	150,000	110,000
		4	資　本　金	500,000	500,000
		5	売　　上	210,000	210,000
200,000	200,000	6	仕　　入		
40,000	40,000	7	消　耗　品　費		
140,000	140,000	8	支　払　家　賃		
820,000	1,290,000			1,290,000	820,000

解説

(1) 合計試算表は，総勘定元帳の各勘定の借方合計金額と貸方合計金額を集計して作成する。なお，合計試算表の借方合計金額と貸方合計金額は一致する。

(2) 残高試算表は，総勘定元帳の各勘定の残高を集計して作成する。資産および費用の勘定は借方に残高が生じ，負債・純資産および収益の勘定は貸方に残高が生じる。

現　　金　1

500,000	50,000
160,000	40,000
	140,000
	40,000

合計試算表の借方欄に記入 { 500,000 / 160,000 }

合計試算表の貸方欄に記入 } 50,000 / 40,000 / 140,000 / 40,000

残高… 借方 390,000 ←残高試算表の借方欄に記入
（合計残高試算表の借方・残高欄に記入）

(3) 合計残高試算表

❶ 勘定科目は，勘定口座の順番どおりに並べる。たいていは，資産→負債→純資産→収益→費用の順である。なお，勘定科目によっては，記入のないものもある。その場合は試算表に記入せずに省略してもよい。また，記入を残す場合は，金額欄を「0」にしておくなどする。

❷ まず最初に合計欄を完成させる。ここでの合計が一致しないと，残高欄の合計も一致しないからである。

❸ 借方合計と貸方合計が一致しない場合は，次のチェックをおこなうこと。

●計算ミスがないか確かめる。

●転記ミスがないか確かめる。

●借方合計と貸方合計の差を求めて，その金額に該当する取引がないか確かめる。

●一致しない金額を2倍するか，半分にしてみて，その金額に該当する取引がないか確かめる。

❷

残 高 試 算 表

令和○年12月31日

借　方	元丁	勘定科目	貸　方
737,000	1	現　　金	
350,000	2	売 掛 金	
430,000	3	備　　品	
	4	買 掛 金	210,000
	5	借 入 金	280,000
	6	資 本 金	1,000,000
	7	売　　上	210,000
	8	受 取 地 代	128,000
147,000	9	仕　　入	
150,000	10	給　　料	
14,000	11	支 払 利 息	
1,828,000			1,828,000

解説

(1) 残高が生じる側を確認し，作成する。

①資産の科目は借方へ。　　②負債の科目は貸方へ。

③純資産の科目は貸方へ。　　④収益の科目は貸方へ。

⑤費用の科目は借方へ。

(2) 間違っている箇所は次のとおりである。

● 売　掛　金……資産なので，借方に残高が生じる。

● 買　掛　金……負債なので，貸方に残高が生じる。

● 借　入　金……負債なので，貸方に残高が生じる。

● 売　　　上……収益なので，貸方に残高が生じる。

● 給　　　料……費用なので，借方に残高が生じる。

　最後に，借方の合計と，貸方の合計が一致するか確認すること。

■応用問題（p.48）

❶

仕　訳　帳　　1

令和○年	摘　　要	元丁	借　方	貸　方
6 1	諸　口　（資 本 金）	5		1,750,000
	（現　　金）	1	1,500,000	
	（備　　品）	3	250,000	
	元入れして開業			
5	（仕　　入）	7	800,000	
	（買 掛 金）	4		800,000
	富山商店から商品仕入れ			
10	（売 掛 金）	2	400,000	
	（売　　上）	6		400,000
	福井商店に商品売り渡し			
15	（買 掛 金）	4	500,000	
	（現　　金）	1		500,000
	富山商店へ買掛金支払い			
20	（広 告 料）	8	260,000	
	（現　　金）	1		260,000
	広告料支払い			
30	（現　　金）	1	200,000	
	（売 掛 金）	2		200,000
	福井商店から売掛金回収			
			3,910,000	3,910,000

総 勘 定 元 帳

現　　金　　1

令和○年	摘　要	仕丁	借　方	令和○年	摘　要	仕丁	貸　方
6 1	資 本 金	1	1,500,000	6 15	買 掛 金	1	500,000
30	売 掛 金	〃	200,000	20	広 告 料	〃	260,000

売　掛　金　　2

6 10	売　上	1	400,000	6 30	現　金	1	200,000

備　　品　　3

6 1	資 本 金	1	250,000				

買　掛　金　　4

6 15	現　金	1	500,000	6 5	仕　入	1	800,000

資　本　金　　5

令和○年	摘　要	仕丁	借　方	令和○年	摘　要	仕丁	貸　方
				6 1	諸　口	1	1,750,000

売					上			6
令和○年	摘要	仕丁	借方	令和○年	摘要	仕丁	借方	
				6 10	売 掛 金	1	400,000	

仕					入			7
6 5	買 掛 金	1	800,000					

広					告	料		8
6 20	現 金	1	260,000					

合 計 残 高 試 算 表

令和○年6月30日

借 方		元丁	勘定科目	貸 方	
残 高	合 計			合 計	残 高
940,000	1,700,000	1	現　　金	760,000	
200,000	400,000	2	売 掛 金	200,000	
250,000	250,000	3	備　　品		
	500,000	4	買 掛 金	800,000	300,000
		5	資 本 金	1,750,000	1,750,000
		6	売　　上	400,000	400,000
800,000	800,000	7	仕　　入		
260,000	260,000	8	広 告 料		
2,450,000	3,910,000			3,910,000	2,450,000

解説

⑴　１日分の仕訳をするたびに，必ずその都度転記すること。

⑵　計算ミスを防ぐために，数字のけたはそろえて記帳すること。

⑶　合計残高試算表は，まず合計欄を完成させ，借方合計と貸方合計が一致するのを確認して残高欄を完成させること。

　　現　　金　借方合計　¥1,500,000 + ¥200,000 = ¥1,700,000

　　　　　　　貸方合計　¥500,000 + ¥260,000 = ¥760,000

　　　　　　　残　　高　¥1,700,000 − ¥760,000 = ¥940,000（借方）

　　売 掛 金　借方合計　¥400,000

　　　　　　　貸方合計　¥200,000

　　　　　　　残　　高　¥400,000 − ¥200,000 = ¥200,000（借方）

②

仕　訳　帳　2

令和○年	摘　要	元丁	借　方	貸　方
	前ページから		1,200,000	1,200,000
6 15	（仕　入）	9	240,000	
	（買掛金）	4		240,000
18	（売掛金）	2	300,000	
	（売　上）	7		300,000
21	（給　料）	10	100,000	
	（現　金）	1		100,000
26	（現　金）	1	70,000	
	（受取手数料）	8		70,000
29	（買掛金）	4	250,000	
	（現　金）	1		250,000
30	（現　金）	1	170,000	
	（売掛金）	2		170,000
			2,330,000	2,330,000

総　勘　定　元　帳

現　　　金　1

		540,000				180,000
6/26	受取手数料	70,000	6/21	給　料		100,000
30	売掛金	170,000	29	買掛金		250,000

売　掛　金　2

		290,000				25,000
6/18	売　上	300,000	6/30	現　金		170,000

備　　　品　3

	100,000	

買　掛　金　4

		90,000				170,000
6/29	現　金	250,000	6/15	仕　入		240,000

借　入　金　5

	50,000		100,000

資　本　金　6

		700,000

売　　　上　7

		185,000
6/18	売掛金	300,000

受取手数料　8

		70,000
6/26	現　金	70,000

仕　　　入　9

	250,000	
6/15	買掛金	240,000

給　　　料　10

	100,000	
6/21	現　金	100,000

支　払　家　賃　11

	35,000	

雑　　　費　12

	4,000	

支　払　利　息　13

	1,000	

合　計　残　高　試　算　表
令和○年6月30日

借　方 残　高	借　方 合　計	元丁	勘定科目	貸　方 合　計	貸　方 残　高
250,000	780,000	1	現　金	530,000	
395,000	590,000	2	売　掛　金	195,000	
100,000	100,000	3	備　品		
	340,000	4	買　掛　金	410,000	70,000
	50,000	5	借　入　金	100,000	50,000
		6	資　本　金	700,000	700,000
		7	売　上	485,000	485,000
		8	受取手数料	70,000	70,000
490,000	490,000	9	仕　入		
100,000	100,000	10	給　料		
35,000	35,000	11	支　払　家　賃		
4,000	4,000	12	雑　費		
1,000	1,000	13	支　払　利　息		
1,375,000	2,490,000			2,490,000	1,375,000

解説　1日分の仕訳をするたびに，必ずその都度転記すること。

　計算ミスを防ぐために，数字のけたはそろえて記帳すること。

　合計残高試算表は，まず合計欄を完成させ，借方合計と貸方合計が一致するのを確認して残高欄を完成させる。

1

ア	イ	ウ
6	5	3

 試算表は，仕訳帳から総勘定元帳への転記が正しいかを確認するために作成され，借方合計金額と貸方合計金額は貸借平均の原理（原則）によって必ず一致する。

2

a	b	c	d
¥ 8,000,000	備　品	¥ 2,000,000	¥ 1,600,000

b．貸借反対に転記した勘定科目は，備品である。備品は資産の勘定であるから借方に記入される。

c．¥2,200,000＋¥500,000＋ ア
　　＋¥1,000,000＋¥2,800,000＝¥8,500,000
　　よって， ア の金額は¥2,000,000

d．¥3,800,000－¥2,200,000＝¥1,600,000

※正しく作成された合計試算表は次のとおりである。

合　計　試　算　表
令和○年12月31日

借　　　方	元丁	勘定科目	貸　　　方
3,800,000	1	現　　　　金	2,200,000
500,000	2	備　　　　品	
1,000,000	3	買　掛　金	2,000,000
	4	資　本　金	1,000,000
	5	売　　　　上	2,800,000
2,000,000	6	仕　　　　入	
700,000	7	広　告　料	
8,000,000			8,000,000

第8章　決　算

1

精　算　表
令和○年12月31日

勘定科目	元丁	残高試算表 借方	残高試算表 貸方	損益計算書 借方	損益計算書 貸方	貸借対照表 借方	貸借対照表 貸方
現　　　金	1	560,000				560,000	
売　掛　金	2	780,000				780,000	
備　　　品	3	940,000				940,000	
買　掛　金	4		720,000				720,000
借　入　金	5		280,000				280,000
資　本　金	6		1,200,000				1,200,000
売　　　上	7		1,190,000		1,190,000		
受取手数料	8		70,000		70,000		
仕　　　入	9	714,000		714,000			
給　　　料	10	440,000		440,000			
支払利息	11	26,000		26,000			
（当期純利益）				80,000			80,000
		3,460,000	3,460,000	1,260,000	1,260,000	2,280,000	2,280,000

精算表は次の手順で作表する。
❶ 残高試算表欄を完成させる（問題によっては最初から完成されている場合もある）。
❷ 資産・負債・純資産の勘定は貸借対照表欄に移記する。
　資産の勘定の残高は借方に移記し，負債・純資産の勘定の残高は貸方に移記する。
❸ 収益・費用の勘定は損益計算書欄に移記する。
　収益の勘定の残高は貸方に移記し，費用の勘定の残高は借方に移記する。
❹ 損益計算書欄・貸借対照表欄ともに借方・貸方の差額が当期純損益となり，金額が一致することを確認する。勘定科目欄の当期純利益の文字と損益計算書欄の金額を赤記することに注意する。

2

精　算　表
令和○年 12 月 31 日

勘定科目	元丁	残高試算表 借方	残高試算表 貸方	損益計算書 借方	損益計算書 貸方	貸借対照表 借方	貸借対照表 貸方
現　　　　金	1	747,000				747,000	
売　掛　金	2	1,158,000				1,158,000	
備　　　　品	3	1,575,000				1,575,000	
買　掛　金	4		1,470,000				1,470,000
資　本　金	5		1,500,000				1,500,000
売　　　　上	6		2,472,000		2,472,000		
受取手数料	7		99,000		99,000		
仕　　　　入	8	1,483,500		1,483,500			
給　　　　料	9	381,000		381,000			
支払利息	10	196,500		196,500			
(当期純利益)				510,000			510,000
		5,541,000	5,541,000	2,571,000	2,571,000	3,480,000	3,480,000

3

	借　　　　方		貸　　　　方	
収益の各勘定 残高の振替仕訳	売　　　　上	547,500	損　　　　益	627,500
	受　取　手　数　料	80,000		
費用の各勘定 残高の振替仕訳	損　　　　益	527,500	仕　　　　入	328,500
			給　　　　料	199,000

総　勘　定　元　帳

売　　　上　　7

12/31 損　益	547,500		370,000
			107,500
			70,000
	547,500		547,500

給　　　料　　11

	199,000	12/31 損　益	199,000

受取手数料　　9

12/31 損　益	80,000		80,000

仕　　　入　　10

	222,000	12/31 損　益	328,500
	106,500		
	328,500		328,500

損　　　益　　12

12/31 仕　　入	328,500	12/31 損　益	547,500
〃　給　料	199,000	〃　受取手数料	80,000

解説

　それぞれの勘定残高が¥0になるように仕訳を考え，相手科目を「損益」とする。

●収益の勘定…借方に記入すると残高が¥0になる。
●費用の勘定…貸方に記入すると残高が¥0になる。

4

	借　　　方		貸　　　方	
当期純損益の振替仕訳	損　　　益	100,000	資　本　金	100,000

総勘定元帳

資本金　　7

12/31 次期繰越	**600,000**	1/1 前期繰越	500,000
		12/31 損　益	**100,000**
	600,000		**600,000**
		1/1 前期繰越	600,000

損　益　　12

12/31 仕　　入	328,500	12/31 売　上	547,500
〃 給　料	199,000	〃 受取手数料	80,000
〃 資本金	100,000		
	627,500		**547,500**...

解説

当期純利益は資本金勘定の増加となる。

⑤

	借　　　方		貸　　　方	
収益の各勘定 残高の振替仕訳	売　　　　上	1,170,000	損　　　　益	1,350,000
	受 取 手 数 料	180,000		
費用の各勘定 残高の振替仕訳	損　　　　益	1,102,000	仕　　　　入	702,000
			給　　　　料	400,000
当期純損益の振替仕訳	損　　　　益	248,000	資　本　金	248,000

総勘定元帳

資本金　　7

12/31 次期繰越	**748,000**	1/1 前期繰越	500,000
		12/31 損　益	**248,000**
	748,000		**748,000**

売　上　　8

12/31 損　益	**1,170,000**		740,000
			430,000
	1,170,000		**1,170,000**

受取手数料　　9

12/31 損　益	**180,000**		180,000

仕　入　　10

	702,000	**12/31 損　益**	**702,000**

給　料　　11

	400,000	**12/31 損　益**	**400,000**

損　益　　12

12/31 仕　　入	**702,000**	**12/31 売　上**	**1,170,000**
〃 給　料	400,000	〃 受取手数料	180,000
〃 資本金	248,000		
	1,350,000		**1,350,000**

⑥

	借　　　方		貸　　　方	
収益の各勘定 残高の振替仕訳	売　　　　上	370,000	損　　　　益	370,000
費用の各勘定 残高の振替仕訳	損　　　　益	310,000	仕　　　　入	222,000
			給　　　　料	88,000
当期純損益の振替仕訳	損　　　　益	60,000	資　本　金	60,000

総勘定元帳

現　金　　1

	435,000		107,000
		12/31 次期繰越	**328,000**
	435,000		**435,000**
1/1 前期繰越	**328,000**		

売掛金　　2

	323,000		130,000
		12/31 次期繰越	**193,000**
	323,000		**323,000**
1/1 前期繰越	**193,000**		

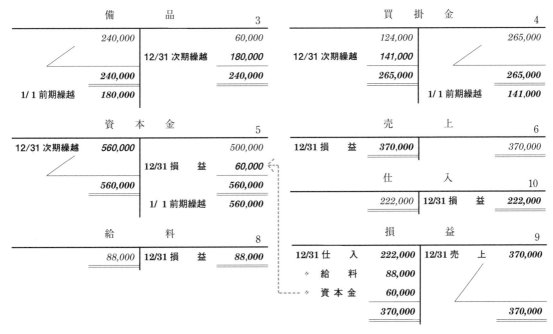

備 品　　　3	
240,000	60,000
	12/31 次期繰越 180,000
240,000	240,000
1/1 前期繰越 180,000	

買 掛 金　　　4	
124,000	265,000
12/31 次期繰越 141,000	
265,000	265,000
	1/1 前期繰越 141,000

資 本 金　　　5	
12/31 次期繰越 560,000	500,000
	12/31 損　益 60,000
560,000	560,000
	1/1 前期繰越 560,000

売 上　　　6	
12/31 損　益 370,000	370,000

仕 入　　　10	
222,000	12/31 損　益 222,000

給 料　　　8	
88,000	12/31 損　益 88,000

損 益　　　9	
12/31 仕　入 222,000	12/31 売　上 370,000
〃 給　料 88,000	
〃 資本金 60,000	
370,000	370,000

解説

帳簿の締め切りの手順は次のとおりである。

❶ 収益の各勘定残高を損益勘定の貸方へ振り替える。

❷ 費用の各勘定残高を損益勘定の借方へ振り替える。

❸ 損益勘定で当期純利益を計算し，資本金勘定へ振り替える。

❹ 資産・負債・純資産の各勘定を締め切り，残高を次期に繰り越す。

7

仕 訳 帳

令和〇年	摘　　要	元丁	借　方	貸　方
	決算仕訳			
12 31	諸　口　（損益）	13		4,480,000
	（売　上）	8	4,400,000	
	（受取利息）	9	80,000	
	収益の各勘定を損益勘定に振り替えた。			
〃	（損　益）　諸　口	13	3,940,000	
	（仕　入）	10		2,640,000
	（給　料）	11		1,200,000
	（広告料）	12		100,000
	費用の各勘定を損益勘定に振り替えた。			
〃	（損　益）	13	540,000	
	（資本金）	7		540,000
	当期純利益を資本金勘定に振り替えた。			
			8,960,000	8,960,000

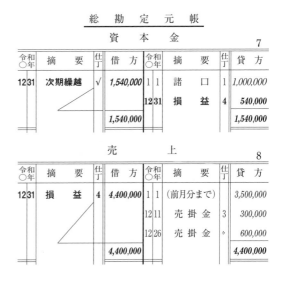

総 勘 定 元 帳

資 本 金　　　7

令和〇年	摘要	仕丁	借　方	令和〇年	摘要	仕丁	貸　方
12 31	次期繰越	✓	1,540,000	1 1	諸　口	1	1,000,000
				12 31	損　益	4	540,000
			1,540,000				1,540,000

売 上　　　8

令和〇年	摘要	仕丁	借　方	令和〇年	摘要	仕丁	貸　方
12 31	損　益	4	4,400,000	1 1	（前月分まで）		3,500,000
				12 11	売掛金	3	300,000
				12 26	売掛金	〃	600,000
			4,400,000				4,400,000

29

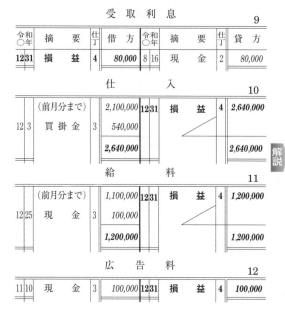

受取利息　9

令和〇年	摘要	仕丁	借方	令和〇年	摘要	仕丁	貸方
12 31	損 益	4	80,000	8 16	現 金	2	80,000

仕　入　10

	（前月分まで）		2,100,000	12 31	損 益	4	2,640,000
12 3	買掛金	3	540,000				
			2,640,000				2,640,000

給　料　11

	（前月分まで）		1,100,000	12 31	損 益	4	1,200,000
12 25	現 金	3	100,000				
			1,200,000				1,200,000

広　告　料　12

11 10	現 金	3	100,000	12 31	損 益	4	100,000

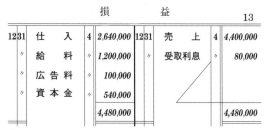

損　益　13

12 31	仕 入	4	2,640,000	12 31	売 上	4	4,400,000
〃	給 料	〃	1,200,000	〃	受取利息	〃	80,000
〃	広告料	〃	100,000				
〃	資本金	〃	540,000				
			4,480,000				4,480,000

解説　仕訳帳では，期中の取引の仕訳を締め切った後に改めて「決算仕訳」と記入し，決算の振替仕訳を開始する。

繰越記入については，仕訳をしないで直接総勘定元帳に記入するので，仕丁欄には「✓」を記入する。

損益勘定へ転記するときは，相手勘定科目に「諸口」は用いないこと。

8

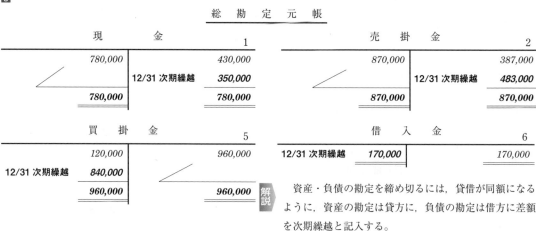

総　勘　定　元　帳

現　金　1

	780,000		430,000
		12/31 次期繰越	350,000
	780,000		780,000

売　掛　金　2

	870,000		387,000
		12/31 次期繰越	483,000
	870,000		870,000

買　掛　金　5

	120,000		960,000
12/31 次期繰越	840,000		
	960,000		960,000

借　入　金　6

12/31 次期繰越	170,000		170,000

解説　資産・負債の勘定を締め切るには，貸借が同額になるように，資産の勘定は貸方に，負債の勘定は借方に差額を次期繰越と記入する。

9

総　勘　定　元　帳

現　金　1

	360,000		220,000
		12/31 次期繰越	140,000
	360,000		360,000
1/1 前期繰越	140,000		

売　掛　金　2

	390,000		110,000
		12/31 次期繰越	280,000
	390,000		390,000
1/1 前期繰越	280,000		

備　品　3

借方			貸方		
		320,000	12/31 次期繰越		*320,000*
1/1 前期繰越		*320,000*			

買　掛　金　4

借方			貸方		
		210,000			*430,000*
12/31 次期繰越		*220,000*			
		430,000			*430,000*
			1/1 前期繰越		*220,000*

借　入　金　5

借方			貸方		
12/31 次期繰越		*50,000*			*50,000*
			1/1 前期繰越		*50,000*

資　本　金　6

借方			貸方		
12/31 次期繰越		*470,000*	1/1 前期繰越		*400,000*
			12/31 損　益		*70,000*
		470,000			*470,000*
			1/1 前期繰越		*470,000*

繰　越　試　算　表
令和○年12月31日

借　方	元丁	勘　定　科　目	貸　方
140,000	1	現　　　　金	
280,000	2	売　掛　金	
320,000	3	備　　　品	
	4	買　掛　金	*220,000*
	5	借　入　金	*50,000*
	6	資　本　金	*470,000*
740,000			*740,000*

解説　繰越試算表は資産・負債・純資産の各勘定の締め切り後の次期繰越の金額を集めて作成する。

10

損　益　計　算　書
○○商店　令和○年1月1日から令和○年12月31日まで　（単位：円）

費　用	金　額	収　益	金　額
売 上 原 価	*1,475,000*	売　上　高	*2,458,000*
給　　　料	*480,000*		
広　告　料	*160,000*		
支 払 家 賃	*30,000*		
支 払 利 息	*6,000*		
当 期 純 利 益	*307,000*		
	2,458,000		*2,458,000*

貸　借　対　照　表
○○商店　令和○年1月1日から令和○年12月31日まで　（単位：円）

資　産	金　額	負債および純資産	金　額
現　　　金	*900,000*	買　掛　金	*593,000*
売　掛　金	*400,000*	借　入　金	*400,000*
備　　　品	*500,000*	資　本　金	*500,000*
		当 期 純 利 益	*307,000*
	1,800,000		*1,800,000*

解説

　損益勘定から損益計算書を作成する。

　損益勘定の借方に振り替えられた資本金を相手科目とする金額は，当期純利益を意味している。損益計算書では当期純利益として赤記する。

　繰越試算表から貸借対照表を作成する。

　貸方の資本金の金額は期末純資産を意味しているので，貸借対照表に記載するときには，期首純資産と当期純利益を分けて記載する。

1

(1)

	借　　　方		貸　　　方	
12/31	売　　　　　上	2,450,000	損　　　　　益	2,505,000
	受 取 手 数 料	55,000		
〃	損　　　　　益	2,287,000	仕　　　　　入	1,470,000
			給　　　　　料	588,000
			雑　　　　　費	189,000
			支 払 利 息	40,000
〃	損　　　　　益	218,000	資　　本　　金	218,000

総 勘 定 元 帳

現　　　金　　1

	987,000	12/31 次期繰越	987,000
1/ 1 前期繰越	987,000		

売　掛　金　　2

	123,000	12/31 次期繰越	123,000
1/ 1 前期繰越	123,000		

備　　　品　　3

	534,000	12/31 次期繰越	534,000
1/ 1 前期繰越	534,000		

買　掛　金　　4

12/31 次期繰越	246,000		246,000
		1/ 1 前期繰越	246,000

借　入　金　　5

12/31 次期繰越	180,000		180,000
		1/ 1 前期繰越	180,000

資　本　金　　6

12/31 次期繰越	1,218,000		1,000,000
		12/31 損　　益	218,000
	1,218,000		1,218,000
		1/ 1 前期繰越	1,218,000

売　　　上　　7

12/31 損　　益	2,450,000		2,450,000

受 取 手 数 料　　8

12/31 損　　益	55,000		55,000

仕　　　入　　9

	1,470,000	12/31 損　　益	1,470,000

給　　　料　　10

	588,000	12/31 損　　益	588,000

雑　　　費　　11

	189,000	12/31 損　　益	189,000

支 払 利 息　　12

	40,000	12/31 損　　益	40,000

損　　　益　　13

12/31 仕　　入	1,470,000	12/31 売　　上	2,450,000
〃 給　　料	588,000	〃 受取手数料	55,000
〃 雑　　費	189,000		
〃 支払利息	40,000		
〃 資 本 金	218,000		
	2,505,000		2,505,000

(2)

繰 越 試 算 表
令和○年12月31日

借 方	元丁	勘 定 科 目	貸 方
987,000	1	現　　　　金	
123,000	2	売 掛 金	
534,000	4	備　　　　品	
	5	買 掛 金	246,000
	6	借 入 金	180,000
	7	資 本 金	1,218,000
1,644,000			1,644,000

(3)

損 益 計 算 書
九州商店　令和○年1月1日から令和○年12月31日まで　（単位：円）

費 用	金 額	収 益	金 額
売 上 原 価	1,470,000	売 上 高	2,450,000
給 料	588,000	受取手数料	55,000
雑 費	189,000		
支 払 利 息	40,000		
当 期 純 利 益	218,000		
	2,505,000		2,505,000

貸 借 対 照 表
九州商店　　令和○年12月31日まで　　（単位：円）

資 産	金 額	負債および純資産	金 額
現 金	987,000	買 掛 金	246,000
売 掛 金	123,000	借 入 金	180,000
備 品	534,000	資 本 金	1,000,000
		当 期 純 利 益	218,000
	1,644,000		1,644,000

2

精 算 表
令和○年12月31日

勘定科目	元丁	残高試算表 借 方	残高試算表 貸 方	損益計算書 借 方	損益計算書 貸 方	貸借対照表 借 方	貸借対照表 貸 方
現 金	1	333,000				333,000	
売 掛 金	2	185,000				185,000	
貸 付 金	3	50,000				50,000	
備 品	4	177,000				177,000	
買 掛 金	5		140,000				140,000
借 入 金	6		100,000				100,000
資 本 金	7		500,000				500,000
売 上	8		325,000		325,000		
受取手数料	9		120,000		120,000		
仕 入	10	260,000		260,000			
給 料	11	80,000		80,000			
支 払 家 賃	12	50,000		50,000			
雑 費	13	30,000		30,000			
支 払 利 息	14	20,000		20,000			
(当期純利益)				5,000			5,000
		1,185,000	1,185,000	445,000	445,000	745,000	745,000

33

■基本問題（p.72）

1

	借　　　方		貸　　　方	
(1)	現　　　　　金	240,000	売　　　　　上	240,000
(2)	現　　　　　金	180,000	売　　掛　　金	180,000

　通貨代用証券の勘定科目を確認する問題である。仕訳は，最終的に（借）から記入することができればよいが，慣れないうちは，文章を句読点で区切り，（借）・（貸）のわかるほうから考えればよい。

(1)　第三者振り出しの小切手も現金勘定で処理することに注意する。

(2)　送金小切手も現金勘定で処理する。

2

現　金　出　納　帳　　　1

令和○年		摘　　要	収　入	支　出	残　高
8	1	前月繰越	180,000		180,000
	7	長野商店から商品仕入れ		48,000	132,000
	10	愛知商店から売掛金回収	150,000		282,000
	18	備品買い入れ		120,000	162,000
	29	8月分給料支払い		60,000	102,000
	31	次月繰越		102,000	
			330,000	330,000	
9	1	前月繰越	102,000		102,000

　現金出納帳（補助簿）の作成問題である。現金出納帳のみの作成であるが，流れを確認しておくこと。

取　引　→　仕訳帳に記入　→　総勘定元帳に転記
　　　　　　　　↕　　　　　　　　　　記録と記録の照合
　　　　　　→　現金出納帳に記入

(注)　現金出納帳（補助簿）は，毎月末に帳簿残高と実際有高とを照合して締め切る。そのため，月初分は「前月繰越」，月末分は「次月繰越」とする。

3

	借　　　方		貸　　　方	
(1)	現　金　過　不　足	2,000	現　　　　　金	2,000
(2)	通　信　費	1,200	現　金　過　不　足	1,200
(3)	雑　　　損	800	現　金　過　不　足	800

　記録と事実の照合をおこなった結果の，現金不足時の一連の処理について確認する問題である。現金過不足の問題は，右のように帳簿残高と実際有高の図を描き，つねに実際有高に合わせることを考えて帳簿残高を修正していくと理解しやすい。

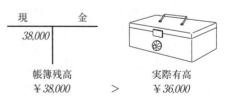

現　　　　　金	
38,000	

帳簿残高　　　　　　　実際有高
￥38,000　　＞　　￥36,000

帳簿残高を実際有高に修正する。つまり，￥38,000を￥36,000にするには，現金勘定の借方あるいは貸方どちらにいくら記入すればよいかを考える。

4

	借　　　　方		貸　　　　方	
(1)	現　　　　　金	6,000	現 金 過 不 足	6,000
(2)	現 金 過 不 足	5,700	受 取 家 賃	5,700
(3)	現 金 過 不 足	300	雑　　　　益	300

解説

　記録と事実の照合をおこなった結果の，現金過剰時の一連の処理について確認する問題である。現金過不足の問題は，下の帳簿残高と実際有高の図を描き，つねに実際有高に合わせることを考えて帳簿残高を修正していくと理解しやすい。

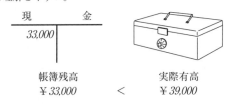

現　　　　金
33,000

帳簿残高　　　　　　　　　実際有高
¥33,000　　　＜　　　¥39,000

　帳簿残高を実際有高に修正する。つまり，¥33,000を¥39,000にするには，現金勘定の借方あるいは，貸方どちらにいくら記入すればよいかを考える。

　(1)（借）現　　金　6,000　（貸）現金過不足　6,000

　以下，原因判明・不明の場合は，まず現金過不足勘定から消していく。

　(2)（借）現金過不足　5,700　（貸）受取家賃　5,700

　(3)（借）現金過不足　300　（貸）雑　益　300

5

	借　　　　方		貸　　　　方	
(1)	現 金 過 不 足	5,200	現　　　　　金	5,200
(2)	消 耗 品 費	3,800	現 金 過 不 足	3,800
(3)	雑　　　　損	1,400	現 金 過 不 足	1,400

解説

　記録と事実の照合をおこなった結果の，現金不足時の一連の処理について確認する問題である。基本問題で解答したように，帳簿残高を実際有高に合わせる仕訳から考え，原因判明・不明の一連の仕訳を確認すること。

6

	借　　　　方		貸　　　　方	
(1)	現　　　　　金	6,300	現 金 過 不 足	6,300
(2)	現 金 過 不 足	5,700	受 取 利 息	5,700
(3)	現 金 過 不 足	600	雑　　　　益	600

解説

　記録と事実の照合をおこなった結果の，現金過剰時の一連の処理について確認する問題である。

1

仕　訳　帳　1

令和〇年	摘　　要	元丁	借　方	貸　方
1　1	前期繰越高	✓	1,230,000	1,230,000
8	（仕　入）		60,000	
	（現　金）	1		60,000
17	（現　金）	1	120,000	
	（売掛金）			120,000
24	諸　口　（売　上）			72,000
	（現　金）	1	48,000	
	（売掛金）		24,000	
30	（現　金）	1	64,000	
	（受取手数料）			64,000

総　勘　定　元　帳

現　　金　1

令和〇年	摘要	仕丁	借　方	令和〇年	摘要	仕丁	貸　方
1　1	前期繰越	✓	180,000	1　8	仕　入	1	60,000
17	売掛金	1	120,000				
24	売　上	〃	48,000				
30	受取手数料	〃	64,000				

現　金　出　納　帳　1

令和〇年	摘　　要	収　入	支　出	残　高
1　1	前月繰越	180,000		180,000
8	岐阜商店から商品仕入れ		60,000	120,000
17	愛知商店から売掛金回収	120,000		240,000
24	三重商店に商品売り渡し	48,000		288,000
30	滋賀商店から手数料受け取り	64,000		352,000
31	次月繰越		352,000	
		412,000	412,000	
2　1	前月繰越	352,000		352,000

> **解説**　現金に関する記帳の一連の流れを確認するための問題である。仕訳帳だけをさきに仕上げるのではなく，1日ごとに，仕訳帳に記入→現金勘定に転記→現金出納帳に記入という手順で解答すること。

2

現　金　出　納　帳　1

令和〇年	摘　　要	収　入	支　出	残　高
1　1	前月繰越	333,000		333,000
8	広島商店から商品仕入れ		144,000	189,000
12	山口商店に商品売り渡し，代金の一部受け取り	236,000		425,000
18	香川文具店から文房具買い入れ		7,400	417,600
20	岡山商店から貸付金利息受け取り	2,100		419,700
24	現金過剰額	36,900		456,600
28	従業員給料支払い		264,000	192,600
31	次月繰越		192,600	
		608,000	608,000	
2　1	前月繰越	192,600		192,600

3

借 方		貸 方	
現 金 過 不 足	10,000	現 金	10,000

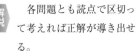

　現金の帳簿残高と実際有高が一致しなかった場合，つまり記録と記録の照合(現金勘定と現金出納帳の照合)が終了した後におこなう，記録と事実の照合についての問題である。このような問題は実務においても重要視され

ている。仕訳の考え方としては，つねにあるべき現金(実際有高)に合わせることである。そのために帳簿をどのように修正すればよいかを考えることが大切である。

■**検定問題** (p.76)

1

	借 方		貸 方	
(1)	現 金	158,000	売 掛 金	158,000
(2)	現 金 過 不 足	2,000	現 金	2,000
(3)	現 金	4,000	現 金 過 不 足	4,000
(4)	現 金	3,000	現 金 過 不 足	3,000
(5)	現 金 過 不 足	4,000	現 金	4,000
(6)	現 金 過 不 足	4,000	受 取 利 息	4,000

　各問題とも読点で区切って考えれば正解が導き出せる。

第2章　現金・預金の記帳2

■**基本問題** (p.80)

1

	借 方		貸 方	
(1)	当 座 預 金	120,000	売 上	120,000
(2)	仕 入	240,000	当 座 預 金	240,000

　当座預金に関する基本的な問題である。学習の要点を参考にして，預け入れたときの処理，引き出したときの処理を確認すること。

2

	借 方		貸 方	
8/ 1	当 座 預 金	1,000,000	現 金	1,000,000
5	仕 入	200,000	当 座 預 金	200,000
12	当 座 預 金	300,000	売 上	300,000
18	当 座 預 金	120,000	売 掛 金	120,000
28	現 金	90,000	当 座 預 金	90,000

総 勘 定 元 帳

当 座 預 金　　　　　　　　2

8/ 1	現　金	1,000,000	8/ 5	仕　入	200,000
12	売　上	300,000	28	現　金	90,000
18	売掛金	120,000			

解説

当座預金の基本的な処理（当座借越がない場合）の一連の流れを確認する問題である。

各取引ごとに，仕訳→当座預金勘定に転記→当座預金出納帳に記入という流れで解答すること。

当 座 預 金 出 納 帳　　　　　1

令和〇年		摘　　　　　要	預　入	引　出	借または貸	残　高
8	1	全商銀行に預け入れ	1,000,000		借	1,000,000
	5	大分商店から商品仕入れ　小切手 #1		200,000	〃	800,000
	12	佐賀商店に商品売り渡し　小切手 #5	300,000		〃	1,100,000
	18	福岡商店から売掛金回収	120,000		〃	1,220,000
	28	全商銀行から引き出し　小切手 #2		90,000	〃	1,130,000
	31	次月繰越		1,130,000		
			1,420,000	1,420,000		
9	1	前月繰越	1,130,000		借	1,130,000

3

	借　　　　方		貸　　　　方	
(1)	定 期 預 金	600,000	現　　　金	600,000
(2)	普 通 預 金	100,000	現　　　金	100,000
(3)	普 通 預 金	624,000	定 期 預 金	600,000
			受 取 利 息	24,000
(4)	仕　　　入	600,000	当 座 預 金	400,000
			当 座 借 越	200,000

解説

その他の預金についての問題である。いずれも資産で処理する勘定であるが，諸預金について勘定科目を区別できるようにしておくこと。

■応用問題（p.82）

4

	借　　　　方		貸　　　　方	
1/13	買 掛 金	150,000	当 座 預 金	150,000
24	仕　　　入	130,000	当 座 預 金	50,000
			当 座 借 越	80,000
31	当 座 借 越	80,000	売 掛 金	100,000
	当 座 預 金	20,000		

総 勘 定 元 帳

当 座 預 金

		650,000			450,000
1/31	売掛金	20,000	1/13	買掛金	150,000
			24	仕　入	50,000

当 座 借 越

1/31	売掛金	80,000	1/24	仕　入	80,000

当 座 預 金 出 納 帳

令和○年		摘　　　　要	預　入	引　出	借または貸	残　高
1	1	前月繰越	200,000		借	200,000
	13	東京商店に買掛金支払い　小切手 #7		150,000	〃	50,000
	24	千葉商店から商品仕入れ　小切手 #8		130,000	貸	80,000
	31	埼玉商店から売掛金回収	100,000		借	20,000
	〃	次月繰越		20,000		
			300,000	300,000		
2	1	前月繰越	20,000		借	20,000

解説

当座借越が発生する一連の取引の流れを確認する問題である。

各取引ごとに，仕訳→当座預金勘定・当座借越勘定に転記→当座預金出納帳に記入という流れで解答すること。

2勘定制を採用しているので，当座借越勘定の流れに注意すること。

2

	借　　　　方		貸　　　　方	
1/13	買　掛　金	150,000	当　座　預　金	150,000
24	商　　　品	130,000	当　座　預　金	130,000
31	当　座　預　金	100,000	売　掛　金	100,000

総 勘 定 元 帳

当 座 預 金

		650,000			450,000
1/31	売掛金	100,000	1/13	買掛金	150,000
			24	仕入	130,000

解説　前問の当座預金に関する会計処理に，1勘定制を採用した場合の仕訳について確認する問題である。会計処理の違いだけであって，当座預金出納帳は，2勘定制を採用しても1勘定制を採用しても同じであるということを理解しておかなければならない。

3

当 座 預 金

12/ 1	現　金	500,000	12/ 5	仕入	200,000
10	諸　口	250,000	18	備品	550,000
29	売掛金	50,000	31	次期繰越	50,000
		800,000			800,000

当 座 借 越

12/29	売掛金	70,000	12/18	備品	70,000

1

	借　　方		貸　　方	
(1)	買　掛　金	210,000	当　座　預　金	130,000
			当　座　借　越	80,000
(2)	買　掛　金	270,000	当　座　預　金	180,000
			当　座　借　越	90,000
(3)	買　掛　金	140,000	当　座　預　金	40,000
			当　座　借　越	100,000
(4)	当　座　借　越	240,000	売　　掛　　金	390,000
	当　座　預　金	150,000		
(5)	普　通　預　金	80,000	現　　　　金	80,000
(6)	普　通　預　金	270,000	現　　　　金	270,000
(7)	普　通　預　金	300,000	現　　　　金	300,000

当座預金に関する仕訳は，検定試験で必ず出題される。預け入れ時，振り出し時（引き出し時）を，学習の要点にて再度確認をすること。

(1)(2)(3) 当座預金勘定を減らして，不足分を当座借越勘定で処理する。

2

(1)ア	(1)イ	(2)ア	(2)イ
¥ 150,000	¥ 320,000	¥ 50,000	¥ 290,000

第3章　現金・預金の記帳3

1

(1)

小口現金出納帳

収　入	令和◯年		摘　　要	支　出	内　　訳				残　高
					交通費	通信費	消耗品費	雑　費	
18,000	9	1	前　月　繰　越						18,000
		5	タ ク シ ー 代	3,600	3,600				14,400
		10	郵 便 切 手 代	1,400		1,400			13,000
		22	伝 票 ・ 帳 簿	3,000			3,000		10,000
		28	新　聞　代	3,300				3,300	6,700
			9 月 分 合 計	11,300	3,600	1,400	3,000	3,300	
11,300		30	小 切 手 補 給						18,000
		〃	次 月 繰 越	18,000					
29,300				29,300					
18,000	10	1	前　月　繰　越						18,000

(2)

	借　　方		貸　　方	
	交　通　費	3,600	小　口　現　金	11,300
	通　信　費	1,400		
9/30	消　耗　品　費	3,000		
	雑　　　費	3,300		
	小　口　現　金	11,300	当　座　預　金	11,300

本問は，小口現金に関する一連の問題である。小口現金の問題を解答する場合，会計係の立場なのか，庶務係の立場なのかを理解することが大切である。

(1) 小口現金出納帳は，庶務係が作成するものである。
(2) 仕訳は，会計係がおこなうものである。

別解 （借）交通費 *3,600* （貸）当座預金 *11,300*
　　　　　通信費 *1,400*
　　　　　消耗品費 *3,000*
　　　　　雑　費 *3,300*

2

	借　　方		貸　　方	
8/ 1	小　口　現　金	*70,000*	当　座　預　金	*70,000*
8/31	通　信　費	*14,800*	小　口　現　金	*62,000*
	消　耗　品　費	*10,000*		
	交　通　費	*25,200*		
	雑　　費	*12,000*		
	小　口　現　金	*62,000*	当　座　預　金	*62,000*

小口現金に関して，会計係がおこなう一連の仕訳を確認するための問題である。

別解
8/31 （借）通信費 *14,800* （貸）当座預金 *62,000*
　　　　　消耗品費 *10,000*
　　　　　交通費 *25,200*
　　　　　雑　費 *12,000*

■検定問題（p.89）

1

	借　　方		貸　　方	
(1)	小　口　現　金	*30,000*	当　座　預　金	*30,000*
(2)	通　信　費	*20,000*	小　口　現　金	*45,000*
	消　耗　品　費	*17,000*		
	雑　　費	*8,000*		
	小　口　現　金	*45,000*	当　座　預　金	*45,000*
(3)	交　通　費	*12,000*	小　口　現　金	*29,000*
	消　耗　品　費	*14,000*		
	雑　　費	*3,000*		
	小　口　現　金	*29,000*	当　座　預　金	*29,000*

(1) 庶務係への小払い資金の前渡しの仕訳である。ふつうの現金と区別して「小口現金」勘定を用いる。

(2)(3) 小口現金に関して，会計係がおこなう仕訳の問題である。

(2)別解 （借）通信費 *20,000* （貸）当座預金 *45,000*
　　　　　消耗品費 *17,000*
　　　　　雑　費 *8,000*

(3)別解 （借）交通費 *12,000* （貸）当座預金 *29,000*
　　　　　消耗品費 *14,000*
　　　　　雑　費 *3,000*

2

ア	イ
¥　　　　28,000	¥　　　　30,000

解説

　総勘定元帳小口現金の勘定口座記入と小口現金出納帳の記入から推定させる問題である。

1/31 の仕訳を示すと次のとおりである。

　　（借）交　通　費　15,600　（貸）小口現金　28,000

　　　　　通　信　費　4,800

　　　　　消耗品費　3,500

　　　　　雑　　　費　4,100

　　（借）小口現金　28,000　（貸）当座預金　28,000

　となり，小口現金出納帳を完成させると解答が求められる。

第4章　商品売買の記帳—仕入れ・売り上げ

■基本問題（p.92）

1

	借　　　　方		貸　　　　方	
(1)	仕　　　　入	900,000	買　掛　金	900,000
(2)	買　掛　金	50,000	仕　　　　入	50,000
(3)	仕　　　　入	707,000	買　掛　金	700,000
			現　　　　金	7,000
(4)	買　掛　金	14,000	仕　　　　入	14,000

┌─×やってはダメ！×──────────
│(3)（借）仕　　入 700,000　（貸）買 掛 金 700,000
│　　　 引取費 7,000　　　　　現　　金 7,000
│　　　　└→ダメ！

引取費用は仕入原価として，仕入れの金額に加えて処理します。「引取費」という勘定科目はありません！

解説

(2)(4)　値引き・返品

　商品の価格が下がる，返品してなくなる。→仕入（商品）の減少

　商品の価格が下がった分，返品した分は代金を払わなくてよい。→買掛金の減少

(3)　引取費用は仕入れの金額に加える。

42

2

仕　　　入　　　帳			1

令和○年		摘　　　　要	内　　訳	金　　額
8	8	石川商店　　　　　掛け		
		A品 300個　@¥1,800	540,000	
		B品 150個　@¥800	120,000	660,000
	10	石川商店　　　掛け返品		
		B品 30個　@¥800		24,000
	16	富山商店　　　　　掛け		
		B品 400個　@¥800	320,000	
		引取費用現金払い	10,000	330,000
	28	福井商店　　　　小切手		
		C品 280個　@¥650		182,000
	31	総仕入高		1,172,000
	〃	仕入返品高		24,000
		純仕入高		1,148,000

解説

記入については，学習の要点3を参照のこと。

〈注〉値引き・返品は赤で示す（仕入れのマイナスを意味するから，総仕入高に足さないようにするため）。

仕訳を示すと以下のようになる。

8/ 8　（借）仕　入　660,000　（貸）買掛金　660,000

10　（借）買掛金　24,000　（貸）仕　入　24,000

16　（借）仕　入　330,000　（貸）買掛金　320,000

　　　　　　　　　　　　　　　現　金　10,000

28　（借）仕　入　182,000　（貸）当座預金　182,000

3

	借　　　　方		貸　　　　方	
(1)	売　掛　金	360,000	売　　　上	360,000
(2)	売　　　上	40,000	売　掛　金	40,000
(3)	売　掛　金	840,000	売　　　上	840,000
	発　送　費	10,000	現　　　金	10,000
(4)	売　　　上	30,000	売　掛　金	30,000

--×やってはダメ！×---------------------------------

(3)（借）売　掛　金　850,000　（貸）買　掛　金　840,000

　　　↳ダメ！　現　　　金　10,000

　発送費はあくまでも，費用として発送費勘定で処理します。上記のような仕訳をすると，自分が支払った発送費¥10,000は，あとから売掛金と一緒に請求できるという記帳になってしまいます。

解説

(2)(4)　値引き・返品

　商品の価格が下がる，返品されて収益がなくなる。

→売上の減少

　商品の価格が下がった分，返品された分は代金をもらえない。→売掛金の減少

(3)　発送費は発送費勘定で処理する（売上から引いたりしない）。

4

売　　　上　　　帳			1

令和○年		摘　　　　要	内　　訳	金　　額
8	5	愛媛商店　　　　小切手		
		A品 500個　@¥2,800	1,400,000	
		B品 120個　@¥1,500	180,000	1,580,000
	9	香川商店　　　　　掛け		
		C品 400個　@¥1,800		720,000
	17	香川商店　　　掛け値引き		
		C品 400個　@¥300		120,000
	31	総売上高		2,300,000
	〃	売上値引高		120,000
		純売上高		2,180,000

解説

記入については，学習の要点3の仕入帳を参照。

〈注〉値引き・返品は赤で示す（売上のマイナスを意味するから，総売上高に足さないようにするため）。

仕訳を示すと以下のようになる。

8/ 5　（借）当座預金　1,580,000　（貸）売　上　1,580,000

9　（借）売掛金　720,000　（貸）売　上　720,000

　　　　発送費　8,000　　　　現　金　8,000

17　（借）売　上　120,000　（貸）売掛金　120,000

なお，発送費は売上帳に記入しない。

1

	借　　　　方		貸　　　　方	
10/ 1	仕　　　　　入	367,000	当　座　預　金	360,000
			現　　　　　金	7,000
8	売　　掛　　金	225,000	売　　　　　上	225,000
	発　　送　　費	8,000	現　　　　　金	8,000
11	売　　　　　上	22,500	売　　掛　　金	22,500
17	仕　　　　　入	950,000	買　　掛　　金	950,000
20	買　　掛　　金	69,000	仕　　　　　入	69,000
27	現　　　　　金	392,000	売　　　　　上	392,000

総 勘 定 元 帳

	売		上				仕		入	
10/11	売掛金	22,500	10/ 8	売掛金	225,000	10/ 1	諸　口	367,000	10/20 買掛金	69,000
			27	現 金	392,000	17	買掛金	950,000		

売 上 帳　　1

令和〇年	摘　　　要	内　訳	金　額
10 8	鳥取商店　　　　　　掛け		
	A品 150個　@￥1,500		225,000
11	鳥取商店　　掛け値引き		
	A品 150個　@￥ 150		22,500
27	山口商店　　　　　小切手		
	B品 140個　@￥2,800		392,000
31	総 売 上 高		617,000
〃	売上値引高		22,500
	純 売 上 高		594,500

解説 仕入帳は原価（買ったときの金額）で記入し，売上帳は売価（売ったときの金額）で記入することに注意する。

2

	借　　　方		貸　　　方	
4/ 8	商　　　　　品	110,000	買　　掛　　金	110,000
16	売　　掛　　金	150,000	商　　　　　品	110,000
			商 品 売 買 益	40,000

	商		品		3		商 品 売 買 益			10
4/8	買掛金	110,000	4/16 売掛金	110,000				4/16 売掛金	40,000	

■基本問題（p.98）

1

商 品 有 高 帳

（先入先出法）　　　　　　　　　　品名　A　　　　品　　　　　　　　　　　　単位：個

令和○年		摘　要	受　入			払　出			残　高		
			数量	単価	金　額	数量	単価	金　額	数量	単価	金　額
1	1	前 月 繰 越	200	100	20,000				200	100	20,000
	9	福 岡 商 店				150	100	15,000	50	100	5,000
	14	熊 本 商 店	300	120	36,000				50	100	5,000
									300	120	36,000
	18	長 崎 商 店				50	100	5,000			
						230	120	27,600	70	120	8,400
	31	次 月 繰 越				70	120	8,400			
			500		56,000	500		56,000			
2	1	前 月 繰 越	70	120	8,400				70	120	8,400

 解説

　基本的な先入先出法による商品有高帳の作成問題である。学習の要点を参照のこと。

　なお，商品有高帳はすべて原価（もっている金額）で記帳するという点に留意してほしい。

---×やってはダメ！×---

商 品 有 高 帳

（先入先出法）　　　　　　　　　　品名　A　　　　品　　　　　　　　　　　　単位：個

令和○年		摘　要	受　入			払　出			残　高		
			数量	単価	金　額	数量	単価	金　額	数量	単価	金　額
1	1	前 月 繰 越	200	100	20,000				200	100	20,000
	9	福 岡 商 店				150	*180*	*27,000*			

↑　　　↑ダメ！

　商品有高帳は，すべて「原価」で記帳しなければなりません。上記のように払出欄を「売価」で記帳してしまうと，帳簿の中に原価と売価が混在してしまい，残高欄の記入や締め切りが正しくおこなえなくなります。

2

	借　　方		貸　　方	
1/ 9	売　掛　金	27,000	売　　上	27,000
14	仕　　入	36,000	買　掛　金	36,000
18	売　掛　金	47,600	売　　上	47,600

 解説

　売価と原価の区別ができているかどうかの確認問題である。

　3分法によると，仕入時は原価，売上時は売価で仕訳がされる。

45

売　上　高	￥ *74,600*
売　上　原　価	￥ *47,600*
商品売買益（売上総利益）	￥ *27,000*

解説

売上高合計：￥27,000 ＋ ￥47,600 ＝ ￥74,600

売上原価：￥15,000 ＋ ￥5,000 ＋ ￥27,600 ＝ ￥47,600

売上原価は，商品有高帳の払出欄から計算できる。

つまり，商品有高帳を作成することで，いくらで買った商品がいくらなくなったという，売れてなくなった商品の金額（売上原価）が計算できるのである。

売上総利益：￥74,600 － ￥47,600 ＝ ￥27,000

売上高￥74,600 － 売上原価￥47,600 ＝ 売上総利益￥27,000
　　　↓　　　　　　　　　↓　　　　　　　　　↓

売り上げた金額　なくなった商品の金額　商品のもうけ

4

商　品　有　高　帳

（移動平均法）　品名　B　　品　　　　　　　　　　　　単位：個

令和○年		摘　要	受　入			払　出			残　高		
			数量	単価	金　額	数量	単価	金　額	数量	単価	金　額
1	1	前 月 繰 越	300	220	66,000				300	220	66,000
	5	大 分 商 店				200	220	44,000	100	220	22,000
	7	賀 来 商 店	400	240	96,000				500	236	118,000
	15	別 府 商 店				300	236	70,800	200	236	47,200
	22	庄 内 商 店	200	250	50,000				400	243	97,200
	31	次 月 繰 越				400	243	97,200			
			900		212,000	900		212,000			
2	1	前 月 繰 越	400	243	97,200				400	243	97,200

解説

基本的な移動平均法による商品有高帳の作成問題である。学習の要点を参照のこと。

5

	借　　方		貸　　方	
1/ 5	売　掛　金	60,000	売　　　上	60,000
7	仕　　　入	96,000	買　掛　金	96,000
15	売　掛　金	93,000	売　　　上	93,000
22	仕　　　入	50,000	買　掛　金	50,000

解説

売価と原価の区別ができているかどうかを確認すること。

3分法によると，仕入時は原価，売上時は売価で仕訳がされる。

6

売　上　高	￥*153,000*
売　上　原　価	￥*114,800*
売上総利益（商品売買益）	￥ *38,200*

解説

売上高合計：￥*60,000* ＋ ￥*93,000* ＝ ￥*153,000*

売　上　原　価：￥*44,000* ＋ ￥*70,800* ＝ ￥*114,800*

売上原価は，商品有高帳の払出欄から計算できる。つまり，商品有高帳を作成することで，いくらで買った商品がいくらなくなったという，売れてなくなった商品

の金額（売上原価）が計算できるのである。

売上総利益：￥*153,000* － ￥*114,800* ＝ ￥*38,200*

<u>売上高￥*153,000*</u> － <u>売上原価￥*114,800*</u> ＝ <u>売上総利益￥*38,200*</u>
　　↓　　　　　　　↓　　　　　　　↓
売り上げた金額　なくなった商品の金額　商品のもうけ

7

		借　　　方			貸　　　方	
11/ 2	仕　　　　　入	285,000	買　　掛　　金		285,000	
9	売　　掛　　金	260,000	売　　　　　上		260,000	
18	仕　　　　　入	152,000	買　　掛　　金		144,000	
			当　座　預　金		8,000	
27	現　　　　　金	50,000	売　　　　　上		225,000	
	売　　掛　　金	175,000				

商　品　有　高　帳

（先入先出法）　　　　　　　　　　　品名　A　　　　品　　　　　　　　　　　　単位：個

令和〇年		摘　要	受　　入			払　　出			残　　高		
			数量	単価	金　額	数量	単価	金　額	数量	単価	金　額
11	1	前 月 繰 越	150	*340*	*51,000*				150	*340*	*51,000*
	2	大 阪 商 店	300	*350*	*105,000*				150	*340*	*51,000*
									300	*350*	*105,000*
	9	名 古 屋 商 店				150	*340*	*51,000*			
						150	*350*	*52,500*	150	*350*	*52,500*
	18	大 阪 商 店	400	*380*	*152,000*				150	*350*	*52,500*
									400	*380*	*152,000*
	27	神 戸 商 店				150	*350*	*52,500*	400	*380*	*152,000*
	30	次 月 繰 越				400	*380*	*152,000*			
			850		*308,000*	850		*308,000*			
12	1	前 月 繰 越	400	*380*	*152,000*				400	*380*	*152,000*

解説

A品についての商品有高帳の作成問題である。取引はA品・B品について示してあるが，商品有高帳は商品ごとに作成する。この点を確認したい。

なお，11月18日の取引では引取費用が発生しているため，単価は引取費用を含めて計算する必要がある。

（￥*144,000* ＋ ￥*8,000*）÷ 400個 ＝ ＠￥*380*

⑧

商 品 有 高 帳

（先入先出法）　　　　　　　　品名　A　　品　　　　　　　　　　単位：個

令和○年		摘　要	受　　入			払　　出			残　　高		
			数量	単価	金　額	数量	単価	金　額	数量	単価	金　額
1	1	前月繰越	5	8,200	41,000				5	8,200	41,000
	4	福島商店	30	9,000	270,000				5	8,200	41,000
									30	9,000	270,000
	7	福島商店返品				10	9,000	90,000	5	8,200	41,000
									20	9,000	180,000
	14	岐阜商店				5	8,200	41,000			
						10	9,000	90,000	10	9,000	90,000
	17	茨城商店	15	8,400	126,000				10	9,000	90,000
									15	8,400	126,000
	23	長野商店				10	9,000	90,000			
						10	8,400	84,000	5	8,400	42,000
	25	長野商店返品	5	8,400	42,000				10	8,400	84,000
	31	次月繰越				10	8,400	84,000			
			55		479,000	55		479,000			
2	1	前月繰越	10	8,400	84,000				10	8,400	84,000

総 勘 定 元 帳

売 上					仕 入				
1/25 売掛金	55,000	1/14 現　金	180,000		1/ 4 買掛金	350,000	1/ 7 買掛金	90,000	
		23 売掛金	265,000		17 現　金	126,000			

解説

　商品有高帳について，仕入返品・売上返品をふくむ問題である。仕入返品は払出欄に，売上返品は受入欄に記入する。

　また，仕入帳と仕入勘定，売上帳と売上勘定の関係についても確認する。

■応用問題（p.102）
①

	借　　　方			貸　　　方		
5/ 1	仕　　　　　入		480,000	当 座 預 金		40,000
				買 　掛　 金		440,000
5	売 　掛　 金		456,000	売　　　　上		456,000
7	売　　　　上		15,000	売 　掛　 金		15,000
12	仕　　　　　入		182,000	買 　掛　 金		175,000
				現　　　　金		7,000
17	仕　　　　　入		293,000	買 　掛　 金		293,000
19	買 　掛　 金		33,000	仕　　　　入		33,000
27	当 座 預 金		30,000	売　　　　上		356,000
	売 　掛　 金		326,000			
	発 　送　 費		3,000	現　　　　金		3,000

総　勘　定　元　帳

売　　上　　　　13

5/ 7	売掛金	15,000	5/ 5	売掛金	456,000
			27	諸　口	356,000

仕　　入　　　　18

5/ 1	諸　口	480,000	5/19	買掛金	33,000
12	諸　口	182,000			
17	買掛金	293,000			

売　　上　　帳　　1

令和○年	摘　　要		内　訳	金　額
5 5	渋谷商店	掛け		
	A品　80個　@¥1,500		120,000	
	B品　120個　@¥2,800		336,000	456,000
7	渋谷商店	掛け返品		
	A品　10個　@¥1,500			15,000
27	上野商店	小切手・掛け		
	A品　150個　@¥1,600		240,000	
	B品　40個　@¥2,900		116,000	356,000
31	総 売 上 高			812,000
〃	売上返品高			15,000
	純 売 上 高			797,000

仕　　入　　帳　　1

令和○年	摘　　要		内　訳	金　額
5 1	港商店	小切手・掛け		
	A品　100個　@¥1,200		120,000	
	B品　150個　@¥2,400		360,000	480,000
12	新宿商店	掛け		
	A品　140個　@¥1,250		175,000	
	引取費用現金払い		7,000	182,000
17	大久保商店	掛け		
	A品　120個　@¥1,100		132,000	
	B品　70個　@¥2,300		161,000	293,000
19	大久保商店	掛け返品		
	A品　30個　@¥1,100			33,000
31	総 仕 入 高			955,000
〃	仕入返品高			33,000
	純 仕 入 高			922,000

商　品　有　高　帳

(先入先出法)　　　　品名　A　　品　　　　単位：個

令和○年	摘　要	受　入			払　出			残　高		
		数量	単価	金　額	数量	単価	金　額	数量	単価	金　額
5 1	港　商　店	100	1,200	120,000				100	1,200	120,000
5	渋谷商店				80	1,200	96,000	20	1,200	24,000
7	渋谷商店返品	10	1,200	12,000				30	1,200	36,000
12	新宿商店	140	1,300	182,000				30	1,200	36,000
								140	1,300	182,000
17	大久保商店	120	1,100	132,000				30	1,200	36,000
								140	1,300	182,000
								120	1,100	132,000
19	大久保商店返品				30	1,100	33,000	30	1,200	36,000
								140	1,300	182,000
								90	1,100	99,000
27	上野商店				30	1,200	36,000	20	1,300	26,000
					120	1,300	156,000	90	1,100	99,000
31	次月繰越				20	1,300	26,000			
					90	1,100	99,000			
		370		446,000	370		446,000			

49

商 品 有 高 帳

(移動平均法) 　　　　　品名　B　　　品 　　　　　　　　　　　　単位：個

令和○年		摘　要	受　入			払　出			残　高		
			数量	単価	金　額	数量	単価	金　額	数量	単価	金　額
5	1	港 商 店	150	2,400	360,000				150	2,400	360,000
	5	渋 谷 商 店				120	2,400	288,000	30	2,400	72,000
	17	大久保商店	70	2,300	161,000				100	2,330	233,000
	27	上 野 商 店				40	2,330	93,200	60	2,330	139,800
	31	次 月 繰 越				60	2,330	139,800			
			220		521,000	220		521,000			

仕入帳・売上帳・商品有高帳の同時作成問題である。
　仕入帳は商品仕入時に，売上帳は商品売上時に記入する。商品有高帳は，仕入時は受入欄に，売上時は払出欄に記入する。このさい，つねに原価で記入するという点に注意すること。また，商品有高帳は商品が動くときに

つねに記帳するという点も確認したい。なお，5月12日の商品の仕入単価は，引取費用の分だけ上がる。

$$（¥175,000 + ¥7,000）÷ 140個 = @¥1,300$$
　　　　商品代価　　引取費用

■検定問題（p.105）

1

ア	イ
¥　　　　840	600　　　　個

空欄に金額と数量を記入して，A品の商品有高帳を完成させると次のようになる。

商 品 有 高 帳

(移動平均法) 　　　　　（品名）　A　　　品 　　　　　　　　　　　　単位：個

令和○年		摘　要	受　入			払　出			残　高		
			数量	単価	金　額	数量	単価	金　額	数量	単価	金　額
5	1	前 月 繰 越	100	800	80,000				100	800	80,000
	11	弘 前 商 店	400	850	340,000				(500)	(840)	(420,000)
	14	黒 石 商 店	300	760	228,000				(800)	(810)	(648,000)
	15	八 戸 商 店				400	810	324,000	(400)	(810)	(324,000)
	22	三 沢 商 店	200	750	150,000				(600)	(790)	(474,000)
	29	八 戸 商 店				200	790	158,000	(400)	(790)	(316,000)
	31	次 月 繰 越				(400)	(790)	(316,000)			
			(1,000)		(798,000)	(1,000)		(798,000)			

2

ア	イ	
1	200	個

解説

空欄に金額と数量を記入して，A品の商品有高帳を完成させると次のようになる。

商　品　有　高　帳

（品名）　A　　品　　　　　　　　　　　　　　　　　　　　　　単位：台

令和〇年		摘　　要	受　　入			引　　渡			残　　高		
			数量	単価	金　額	数量	単価	金　額	数量	単価	金　額
1	1	前 月 繰 越	400	750	300,000				400	750	300,000
	15	群 馬 商 店				300	750	225,000	100	750	75,000
	23	高 知 商 店	200	(770)	154,000				100	(750)	(75,000)
									200	(770)	(154,000)
	28	横 浜 商 店				100	(750)	(75,000)	(200)	(770)	(154,000)
	31	次 月 繰 越				(ア)	770	(154,000)			
			(600)		(454,000)	(1,000)		(454,000)			

3

(1)

仕　　訳　　帳　　　　　　　1

令和〇年		摘　　　　要	元丁	借　方	貸　方
1	1	前期繰越高	✓	5,720,000	5,720,000
	8	（仕　　入）		248,000	
		（買掛金）	15		248,000
	9	（買掛金）	15	2,000	
		（仕　　入）			2,000
	16	（仕　　入）諸　口		400,000	
		（支払手形）			130,000
		（買掛金）	15		270,000
	23	諸　口　（売　　上）			189,000
		（現　　金）		110,000	
		（売 掛 金）		79,000	
	30	（買掛金）	15	300,000	
		（当座預金）			300,000

買　掛　金　元　帳

石　川　商　店　　　　　　1

令和〇年		摘　　要	借　方	貸　方	借または貸	残　高
1	1	前 月 繰 越		170,000	貸	170,000
	8	仕 入 れ		248,000	〃	418,000
	9	返　　品	2,000		〃	416,000
	31	次 月 繰 越	416,000			
			418,000	418,000		

富　山　商　店　　　　　　2

令和〇年		摘　　要	借　方	貸　方	借または貸	残　高
1	1	前 月 繰 越		340,000	貸	340,000
	16	仕 入 れ		270,000	〃	610,000
	30	支 払 い	300,000		〃	310,000
	31	次 月 繰 越	310,000			
			610,000	610,000		

総 勘 定 元 帳

買 掛 金　　　　　　15

令和〇年	摘 要	仕丁	借 方	令和〇年	摘 要	仕丁	貸 方
1 9	仕 入	1	2,000	1 1	前期繰越	√	510,000
30	当座預金	〃	300,000	8	仕 入	1	248,000
				16	仕 入	〃	270,000

商 品 有 高 帳

（先入先出法）　　　　　　　　品名　A　　　品　　　　　　　　　　単位：個

令和〇年	摘 要	受 入			払 出			残 高		
		数量	単価	金 額	数量	単価	金 額	数量	単価	金 額
1 1	前月繰越	200	320	64,000				200	320	64,000
8	石川商店	600	280	168,000				⎰200	320	64,000
								⎱600	280	168,000
23	福井商店				⎰200	320	64,000			
					⎱250	280	70,000	350	280	98,000
31	次月繰越				350	280	98,000			
		800		232,000	800		232,000			

仕訳帳・買掛金勘定・商品有高帳の同時作成問題である。

商品有高帳は，仕入時は受入欄に，売上時は払出欄に記入する。そのさい，つねに原価で記帳するという点に注意すること。

また，商品有高帳は商品が動くときに記入するという点も確認したい。

52

4

ア	イ	ウ
¥　78,000	¥　167,000	¥　330

解説

本問の売上勘定・仕入勘定・B品の商品有高帳を完成させると以下のようになる。

売　　　上		仕　　　入	
1/ 9　売掛金　(**78,000**)		1/16　買掛金　(**167,000**)	
20　売掛金　40,000 ア		イ	

商　品　有　高　帳

（移動平均法）　　　　　　品名　B　　　品　　　　　　　　　　単位：個

令和〇年		摘　　要	受　　入			払　　出			残　　高		
			数量	単価	金　額	数量	単価	金　額	数量	単価	金　額
1	1	前月繰越	80	300	24,000				80	500	24,000
	16	大宮商店	120	350	42,000				(200)	(**330**)	(66,000)
	20	水戸商店				100	(330)	(33,000)	(100)	(330)	(33,000)

（ウ）

5

ア	イ
¥　640	400　個

解説

商品有高帳の空欄に単価や金額を記入して完成させると，次のようになる。

商　品　有　高　帳

（移動平均法）　　　　　　（品名）　A　　　品　　　　　　　　　　単位：本

令和〇年		摘　　要	受　　入			引　　渡			残　　高		
			数量	単価	金　額	数量	単価	金　額	数量	単価	金　額
1	1	前月繰越	100	600	60,000				100	600	60,000
	10	弘前商店	400	650	260,000				(500)	(640)	(320,000)
	15	八戸商店				(300)	(640)	(192,000)	(200)	(640)	(128,000)
	24	弘前商店	200	660	132,000				(400)	(650)	(260,000)
	31	次月繰越				(400)	(650)	(260,000)			
			(700)		(452,000)	(700)		(452,000)			

53

■基本問題（p.110）

1

	借　　方		貸　　方	
9/ 7	仕　　　入	45,000	買　掛　金	45,000
9	仕　　　入	50,000	買　掛　金	50,000
10	買　掛　金	5,000	仕　　　入	5,000
20	買　掛　金	65,000	現　　　金	65,000

総　勘　定　元　帳

買　掛　金　　　　10

9/10	仕　　入	5,000	9/ 1	前期繰越	50,000
20	現　　金	65,000	7	仕　　入	45,000
			9	仕　　入	50,000

買　掛　金　元　帳

大　阪　商　店　　　　1

令和○年	摘　要	借　方	貸　方	借または貸	残　高
9　1	前月繰越		35,000	貸	35,000
7	仕入れ		45,000	〃	80,000
20	現金払い	65,000		〃	15,000
30	次月繰越	15,000			
		80,000	80,000		
10　1	前月繰越		15,000	貸	15,000

神　戸　商　店　　　　2

令和○年	摘　要	借　方	貸　方	借または貸	残　高
9　1	前月繰越		15,000	貸	15,000
9	仕入れ		50,000	〃	65,000
10	返　品	5,000		〃	60,000
30	次月繰越	60,000			
		65,000	65,000		
10　1	前月繰越		60,000	貸	60,000

解説

記帳法については，学習の要点4を参照すること。

なお，買掛金元帳の摘要欄には，取引の内容を記入する点に留意する。

買掛金について，取引先ごとに買掛金の金額を把握するために，買掛金元帳を作成する。

したがって，すべての取引先の買掛金残高を合計すると，総勘定元帳の買掛金勘定の残高と一致する。

総勘定元帳の買掛金残高＝¥50,000＋¥45,000
　　＋¥50,000－¥5,000－¥65,000＝¥75,000

買掛金元帳の残高合計＝¥15,000（大阪商店）
　　＋¥60,000（神戸商店）＝¥75,000

❷

	借	方		貸	方	
8/ 5	売　掛　金	250,000	売　　　　　上		250,000	
10	売　　　　　上	30,000	売　掛　金		30,000	
13	現　　　　　金	180,000	売　　　　　上		380,000	
	売　掛　金	200,000				
20	現　　　　　金	120,000	売　掛　金		120,000	
25	売　　　　　上	36,000	売　掛　金		36,000	

総 勘 定 元 帳
売　掛　金　　　　　4

8/ 1	前期繰越	48,000	8/10	売　上	30,000
5	売　上	250,000	20	現　金	120,000
13	売　上	200,000	25	売　上	36,000

売　掛　金　元　帳
長　崎　商　店　　　　　1

令和○年		摘　要	借　方	貸　方	借または貸	残　高
8	1	前 月 繰 越	32,000		借	32,000
	5	売 り 上 げ	250,000		〃	282,000
	10	返　　　　品		30,000	〃	252,000
	20	現 金 回 収		120,000	〃	132,000
	31	次 月 繰 越		132,000		
			282,000	282,000		
9	1	前 月 繰 越	132,000		借	132,000

福　岡　商　店　　　　　2

令和○年		摘　要	借　方	貸　方	借または貸	残　高
8	1	前 月 繰 越	16,000		借	16,000
	13	売 り 上 げ	200,000		〃	216,000
	25	売 上 値 引		36,000	〃	180,000
	31	次 月 繰 越		180,000		
			216,000	216,000		
9	1	前 月 繰 越	180,000		借	180,000

解説　記帳方法については，学習の要点2を参照すること。

なお，売掛金元帳の摘要欄には取引の内容を記入する点に注意する（相手勘定ではない）。

売掛金について，取引先ごとに売掛金の金額を把握するために，売掛金元帳を作成する。

したがって，すべての取引先の売掛金残高を合計すると，総勘定元帳の売掛金勘定の残高と一致する。

総勘定元帳の売掛金残高＝¥48,000＋¥250,000
　　　＋¥200,000－¥30,000－¥120,000－¥36,000
　　　＝¥312,000

売掛金元帳の残高合計＝¥132,000（長崎商店）
　　　＋¥180,000（福岡商店）＝¥312,000

1

仕　入　帳　　1

令和○年	摘　　　要	内　訳	金　額
6　5	東京商店　　　小切手・掛け		
	A品　400個　@¥800	320,000	
	B品　150個　@¥900	135,000	455,000
7	東京商店　　　掛け返品		
	B品　30個　@¥900		27,000
19	横浜商店　　　　掛け		
	C品　320個　@¥550		176,000
30	総 仕 入 高		631,000
〃	仕入返品高		27,000
	純 仕 入 高		604,000

横　浜　商　店　　2

令和○年	摘　要	借　方	貸　方	借または貸	残　高
6　1	前月繰越		320,000	貸	320,000
19	仕 入 れ		176,000	〃	496,000
28	小切手払い	300,000		〃	196,000
30	次月繰越	196,000			
		496,000	496,000		
7　1	前月繰越		196,000	貸	196,000

買　掛　金　元　帳

東　京　商　店　　1

令和○年	摘　要	借　方	貸　方	借または貸	残　高
6　1	前 月 繰 越		150,000	貸	150,000
5	仕 入 れ		135,000	〃	285,000
7	返　　品	27,000		〃	258,000
30	次 月 繰 越	258,000			
		285,000	285,000		
7　1	前 月 繰 越		258,000	貸	258,000

解説

仕入帳・買掛金元帳の同時作成問題である。
仕入取引の一連の流れを確認しておくこと。
なお，買掛金勘定を示すと以下のようになる。

買　掛　金

6/ 7	仕　　入	27,000		6/ 1	前期繰越	470,000
28	当座預金	300,000		5	仕　　入	135,000
				19	仕　　入	176,000

2

仕　訳　帳　　1

令和○年	摘　　　要	元丁	借　方	貸　方
8　6	諸　口　（売　上）			380,000
	（現　金）		120,000	
	（売 掛 金）	2	260,000	
14	（売 掛 金）	2	90,000	
	（売　上）			90,000
15	（売　上）		15,000	
	（売 掛 金）	2		15,000
25	（現　金）		250,000	
	（売 掛 金）	2		250,000

売　上　帳　　1

令和○年	摘　　　要	内　訳	金　額
8　6	愛媛商店　　　現金・掛け		
	A品　300個　@¥600	180,000	
	B品　250個　@¥800	200,000	380,000
14	高知商店　　　　掛け		
	B品　120個　@¥750		90,000
15	高知商店　　　掛け返品		
	B品　20個　@¥750		15,000
31	総 売 上 高		470,000
〃	売上返品高		15,000
	純 売 上 高		455,000

総　勘　定　元　帳

売　掛　金　　2

8/1	前期繰越	460,000		8/15	売　　上	15,000
6	売　　上	260,000		25	現　　金	250,000
14	売　　上	90,000				

売 掛 金 元 帳

愛 媛 商 店　　1

令和○年		摘 要	借 方	貸 方	借または貸	残 高
8	1	前月繰越	280,000		借	280,000
	6	売り上げ	260,000		〃	540,000
	25	回収,小切手#15		250,000	〃	290,000
	31	次月繰越		290,000		
			540,000	540,000		
9	1	前月繰越	290,000		借	290,000

高 知 商 店　　2

令和○年		摘 要	借 方	貸 方	借または貸	残 高
8	1	前月繰越	180,000		借	180,000
	14	売り上げ	90,000		〃	270,000
	15	返 品		15,000	〃	255,000
	31	次月繰越		255,000		
			270,000	270,000		
9	1	前月繰越	255,000		借	255,000

 売上帳・売掛金元帳の同時作成問題である。
売上取引の一連の流れを確認しておくこと。

■検定問題 （p.118）

1

(1) 仕 訳 帳　　1

令和○年		摘　　要	元丁	借 方	貸 方
1	1	前期繰越高	√	6,070,000	6,070,000
	7	（仕　　入）		452,000	
		（当座預金）	2		452,000
	12	（売 掛 金）	4	572,000	
		（売　　上）			572,000
	15	（売　　上）		19,000	
		（売 掛 金）	4		19,000
	18	（売 掛 金）	4	215,000	
		（売　　上）			215,000
	25	（当座預金）	2	156,000	
		（売 掛 金）	4		156,000
	27	（買 掛 金）		395,000	
		（当座預金）	2		395,000
	29	（現　　金）		374,000	
		（売 掛 金）	4		374,000

総 勘 定 元 帳

当 座 預 金　　2

令和○年		摘 要	仕丁	借 方	令和○年		摘 要	仕丁	貸 方
1	1	前期繰越	√	1,208,000	1	7	仕　　入	1	452,000
	25	売掛金	1	156,000		27	買掛金	〃	395,000

売 掛 金　　4

令和○年		摘 要	仕丁	借 方	令和○年		摘 要	仕丁	貸 方
1	1	前期繰越	√	530,000	1	15	売　　上	1	19,000
	12	売　　上	1	572,000		25	当座預金	〃	156,000
	18	売　　上	〃	215,000		29	現　　金	〃	374,000

(2) 売 上 帳　　1

令和○年		摘　　要		内 訳	金 額
1	12	京都商店	掛け		
		A品　900個　@¥380		342,000	
		B品　500個　〃〃460		230,000	572,000
	15	京都商店	掛け返品		
		A品　50個　@¥380			19,000
	18	兵庫商店	掛け		
		A品　400個　@¥380		152,000	
		C品　90〃　〃〃700		63,000	215,000
	31		総売上高		787,000
	〃		売上返品高		19,000
			純売上高		768,000

売 掛 金 元 帳

京 都 商 店　　1

令和○年		摘 要	借 方	貸 方	借または貸	残 高
1	1	前月繰越	374,000		借	374,000
	12	売り上げ	572,000		〃	946,000
	15	売上返品		19,000	〃	927,000
	29	回 収		374,000	〃	553,000
	31	次月繰越		553,000		
			946,000	946,000		

兵 庫 商 店　　2

令和○年		摘 要	借 方	貸 方	借または貸	残 高
1	1	前月繰越	156,000		借	156,000
	18	売り上げ	215,000		〃	371,000
	25	回 収		156,000	〃	215,000
	31	次月繰越		215,000		
			371,000	371,000		

●本問で記帳する帳簿

```
主要簿 ── 仕訳帳
        └ 総勘定元帳 ── 当座預金勘定・売掛金勘定
補助簿 ── 補助記入帳 ── 売　上　帳
        └ 補助元帳 ── 売掛金元帳 ── 京都商店
                                  └ 兵庫商店
```

❷

(1)

仕　訳　帳　　1

令和○年		摘　要	元丁	借　方	貸　方
1	1	前期繰越高	√	8,325,000	8,325,000
	5	（仕　入）		413,000	
		（買掛金）	8		413,000
	7	（買掛金）	8	7,000	
		（仕　入）			7,000
	12	（売掛金）		581,000	
		（売　上）			581,000
	18	（買掛金）	8	369,000	
		（当座預金）	2		369,000
	26	（仕　入）		246,000	
		（買掛金）	8		246,000
	28	（買掛金）	8	278,000	
		（当座預金）	2		278,000
	29	（現　金）		594,000	
		（売掛金）			594,000

総　勘　定　元　帳

当　座　預　金　　2

令和○年	摘　要	仕丁	借　方	令和○年	摘　要	仕丁	貸　方
1　1	前期繰越	√	1,300,000	1　18	買掛金	1	369,000
				28	買掛金	〃	278,000

買　掛　金　　8

令和○年	摘　要	仕丁	借　方	令和○年	摘　要	仕丁	貸　方
1　7	仕　入	1	7,000	1　1	前期繰越	√	647,000
18	当座預金	〃	369,000	5	仕　入	1	413,000
28	当座預金	〃	278,000	26	仕　入	〃	246,000

(2)

仕　入　帳　　1

令和○年	摘　要		内　訳	金　額
1　5	島根商店	掛け		
	A品　500個　@¥350		175,000	
	B品　700個　〃〃340		238,000	413,000
7	島根商店	掛け返品		
	A品　20個　@¥350			7,000
26	山口商店	掛け		
	C品　600個　@¥410			246,000
31	総仕入高			659,000
〃	仕入返品高			7,000
	純仕入高			652,000

買　掛　金　元　帳

島　根　商　店　　1

令和○年	摘　要	借　方	貸　方	借または貸	残　高
1　1	前月繰越		369,000	貸	369,000
5	仕　入　れ		413,000	〃	782,000
7	返　　品	7,000		〃	775,000
18	支　払　い	369,000		〃	406,000
31	次月繰越	406,000			
		782,000	782,000		

山　口　商　店　　2

令和○年	摘　要	借　方	貸　方	借または貸	残　高
1　1	前月繰越		278,000	貸	278,000
26	仕　入　れ		246,000	〃	524,000
28	支　払　い	278,000		〃	246,000
31	次月繰越	246,000			
		524,000	524,000		

一連の取引を記帳する問題である。

●本問で記帳する帳簿

主要簿 ─┬─ 仕訳帳
　　　　└─ 総勘定元帳 ── 当座預金勘定・買掛金勘定

補助簿 ─┬─ 補助記入帳 ── 仕入帳
　　　　└─ 補 助 元 帳 ── 買掛金元帳 ─┬─ 島根商店
　　　　　　　　　　　　　　　　　　　　└─ 山口商店

第7章　手形取引の記帳

■基本問題（p.124）

1

	借　　　　方		貸　　　　方	
(1)	受 取 手 形	120,000	売 　掛　 金	120,000
(2)	受 取 手 形	150,000	売　　　　上	250,000
	売 　掛　 金	100,000		
(3)	買 　掛　 金	300,000	支 払 手 形	300,000
(4)	仕　　　　入	210,000	支 払 手 形	100,000
			買 　掛　 金	110,000

(1)(2)　手形債権増加の仕訳である。

(3)(4)　手形債務増加の仕訳である。「約束手形」は手形の種類のひとつであり，勘定科目ではないので使用しないこと。

2

	借　　　　方		貸　　　　方	
(1)	当 座 預 金	120,000	受 取 手 形	120,000
(2)	支 払 手 形	280,000	当 座 預 金	280,000

約束手形が満期になったときの仕訳である。取引銀行の当座預金口座を通じて手形代金が決済される。

3

	借　　　　方		貸　　　　方	
(1)	仕　　　　入	560,000	受 取 手 形	500,000
			当 座 預 金	60,000
(2)	当 座 預 金	797,700	受 取 手 形	800,000
	手 形 売 却 損	2,300		
(3)	受 取 手 形	428,000	売　　　　上	428,000

(3)　手形代金を受け取る権利を得たので，受取手形勘定の借方に記入する。

6

	借　　　方		貸　　　方	
10/ 1	受 取 手 形	100,000	売　　　　上	120,000
	売 掛 金	20,000		
3	仕　　　入	360,000	支 払 手 形	250,000
			当 座 預 金	110,000
12	受 取 手 形	380,000	売 掛 金	380,000
11/ 1	当 座 預 金	100,000	受 取 手 形	100,000
3	支 払 手 形	250,000	当 座 預 金	250,000
10	当 座 預 金	368,000	受 取 手 形	380,000
	手 形 売 却 損	12,000		

受 取 手 形 記 入 帳

令和○年		摘要	金額	手形種類	手形番号	支払人	振出人または裏書人	振出日 月	日	満期日 月	日	支払場所	てん末 月	日	摘要
10	1	売 上	100,000	約手	18	石川商店	石川商店	10	1	11	1	北 陸 銀 行	11	1	入金
	12	売掛金	380,000	約手	32	三重商店	三重商店	10	12	12	12	鳥 羽 銀 行	11	10	割引

支 払 手 形 記 入 帳

令和○年		摘要	金額	手形種類	手形番号	受取人	振出人	振出日 月	日	満期日 月	日	支払場所	てん末 月	日	摘要
10	3	仕 入	250,000	約手	27	滋賀商店	当 店	10	3	11	3	彦 根 銀 行	11	3	支払い

解説

10/ 1　受取手形記入帳には，¥100,000（手形受け取り分）を記入する。

10/ 3　支払手形記入帳には，¥250,000（手形振り出し分）を記入する。

11/ 1　受取手形記入帳のてん末欄に「入金」と記入する。

11/ 3　支払手形記入帳のてん末欄に「支払い」と記入する。

11/10　受取手形記入帳のてん末欄に「割引」と記入する。

■検定問題（p.126）

1

	借　　　方		貸　　　方	
(1)	仕　　　入	540,000	支 払 手 形	300,000
			買 掛 金	240,000
(2)	受 取 手 形	280,000	売　　　　上	420,000
	売 掛 金	140,000		
(3)	受 取 手 形	120,000	売　　　　上	160,000
	売 掛 金	40,000		
(4)	支 払 手 形	300,000	当 座 預 金	300,000
(5)	仕　　　入	450,000	支 払 手 形	300,000
			買 掛 金	150,000
(6)	買 掛 金	210,000	支 払 手 形	210,000

解説

(1)(5)(6)　約束手形を振り出したときは，支払手形勘定（負債の勘定）の貸方に記入する。

(2)(3)　約束手形を受け取ったときは，受取手形勘定（資産の勘定）の借方に記入する。

(4)　振り出した約束手形が満期になったときは，当座預金から支払われる。

2

	借　　　　方		貸　　　　方	
(1)	買　掛　金	410,000	受　取　手　形	410,000
(2)	当　座　預　金	249,000	受　取　手　形	250,000
	手　形　売　却　損	1,000		
(3)	当　座　預　金	298,000	受　取　手　形	300,000
	手　形　売　却　損	2,000		
(4)	仕　　　　入	270,000	受　取　手　形	270,000
(5)	当　座　預　金	297,000	受　取　手　形	300,000
	手　形　売　却　損	3,000		
(6)	買　掛　金	530,000	受　取　手　形	530,000
(7)	当　座　預　金	582,000	受　取　手　形	600,000
	手　形　売　却　損	18,000		
(8)	買　掛　金	380,000	受　取　手　形	380,000
(9)	当　座　預　金	395,000	受　取　手　形	400,000
	手　形　売　却　損	5,000		

 解説

(2)(3)(5)(7)(9)　手持ちの手形を割り引いたときは，受取手形勘定（資産の勘定）の貸方に記入する。なお，手形額面金額と手取金との差額は手形売却損勘定（費用の勘定）で処理する。

(1)(4)(6)(8)　手持ちの手形を裏書譲渡したときは，受取手形勘定（資産の勘定）の貸方に記入する。

3

ア	イ
¥　　　180,000	¥　　　385,000

解説　支払手形記入帳を完成させると，次のようになる。

支　払　手　形　記　入　帳

令和〇年		摘要	金　額	手形種類	手形番号	受取人	振出人	振出日		満期日		支払場所	てん末		
													日付		摘要
1	10	仕　入　れ	（385,000）	約手	31	都城商店	当店	1	10	3	10	全商銀行宮崎支店	3	10	支払い
	24	仕　入　れ	（200,000）	約手	32	日南商店	当店	1	24	2	24	全商銀行宮崎支店	2	24	支払い
2	24	買掛金支払い	（180,000）	約手	33	延岡商店	当店	2	24	3	24	全商銀行宮崎支店			

　1月10日に振り出した約束手形＃31は，3月10日に支払われているので，（　イ　）には¥385,000が記入されることがわかる。

4

ア	イ
¥　　　400,000	¥　　　1,000

解説

b．約束手形＃9を割り引いた結果，当座預金出納帳をみると¥599,000が入金されているので，次の仕訳がなされたことがわかる。

（借）当　座　預　金　599,000　　（貸）受取手形　600,000
　　　手　形　売　却　損　　1,000

■基本問題（p.131）

1

	借　　　方		貸　　　方	
(1)	前　払　金	40,000	現　　　金	40,000
(2)	仕　　　入	240,000	前　払　金	40,000
			買　掛　金	200,000
(3)	現　　　金	80,000	前　受　金	80,000
(4)	前　受　金	80,000	売　　　上	480,000
	売　掛　金	400,000		

解説

(1) 注文をしただけでは取引とはならない。内金を支払ったことのみ仕訳する。

(2) (1)で支払った内金は，商品仕入れのときに代金と相殺する。

(3) 注文を受けただけでは取引とはならない。内金を受け取ったことのみ仕訳する。

(4) (3)で受け取った内金は，商品売り上げのときに代金と相殺する。

2

	借　　　方		貸　　　方	
(1)	未　収　金	1,000	雑　　　益	1,000
(2)	備　　　品	680,000	未　払　金	680,000

解説

(1) 不用となった段ボール箱は無価値であるため，その売却額は全額雑益となる。

(2) 備品の買い入れは通常の営業取引ではないので，その未払代金は，未払金勘定で処理する。

3

	借　　　方		貸　　　方	
(1)	貸　付　金	700,000	現　　　金	700,000
(2)	現　　　金	720,000	貸　付　金	700,000
			受　取　利　息	20,000
(3)	現　　　金	800,000	借　入　金	800,000
(4)	借　入　金	800,000	現　　　金	830,000
	支　払　利　息	30,000		

解説　借用証書によって金銭の貸借をおこなう場合は，貸付金勘定・借入金勘定を用いる。なお，借用証書によった場合，利息の受け払いは返済時になることが多い。

4

	借　　　方		貸　　　方	
(1)	手　形　貸　付　金	1,000,000	現　　　金	900,000
			受　取　利　息	100,000
(2)	現　　　金	1,000,000	手　形　貸　付　金	1,000,000
(3)	当　座　預　金	1,800,000	手　形　借　入　金	2,000,000
	支　払　利　息	200,000		
(4)	手　形　借　入　金	2,000,000	当　座　預　金	2,000,000

解説　約束手形によって金銭の貸借をおこなう場合は，手形貸付金勘定・手形借入金勘定を用いる。なお，約束手形によった場合，利息の受け払いは貸借時となることが多い。これを利息の天引きという。

5

	借　　　方		貸　　　方	
(1)	従 業 員 立 替 金	*20,000*	現　　　　　金	*20,000*
(2)	給　　　　料	*186,000*	従 業 員 立 替 金	*20,000*
			現　　　　　金	*166,000*
(3)	給　　　　料	*250,000*	所 得 税 預 り 金	*23,000*
			現　　　　　金	*227,000*
(4)	給　　　　料	*256,000*	従 業 員 立 替 金	*15,000*
			所 得 税 預 り 金	*25,000*
			現　　　　　金	*216,000*

解説

(1)(2)　従業員に対する立替分は，後日給料支払いのとき
　　　に精算される。

(3)　従業員の所得税は給料から差し引かれた後，企業が
　　　預かって税務署に支払うことになっている。

6

	借　　　方		貸　　　方	
(1)	仮 　 払 　 金	*40,000*	現　　　　金	*40,000*
(2)	旅　　　　費	*37,200*	仮 　 払 　 金	*40,000*
	現　　　　金	*2,800*		
(3)	当 座 預 金	*130,000*	仮 　 受 　 金	*130,000*
(4)	仮 　 受 　 金	*130,000*	売 　 掛 　 金	*130,000*

解説

(1)(2)　旅費の概算払い額は，金額が確定していないため，
　　　仮払金勘定で処理しておき，後日，金額が確定したと
　　　きに旅費勘定に振り替える。

(3)(4)　振り込まれた内容が不明なので，一時的に仮受金
　　　勘定で処理しておき，後日，その内容が判明したとき
　　　に適当な勘定科目に振り替える。

7

	借　　　方		貸　　　方	
(1)	現　　　　金	*60,000*	商 　 品 　 券	*60,000*
(2)	商 　 品 　 券	*60,000*	売　　　　上	*75,000*
	現　　　　金	*15,000*		

解説

(1)　商品券を発行したときは，商品券勘定（負債の勘定）
　　　の貸方に記入する。商品券を発行すると後日，商品を
　　　売り渡す義務が生じるからである。

(2)　商品券と引き換えに商品を売り渡したときは，商品
　　　券勘定の借方に記入する。なお，商品券の金額に不足
　　　が生じた場合は，現金などで受け取る。

1

	借 方		貸 方	
(1)	仕 入	300,000	前 払 金	60,000
			買 掛 金	240,000
(2)	現 金	90,000	前 受 金	90,000
(3)	前 受 金	100,000	売 上	460,000
	当 座 預 金	360,000		
(4)	備 品	210,000	未 払 金	210,000
(5)	貸 付 金	270,000	現 金	270,000
(6)	現 金	756,000	貸 付 金	720,000
			受 取 利 息	36,000
(7)	現 金	721,000	貸 付 金	700,000
			受 取 利 息	21,000
(8)	借 入 金	400,000	現 金	406,000
	支 払 利 息	6,000		

(1) 内金を支払ったときは前払金勘定（資産の勘定）で処理しておき，後日仕入れたときに仕入勘定と相殺する。

(2)(3) 内金は，商品を受け渡しする前に代金の一部として受け払いするものである。内金を受け取ったときは前受金勘定（負債の勘定）で処理しておき，売り渡したときに売上勘定と相殺する。

(4) 備品の購入は営業外の取引であるため，その債務は未払金勘定（負債の勘定）で処理する。

(5)(6)(7) 借用証書によって金銭を貸し付けた場合は，貸付金勘定（資産の勘定）で処理する。

(8) 借用証書によって現金を借り入れた場合は，借入金勘定（負債の勘定）で処理する。返済したときは借方に記入し減少させる。

2

	借 方		貸 方	
(1)	給 料	750,000	所 得 税 預 り 金	54,000
			現 金	696,000
(2)	給 料	650,000	所 得 税 預 り 金	52,000
			現 金	598,000
(3)	仮 払 金	40,000	現 金	40,000
(4)	旅 費	83,000	仮 払 金	90,000
	現 金	7,000		
(5)	当 座 預 金	130,000	仮 受 金	130,000
(6)	当 座 預 金	50,000	仮 受 金	50,000
(7)	仮 受 金	150,000	売 掛 金	150,000
(8)	現 金	70,000	商 品 券	70,000
(9)	現 金	80,000	商 品 券	80,000
(10)	商 品 券	60,000	売 上	90,000
	現 金	30,000		

64

(1)(2) 従業員に給料を支払うさいに，所得税などを差し引くことがある。差し引かれた金額は，所得税預り金勘定（負債の勘定）などで処理する。

(3)(4) 旅費の概算額は不確かな金額であるため，旅費勘定を用いて処理できない。この場合は，はっきりした金額が判明するまで仮払金勘定（資産の勘定）で処理しておく。

(5)(6)(7) 内容がわからない振り込みなどがあったとき

は，その内容がわかるまで仮受金勘定（負債の勘定）で処理しておき，後日判明したときに該当する勘定に振り替える。

(8)(9) 商品券を発行したときは，商品券勘定（負債の勘定）の貸方に記入する。これは，商品券と引き換えに商品を売り渡す義務が生じるからである。

(10) 商品券と引き換えに商品を売り渡したときは，商品券勘定（負債の勘定）の借方に記入し減少させる。

第9章　有価証券の記帳

■基本問題（p.136）

1

	借　　　方		貸　　　方	
(1)	有　価　証　券	3,300,000	当　座　預　金	3,300,000
(2)	現　　　　　金	600,000	有　価　証　券	550,000
			有価証券売却益	50,000
(3)	未　　収　　金	1,560,000	有　価　証　券	1,650,000
	有価証券売却損	90,000		
(4)	有　価　証　券	1,408,000	当　座　預　金	1,408,000

有価証券は，株式と公債・社債に分類されるが，本問は株式についての買入時・売却時の仕訳を問うている。

(1) 買うためにかかった金額が有価証券の帳簿価額となる。

　　¥55,000 × 60 株 ＝ ¥3,300,000……（学習の要点2の(1)参照）

(2) 1株につき¥55,000で買った有価証券を1株につき¥60,000で10株売った。

　　（¥60,000 − ¥55,000）× 10 株 ＝ ¥50,000……もうけ（学習の要点3参照）

(3) 1株につき¥55,000で買った有価証券を1株につき¥52,000で30株売った。

　　（¥52,000 − ¥55,000）× 30 株 ＝ − ¥90,000……損失（学習の要点3参照）

(4) 買うためにかかった金額が有価証券の帳簿価額となる。なお，買入手数料を支払っているので，この分を有価証券の帳簿価額に加えること。

　　¥70,000 × 20 株 ＋ ¥8,000 ＝ ¥1,408,000……（学習の要点2の(1)参照）

帳簿価額……自分がもっている金額（売ればなくなる分）

売却価額……売ったときの金額（売れば入ってくる分）

┄┄×やってはダメ！×┄┄┄┄┄┄┄┄┄┄┄┄┄┄┄

(2)（借）現　　金 600,000　（貸）有価証券 600,000

　　　　　　　　　　　　　　　　　↑━━ダメ！

　有価証券を売却したときの「（貸）有価証券」の金額は，帳簿価額（もっている金額）になります。当然，入ってくる資産の金額は売価（売値）になりますから，この原価と売価との差額で有価証券売却益（または売却損）が発生することになります。

> 売却価額と帳簿価額を比較して，有価証券売却損益を計算するんだ。

2

	借 方		貸 方	
3/27	有 価 証 券	980,000	現 金	980,000
8/15	当 座 預 金	495,000	有 価 証 券	490,000
			有 価 証 券 売 却 益	5,000
12/22	未 収 金	192,000	有 価 証 券	196,000
	有 価 証 券 売 却 損	4,000		

総 勘 定 元 帳

有 価 証 券　　　　　7

3/27 現　　金	980,000	8/15 当座預金	490,000
		12/22 諸　　口	196,000
		31 次期繰越	294,000
	980,000		980,000

有 価 証 券 売 却 益　　　　12

12/31 損　益	5,000	8/15 当座預金	5,000

有 価 証 券 売 却 損　　　　16

12/22 有価証券	4,000	12/31 損　益	4,000

解説

　本問は社債についての買入時・売却時の仕訳，さらに勘定記入を問うている。

3/27　買うためにかかった金額が有価証券の帳簿価額となる。

　　　買入価額の計算：$¥1,000,000 × \dfrac{¥98}{額面¥100} = ¥980,000$

8/15　¥100 につき¥98 で買った有価証券を¥100 につき¥99 で額面¥500,000 分売った。

　　　$¥500,000 × \dfrac{¥98}{額面¥100} = ¥490,000$（帳簿価額）

　　　$¥500,000 × \dfrac{¥99}{額面¥100} = ¥495,000$（売却価額）

　　　$¥495,000 − ¥490,000 = ¥5,000$……¥5,000 のもうけ

12/22　¥100 につき¥98 で買った有価証券を¥100 につき¥96 で額面¥200,000 分売った。

　　　$¥200,000 × \dfrac{¥98}{額面¥100} = ¥196,000$（帳簿価額）

　　　$¥200,000 × \dfrac{¥96}{額面¥100} = ¥192,000$（売却価額）

　　　$¥192,000 − ¥196,000 = −¥4,000$……¥4,000 の損失

3

	借 方		貸 方	
(1)	当 座 預 金	730,000	有 価 証 券	600,000
			有 価 証 券 売 却 益	130,000
(2)	現 金	950,000	有 価 証 券	960,000
	有 価 証 券 売 却 損	10,000		

解説

　2は買い入れから売却までの流れで出題したが，**3**は売却時の仕訳のみを問うている。

(1)　帳簿価額　¥60,000 × 10 株＝¥600,000

　　　売却価額　¥73,000 × 10 株＝¥730,000……¥130,000のもうけ

(2)　帳簿価額　¥960,000

　　　売却価額　$¥1,000,000 × \dfrac{¥95}{額面¥100} = ¥950,000$……¥10,000の損失

1

	借　　　　方		貸　　　　方	
(1)	当　座　預　金	240,000	有　価　証　券	225,000
			有価証券売却益	15,000
(2)	有　価　証　券	1,723,000	当　座　預　金	1,723,000
(3)	当　座　預　金	800,000	有　価　証　券	700,000
			有価証券売却益	100,000
(4)	当　座　預　金	9,000,000	有　価　証　券	8,950,000
			有価証券売却益	50,000
(5)	当　座　預　金	1,400,000	有　価　証　券	1,200,000
			有価証券売却益	200,000
(6)	有　価　証　券	2,268,000	当　座　預　金	2,268,000
(7)	有　価　証　券	1,876,000	当　座　預　金	1,876,000
(8)	当　座　預　金	1,830,000	有　価　証　券	1,800,000
			有価証券売却益	30,000
(9)	有　価　証　券	1,192,000	当　座　預　金	1,192,000

　検定試験では仕訳問題が出題される。

　帳簿価額（買入価額），売却価額の意味を理解しておく必要がある。

(7)　買入価額　¥62,000×30株＋¥16,000＝¥1,876,000

(8)　帳簿価額　¥60,000×30株＝¥1,800,000

　　売却価額　¥61,000×30株＝¥1,830,000

　　　　　　　¥1,830,000－¥1,800,000＝＋¥30,000（売却益）

(9)　買入価額　¥59,000×20株＋¥12,000＝¥1,192,000

> 買入価額　＋　付随費用
> ＝有価証券の取得原価

■基本問題（p.139）

1

	借　　　方		貸　　　方	
(1)	建　　　　　物	6,000,000	当　座　預　金	6,000,000
(2)	備　　　　　品	300,000	当　座　預　金	300,000
(3)	車　両　運　搬　具	1,500,000	当　座　預　金	1,500,000
(4)	土　　　　　地	6,000,000	当　座　預　金	2,000,000
			未　払　　金	4,000,000

2

	借　　　方		貸　　　方	
(1)	建　　　　　物	3,350,000	未　払　　金	3,000,000
			現　　　　金	350,000
(2)	備　　　　　品	340,000	当　座　預　金	340,000
(3)	車　両　運　搬　具	2,000,000	当　座　預　金	500,000
			未　払　　金	1,500,000
(4)	土　　　　　地	10,600,000	当　座　預　金	10,400,000
			現　　　　金	200,000

付随費用の例……買入手数料・登記料・整地費用・引取運賃・据付費・試運転費など

(4)　土地の取得原価の計算

　　¥100,000 × 100 m² = ¥10,000,000（土地の代価）

　　¥10,000,000 + ¥400,000 + ¥50,000 + ¥150,000（付随費用）= ¥10,600,000

×やってはダメ！×

(1)	(借) 建　　　物	3,000,000	(貸) 未 払 金	3,000,000
	買入手数料	220,000	現　　金	350,000
	登 記 料	130,000		

↑――ダメ！

■応用問題（p.140）

1

	借　　　方		貸　　　方	
(1)	土　　　　　地	100,700,000	当　座　預　金	100,700,000
(2)	車　両　運　搬　具	850,000	現　　　　金	400,000
			未　払　　金	450,000
(3)	備　　　　　品	1,530,000	現　　　　金	530,000
			未　払　　金	1,000,000
(4)	建　　　　　物	4,200,000	当　座　預　金	3,000,000
			未　払　　金	1,000,000
			現　　　　金	200,000

(3)　パーソナルコンピュータについては，¥500,000 のものを 3 台だから，

　　¥500,000 × 3 台 = ¥1,500,000（パソコンの代価）

　　¥1,500,000 + ¥30,000（付随費用）= ¥1,530,000（取得原価）

解説　それぞれ固定資産の4種類を覚えているかどうかを問う問題である。

　学習の要点1を参照すること。

〈注〉(2)のパーソナルコンピュータは備品である。

解説　付随費用は，固定資産の取得原価（買入価額）にふくめる。この理解を問う問題である（学習の要点2）。

　付随費用の種類についても覚えておくこと。

買入手数料などの付随費用は，取得原価として，固定資産（この場合建物）の金額に加えて処理をします。「買入手数料」「登記料」という勘定科目はありません！

解説　固定資産の取得の問題であるが，小切手払い以外の代金決済についても問うている。

2

	借 方		貸 方	
(1)	当 座 預 金	4,250,000	建　　　　物	4,000,000
			固定資産売却益	250,000
(2)	未　収　金	230,000	備　　　　品	300,000
	固定資産売却損	70,000		

解説

固定資産の売却の問題である。

有価証券の章で帳簿価額・売却価額をきちんと理解していれば，そう難しくない（学習の要点3）。

(1) 帳簿価額　¥4,000,000　　売却価額　¥4,250,000　　　¥4,250,000 − ¥4,000,000 = ¥250,000（益）

(2) 帳簿価額　¥300,000　　売却価額　¥230,000　　　¥230,000 − ¥300,000 = −¥70,000（損）

····×やってはダメ！×······

(1) (借)当座預金 4,250,000　(貸)建　　物 4,250,000　　　　固定資産を売却したときの「(貸)固定資産」（この場合建物）

　　　　　　　　　　　　　　└── ダメ！　　　　の金額は，帳簿価額（もっている金額）になります。当然，入ってくる資産の金額は売価（売値）になりますから，この原価と売価との差額で固定資産売却益（または売却損）が発生することになります。

■検定問題（p.141）

1

	借 方		貸 方	
(1)	建　　　　物	4,260,000	当 座 預 金	4,000,000
			現　　　　金	260,000
(2)	土　　　　地	6,570,000	当 座 預 金	6,570,000
(3)	備　　　　品	338,000	現　　　　金	338,000
(4)	土　　　　地	5,480,000	当 座 預 金	5,480,000
(5)	建　　　　物	4,790,000	当 座 預 金	4,500,000
			現　　　　金	290,000
(6)	建　　　　物	3,200,000	当 座 預 金	3,000,000
			現　　　　金	200,000
(7)	備　　　　品	460,000	現　　　　金	460,000
(8)	当 座 預 金	6,500,000	建　　　　物	8,000,000
	固定資産売却損	1,500,000		

■基本問題（p.143）

1

(1)	○	(2)	○	(3)	×	(4)	○	(5)	○
(6)	○	(7)	×	(8)	○	(9)	×	(10)	×

解説

(3)　支払利息……営業外費用　　　　　　　　(9)　固定資産売却損……特別損失（1級会計で学習）

(7)　雑　　損……営業外費用　　　　　　　　(10)　有価証券売却損……営業外費用

2

(1)	通信費	(2)	水道光熱費	(3)	雑費	(4)	消耗品費	(5)	交通費

解説

　それぞれのことがらを，どの販売費及び一般管理費の勘定科目で処理するか分類できるようにしておく。

3

(1)

	借　　　方		貸　　　方	
4/ 1	交　通　費	20,000	現　　　　金	20,000
5/25	水 道 光 熱 費	10,000	現　　　　金	10,000
7/23	通　信　費	18,000	現　　　　金	18,000
12/10	保　険　料	120,000	当 座 預 金	120,000
25	売　掛　金	500,000	売　　　　上	500,000
	発　送　費	40,000	当 座 預 金	40,000

(2)

	借　　　方		貸　　　方	
4/ 1	販売費及び一般管理費	20,000	現　　　　金	20,000
5/25	販売費及び一般管理費	10,000	現　　　　金	10,000
7/23	販売費及び一般管理費	18,000	現　　　　金	18,000
12/10	販売費及び一般管理費	120,000	当 座 預 金	120,000
25	売　掛　金	500,000	売　　　　上	500,000
	販売費及び一般管理費	40,000	当 座 預 金	40,000

販売費及び一般管理費			
4/ 1	現　　金	20,000	
5/25	現　　金	10,000	
7/23	現　　金	18,000	
12/10	当座預金	120,000	
25	当座預金	40,000	

販売費及び一般管理費内訳帳

交　通　費

令和○年		摘　要	金　額	合　計
4	1	バス回数券	20,000	20,000

水　道　光　熱　費

5	25	本月分水道料	10,000	10,000

通　信　費

7	23	はがき・切手	18,000	18,000

保　険　料

12	10	1年分支払い	120,000	120,000

発　送　費

12	25	商品売り渡し	40,000	40,000

 解説

(1)
 4/ 1　バス回数券……交通費勘定
 5/25　水道料……水道光熱費勘定
 7/23　はがき・切手……通信費勘定
 12/25　商品の発送に要した諸費用……発送費勘定

(2)　営業活動で生じる費用をすべて販売費及び一般管理費勘定で処理する方法である。

■検定問題（p.145）

1

	借　　方		貸　　方	
(1)	保　険　料	78,000	現　　　金	78,000
(2)	通　信　費	9,000	現　　　金	9,000
(3)	通　信　費	20,000	現　　　金	20,000
(4)	広　告　料	30,000	現　　　金	30,000
(5)	広　告　料	70,000	当　座　預　金	70,000
(6)	通　信　費	7,000	現　　　金	7,000

解説

　各取引をどの販売費及び一般管理費の勘定科目で処理するか分類できるようにしておく。

(3)　インターネット通信料は，通信費勘定で処理する。

(4)　折り込み広告代金は広告料勘定で処理する。

■基本問題（p.147）

1

	借 方			貸 方		
(1)	現 金	5,000,000		資 本 金	5,000,000	
(2)	現 金	1,000,000		資 本 金	1,500,000	
	備 品	500,000				
(3)	現 金	1,000,000		借 入 金	400,000	
	建 物	1,200,000		資 本 金	1,800,000	
(4)	現 金	2,000,000		資 本 金	2,000,000	
(5)	現 金	600,000		資 本 金	600,000	

開業時の仕訳と追加元入れ時の仕訳は基本的に変わらない。
- 元入れ…元手を入れるという意味
- 出 資…事業主が店に資本提供するという意味

2

	借 方			貸 方		
(1)	引出金（または資本金）	80,000		現 金	80,000	
(2)	引出金（または資本金）	10,000		仕 入	10,000	
(3)	引出金（または資本金）	20,000		現 金	20,000	
(4)	引出金（または資本金）	56,400		現 金	50,000	
				仕 入	6,400	

事業主の私用による引き出しは，引出金勘定（資本金のマイナスを示す勘定），または資本金勘定の減少として処理する。
(2)(4) 商品の引き出しは3分法を用いているので，仕入勘定を減少させる。

3

	借 方			貸 方		
(1)	損 益	180,000		資 本 金	180,000	
(2)	資 本 金	210,000		損 益	210,000	
(3)	資 本 金	240,000		引 出 金	240,000	
(4)	損 益	110,000		資 本 金	110,000	

当期純損益の計上は損益勘定で算出され，資本金勘定へ振り替えられる。
期中に引出金勘定を用いている場合は，決算時に資本金勘定へ振り替え，相殺する。

4

(1)		(2)		(3)	
ア	イ	ウ	エ	オ	カ
3,000,000	1,280,000	2,630,000	130,000	1,700,000	− 760,000

(4)		(5)	
キ	ク	ケ	コ
3,660,000	4,580,000	397,000	1,665,000

次の計算式を用いて求める。
　当期純利益＝期末純資産−期首純資産（答えがマイナスならば当期純損失）
　当期純利益＝収益総額−費用総額（答えがマイナスならば当期純損失）

(1)　ア．¥220,000 = ¥3,220,000 −（期首純資産）　→ア：期首純資産 = ¥3,000,000

　　　イ．¥220,000 = ¥1,500,000 −（費用総額）　　→イ：費用総額 = ¥1,280,000

(2)　エ．（当期純損益）= ¥470,000 − ¥340,000　　→エ：当期純損益 = ¥130,000（利益）

　　　ウ．¥130,000 =（期末純資産）− ¥2,500,000　→ウ：期末純資産 = ¥2,630,000

(3)　カ．（当期純損益）= ¥3,620,000 − ¥4,380,000　→カ：当期純損益 = −¥760,000（損失）

　　　オ．−¥760,000 =（収益総額）− ¥2,460,000　→オ：収益総額 = ¥1,700,000

(4)　キ．−¥730,000 = ¥2,930,000 −（期首純資産）→キ：期首純資産 = ¥3,660,000

　　　ク．−¥730,000 = ¥3,850,000 −（費用総額）　→ク：費用総額 = ¥4,580,000

(5)　ケ．¥123,000 =（収益総額）− ¥274,000　　　→ケ：収益総額 = ¥397,000

　　　コ．¥123,000 =（期末純資産）− ¥1,542,000　→コ：期末純資産 = ¥1,665,000

また，次のような図を用いて計算する方法もある。

＊当期純利益は一致する。

■応用問題（p.149）

1

	借　　　方		貸　　　方	
1/ 1	現　　　　金	3,000,000	資　本　金	3,750,000
	備　　　品	750,000		
2/ 1	引　出　金	90,000	現　　　　金	90,000
4/ 1	現　　　　金	800,000	資　本　金	800,000
8/ 3	水 道 光 熱 費	32,000	当　座　預　金	40,000
	引　出　金	8,000		
10/25	引　出　金	16,000	仕　　　　入	16,000
12/31	資　本　金	114,000	引　出　金	114,000
〃	損　　　　益	540,000	資　本　金	540,000

	資　本　金				
12/31	引出金	114,000	1/ 1	諸　口	3,750,000
〃	次期繰越	4,976,000	4/ 1	現　金	800,000
			12/31	損　益	540,000
		5,090,000			5,090,000

	引　出　金				
2/ 1	現　金	90,000	12/31	資本金	114,000
8/ 3	当座預金	8,000			
10/25	仕　入	16,000			
		114,000			114,000

解説

　資本金勘定と引出金勘定があるので，勘定指定の問題である。

　よって，期中の資本の引き出しについては引出金勘定で処理し，決算時に資本金勘定に振り替えて相殺する。

2

(1)		(2)		(3)	
ア	イ	ウ	エ	オ	カ
¥　400,000	¥　670,000	¥　560,000	¥　917,000	¥　624,000	¥　20,000

(4)		(5)	
キ	ク	ケ	コ
¥　685,000	¥　58,000	¥　12,000	¥　951,000

解説

次の計算式を用いて求めること。

　　期末純資産＝期首純資産＋追加元入れ－引出金＋当期純利益（－当期純損失）

　　収益総額－費用総額＝当期純利益（マイナスのときは当期純損失）

(1)　ア．¥420,000＝（期首純資産）＋¥50,000－¥60,000＋¥30,000　→期首純資産＝¥400,000

　　　イ．（収益総額）－¥640,000＝¥30,000　→収益総額＝¥670,000

(2)　ウ．（期末純資産）＝¥570,000＋¥23,000－¥12,000＋（－¥21,000）　→期末純資産＝¥560,000

　　　エ．¥896,000－（費用総額）＝－¥21,000　→費用総額＝¥917,000

(3)　カ．¥312,000＝¥287,000＋¥14,000－¥9,000＋（当期純利益）　→当期純利益＝¥20,000

　　　オ．（収益総額）－¥604,000＝¥20,000　→収益総額＝¥624,000

(4)　ク．¥431,000－¥373,000＝（当期純利益）　→当期純利益¥58,000

　　　キ．（期末純資産）＝¥642,000＋¥8,000－¥23,000＋¥58,000　→期末純資産＝¥685,000

(5)　ケ．¥900,000＝¥738,000＋¥32,000－（引出金）＋¥142,000　→引出金＝¥12,000

　　　コ．（収益総額）－¥809,000＝¥142,000　→収益総額＝¥951,000

また，次のように図を用いて計算する方法もある。

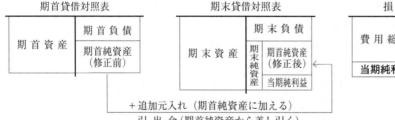

期首貸借対照表に記載される期首純資産は，追加元入れや引出金の修正前の金額であり，期末貸借対照表に記載される期首純資産は，修正後の金額である。この金額に当期純損益を加減して期末純資産が計算される。また，期末貸借対照表に記載される当期純損益と損益計算書に記載される当期純損益は一致する。

3

(1)

a	¥　6,420,000	b	¥　550,000

解説

ａ．買掛金勘定を分析する。

買　　掛　　金			
期間中の減少高	6,280,000	期首有高（前期繰越）	1,500,000
期末有高（次期繰越）	1,640,000	当期仕入高（すべて掛）	6,420,000

　「仕入はすべて掛取引である」という指示から，買掛金の増加高は仕入の金額となる。

ｂ．資本金勘定を分析する。

資　　本　　金			
引　出　金	272,000	期首有高（前期繰越）	4,000,000
期末有高（次期繰越）	5,278,000	追加元入高	550,000
		当期純利益	1,000,000

　追加元入れは期首純資産の増加となり，引出金は減少となる。当期純利益は，期首純資産の増加となり，期末純資産を構成する。

(2)

a	¥	6,200,000	b	¥	5,460,000

 解説

a．公式（売上原価＝期首商品棚卸高＋当期(純)仕入高
　－期末商品棚卸高）を利用する。
　この公式にあてはめると，
　¥1,740,000 ＋ ¥6,280,000 － ¥1,820,000
　　＝ ¥6,200,000

b．買掛金勘定・前払金勘定を分析する。

買　掛　金

買掛金支払高	5,460,000	期首有高（前期繰越）	1,500,000
期末有高（次期繰越）	1,640,000	当期仕入高（残高）	5,600,000

前　払　金

期首有高（前期繰越）	400,000	当期仕入高（一部）	680,000
当期前払高	840,000	期末有高（次期繰越）	560,000

　問題の指示から，前払金の前期繰越¥400,000が
¥840,000増加し，期末の¥560,000を差し引けば，
¥680,000の減少額が計算される。この減少分は仕入
代金の一部となるため，仕入高¥6,280,000から差し
引いた¥5,600,000が買掛金の増加額となる。

　この買掛金の増加額に前期繰越¥1,500,000を加
え，期末残高¥1,640,000を差し引き，買掛金の支払
高¥5,460,000が計算される。

(3)

a	資　本　金	b	¥ 1,380,000	c	¥ 4,580,000

 解説

a．損益勘定には，貸方に決算整理後の収益の諸勘定の
残高，借方に同様の費用の諸勘定の残高が振り替えら
れる。bはその差額にあたるため，当期純利益を意味
する。当期純利益は，資本金勘定の貸方に振り替えら
れるため，aは資本金となる。

b，c．資本金勘定を分析する。

資　本　金

期末純資産（次期繰越）	4,580,000	期首有高（前期繰越）	3,200,000
		当期純利益振替高	1,380,000

　期首純資産とは，資本金勘定の前期繰越を意味する。
当期純利益は資本金勘定の貸方に振り替えられるた
め，資本金勘定は上のようになる。

■検定問題（p.151）

1

	借　　　方		貸　　　方	
(1)	引出金（または資本金）	72,000	現　　金	72,000
(2)	引出金（または資本金）	6,000	仕　　入	6,000
(3)	引出金（または資本金）	20,000	現　　金	20,000
(4)	現　　金	850,000	資　本　金	850,000
(5)	現　　金	740,000	資　本　金	740,000
(6)	現　　金	800,000	資　本　金	800,000

2

ア	イ
4	1

 解説

(1)(2)(3) 事業主が私用のた
めに店の現金や商品を引
き出したときは，引出金
勘定（資本のマイナスを
示す）の借方に記入し，
決算時に資本金勘定に振
り替える。または，直接
資本金勘定を減少させる
方法もある。

(4)(5)(6) 追加元入れをした
ときは，資本金が増加す
る。

第13章　個人企業の税金の記帳

■基本問題（p.153）

1

所　得　税	住　民　税	固定資産税	印　紙　税
×	×	○	○

●所得税・住民税……個人企業の利益に課税されるため，費用として認められない。

●固定資産税・印紙税……営業活動をするうえで発生するため，費用として認められる。

2

	借　　　　方		貸　　　　方	
(1)	引出金（または資本金）　130,000	現　　　金		130,000
(2)	引出金（または資本金）　130,000	現　　　金		130,000
(3)	引出金（または資本金）　90,000	現　　　金		90,000

 所得税は費用として認められない税金なので，引出金勘定または資本金勘定の減少として処理する。

3

	借　　　　方		貸　　　　方	
(1)	引出金（または資本金）　50,000	現　　　金		50,000
(2)	引出金（または資本金）　50,000	現　　　金		50,000

 住民税は費用として認められない税金なので，引出金勘定または資本金勘定の減少として処理する。

4

	借　　　　方		貸　　　　方	
(1)	租税公課（または固定資産税）　80,000	現　　　金		80,000
(2)	租税公課（または印紙税）　8,000	現　　　金		8,000

 固定資産税・印紙税は，まとめて租税公課勘定で仕訳をおこなうか，各名称を勘定科目として使用する。

■応用問題（p.153）

1

	借　　　　方		貸　　　　方	
(1)	仕　　　入　　250,000 仮払消費税　　25,000	買　掛　金		275,000
(2)	売　掛　金　　550,000	売　　　上 仮受消費税		500,000 50,000
(3)	仮受消費税　　408,000	仮払消費税 未払消費税		232,000 176,000
(4)	未払消費税　　176,000	現　　　金		176,000

■検定問題（p.154）

1

	借　　　　方		貸　　　　方	
(1)	引出金（または資本金）　34,000	現　　　金		34,000
(2)	租税公課（または固定資産税）　120,000	現　　　金		120,000
(3)	租税公課（または固定資産税）　34,000	現　　　金		34,000
(4)	租税公課（または印紙税）　6,000	現　　　金		6,000
(5)	売　掛　金　　264,000	売　　　上 仮受消費税		240,000 24,000
(6)	売　掛　金　　756,000	売　　　上 仮受消費税		700,000 56,000

 (1)(2)(3) 固定資産税は租税公課勘定または固定資産税勘定を用いて処理する。

(4) 印紙税は租税公課勘定または印紙税勘定で処理する。

(5)(6) 商品を仕入れたときの消費税は仮払消費税勘定で処理する。（税抜き方式）

76

Ⅲ 帳簿と伝票

■基本問題 （p.157）

1

入　金　伝　票			
令和○年 **6**月 **7**日			No. **37**

科目	**売　掛　金**	入金先	**山 梨 商 店** 殿

摘　　　要	金　　額
同店振出小切手	4 8 0 0 0
合　　　計	4 8 0 0 0

出　金　伝　票			
令和○年 **6**月 **5**日			No. **34**

科目	**備　　品**	支払先	**埼 玉 電 器 店** 殿

摘　　　要	金　　額
コピー機購入	1 6 5 0 0 0
合　　　計	1 6 5 0 0 0

振　替　伝　票						
令和○年 **6**月 **3**日						No. **23**

勘 定 科 目	借　　方	勘 定 科 目	貸　　方
売　　掛　　金	5 0 0 0 0	売　　　　上	5 0 0 0 0
合　　　計	5 0 0 0 0	合　　　計	5 0 0 0 0
摘要	群馬商店にＡ品　100 個　@¥500　掛け売り上げ		

解説

3 伝票制の問題では，まず仕訳を考えてみるとよい。

6 月3 日 （借）売 掛 金 *50,000* （貸）売　　　上 *50,000*
↓
現金取引以外
↓
振替伝票

6 月 5 日 （借）備　　品 *165,000* （貸）現　　金 *165,000*
↓
支出
↓
出金伝票

6 月 7 日 （借）現　　金 *48,000* （貸）売 掛 金 *48,000*
↓
収入
↓
入金伝票

- - - - ×やってはダメ！× - - - - - - - - - - - -
入金伝票の科目欄は，（借）現　　金 *48,000* （貸）売掛金 *48,000* という仕訳の，相手科目である貸方の勘定科目（この場合売掛金）を記入することになります。現金については，入金伝票に起票しているということでわかりきっているので，科目欄に示す必要はありません。

2

入　金　伝　票			
令和○年 **6**月 **17**日			No. **4**

科目	**受取手数料**	入金先	**福 岡 商 店** 殿

摘　　　要	金　　額
商品売買の仲介	5 0 0 0 0
合　　　計	5 0 0 0 0

出　金　伝　票			
令和○年 **6**月 **17**日			No. **9**

科目	**借　入　金**	支払先	**佐 賀 商 店** 殿

摘　　　要	金　　額
借入金一部返済	3 2 0 0 0
合　　　計	3 2 0 0 0

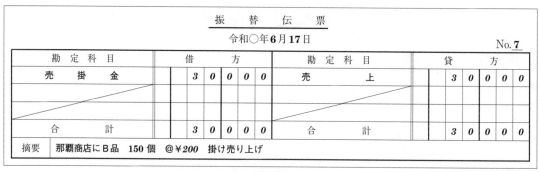

<table>
<tr><td colspan="6" style="text-align:center">振　替　伝　票</td></tr>
</table>

振　替　伝　票
令和○年6月17日　　　　　　No.7

勘 定 科 目	借　方	勘 定 科 目	貸　方
売　掛　金	3 0 0 0 0	売　　上	3 0 0 0 0
合　　計	3 0 0 0 0	合　　計	3 0 0 0 0
摘要	那覇商店にB品　150個　@¥200　掛け売り上げ		

解説

❶ （借）現　　金 50,000　（貸）受取手数料 50,000
↓
収入
↓
入金伝票

❷ （借）借 入 金 32,000　（貸）現　　金 32,000
↓
支出
↓
出金伝票

❸ （借）売 掛 金 30,000　（貸）売　　上 30,000
↓
現金取引以外
↓
振替伝票

■応用問題（p.158）

❶

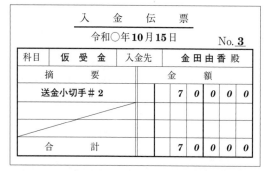

入　金　伝　票
令和○年10月15日　　　No.3

科目	仮 受 金	入金先	金田由香 殿
摘　　要		金　　額	
送金小切手＃2		7 0 0 0 0	
合　　計		7 0 0 0 0	

出　金　伝　票
令和○年10月7日　　　No.2

科目	発 送 費	支払先	横浜運送店 殿
摘　　要		金　　額	
運賃支払い		4 0 0 0	
合　　計		4 0 0 0	

入　金　伝　票
令和○年10月29日　　　No.5

科目	売 掛 金	入金先	茨城商店殿
摘　　要		金　　額	
同店振出小切手		2 0 0 0 0 0	
合　　計		2 0 0 0 0 0	

出　金　伝　票
令和○年10月27日　　　No.4

科目	当座預金	支払先	千葉銀行殿
摘　　要		金　　額	
現金預け入れ		2 5 0 0 0 0	
合　　計		2 5 0 0 0 0	

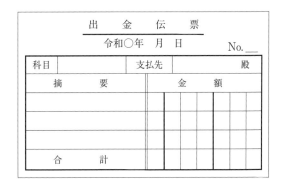

入　金　伝　票			
令和○年　月　日			No. ___
科目		入金先	殿
摘　　要		金　額	
合　　計			

出　金　伝　票			
令和○年　月　日			No. ___
科目		支払先	殿
摘　　要		金　額	
合　　計			

振　替　伝　票				
令和○年 **10**月**7**日				No. **1**
勘　定　科　目	借　　方	勘　定　科　目	貸　　方	
売　掛　金	1 8 0 0 0 0	売　　上	1 8 0 0 0 0	
合　　　計	1 8 0 0 0 0	合　　計	1 8 0 0 0 0	
摘要	神奈川商店にA品　300個　@￥600　掛け売り上げ			

解説

　1か月の取引を伝票に記入していく問題である。まずは仕訳をして，どの伝票に起票するかを考えてみよう。

10月7日 (借)売 掛 金 180,000　(貸)売　　上 180,000
　　　　　↓
　　　現金取引以外
　　　　　↓
　　　振替伝票

〃　(借)発 送 費 4,000　(貸)現　　金 4,000
　　　　　↓
　　　支出
　　　　　↓
　　　出金伝票

10月15日 (借)現　　金 70,000　(貸)仮 受 金 70,000
　　　　　↓
　　　収入
　　　　　↓
　　　入金伝票

27日 (借)当座預金 250,000　(貸)現　　金 250,000
　　　　　↓
　　　支出
　　　　　↓
　　　出金伝票

29日 (借)現　　金 200,000　(貸)売 掛 金 200,000
　　　　　↓
　　　収入
　　　　　↓
　　　入金伝票

■検定問題（p.160）

1

入　金　伝　票			
令和○年　月　日			No. ___
科目		入金先	殿
摘　　要		金　額	
合　　計			

出　金　伝　票			
令和○年 **1**月**12**日			No. **13**
科目	消 耗 品 費	支払先	福井文具店 殿
摘　　要		金　額	
コピー用紙・帳簿		6 0 0 0 0	
合　　計		6 0 0 0 0	

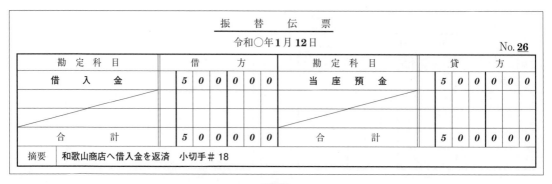

振 替 伝 票

令和○年1月12日　　　　　　　　　　　No. 26

勘 定 科 目	借	方	勘 定 科 目	貸	方
借 入 金	5 0 0 0 0 0		当 座 預 金	5 0 0 0 0 0	
合　　計	5 0 0 0 0 0		合　　計	5 0 0 0 0 0	

摘要　和歌山商店へ借入金を返済　小切手＃18

解説

1月12日 （借）消耗品費　60,000　（貸）現　　金　60,000　　　〃　　（借）借　入　金 500,000　（貸）当座預金 500,000
↓　　　　　　　　　　　　　　　　　　　　　　　　　↓
支出　　　　　　　　　　　　　　　　　　　現金取引以外
↓　　　　　　　　　　　　　　　　　　　　　　　　　↓
出金伝票　　　　　　　　　　　　　　　　　　振替伝票

2

入 金 伝 票

令和○年 6月19日　　　　No. 17

科目	受取手数料	入金先	広島商店 殿
摘　　要		金　　額	
商品売買の仲介手数料		2 3 0 0 0	
合　　計		2 3 0 0 0	

出 金 伝 票

令和○年 6月19日　　　　No. 10

科目	広告料	支払先	山口新聞店 殿
摘　　要		金　　額	
折り込み広告料		2 0 0 0 0	
合　　計		2 0 0 0 0	

振 替 伝 票

令和○年 6月19日　　　　　　　　　　　No. 24

勘 定 科 目	借	方	勘 定 科 目	貸	方
定 期 預 金	8 0 0 0 0 0		当 座 預 金	8 0 0 0 0 0	
合　　計	8 0 0 0 0 0		合　　計	8 0 0 0 0 0	

摘要　全商銀行に定期預金預け入れ　小切手＃5振り出し

解説

6月19日（借）現　　金　23,000　（貸）受取手数料　23,000　　　〃　　（借）定期預金 800,000　（貸）当座預金 800,000
↓　　　　　　　　　　　　　　　　　　　　　　　　　↓
収入　　　　　　　　　　　　　　　　　　　現金取引以外
↓　　　　　　　　　　　　　　　　　　　　　　　　　↓
入金伝票　　　　　　　　　　　　　　　　　　振替伝票

Ⅳ 決 算

第1章 決算整理1

1. 決算整理の意味と商品に関する決算整理

■基本問題（p.164）

1

(1)		(2)		(3)	
ア	イ	ウ	エ	オ	カ
¥ 376,000	¥ 124,000	¥ 539,000	¥ 520,000	¥ 159,000	¥ 931,000

2

	借　　　　方		貸　　　　方	
(1)	仕　　　　　　入	225,000	繰　越　商　品	225,000
(2)	繰　越　商　品	250,000	仕　　　　　入	250,000
(3)	売　　　　　上	973,000	損　　　　　益	973,000
(4)	損　　　　　益	703,000	仕　　　　　入	703,000

	繰　越　商　品			
1/ 1 前期繰越	225,000	12/31 仕　　入	225,000
12/31 仕　　入	250,000	〃　次期繰越	250,000
	475,000		475,000

	仕　　　　入			
	728,000	12/31 繰越商品	250,000
12/31 繰越商品	225,000	〃　損　益	703,000
	953,000		953,000

	売　　　　上		
12/31 損　　益	973,000		973,000

	損　　　　益		
12/31 仕　　入	703,000	12/31 売　　上	973,000

解説

　売上原価と商品売買損益について、勘定上で明らかにする問題である。

（借）仕　　入　　225,000　（貸）繰越商品　　225,000

　　　繰越商品　　250,000　　　仕　　入　　250,000

上記の仕訳の目的は2つある。

　ひとつは、商品売買損益を勘定上で明らかにすること（そのためには売上原価を示さないといけない）。

　もうひとつは、期末商品棚卸高を勘定上で明らかにすることである。

　以上の目的により仕訳をおこなうと、仕入勘定の残高が売上原価を示すことになり、損益勘定に振り替えられ、間接的に商品売買損益が明らかになる。

　また、繰越商品勘定の残高が次期に繰り越されることにより、期末商品棚卸高を勘定上で明らかにすることができる。

　本問の場合、勘定記入だけではなく、実際に計算をしておいて検証することも必要である。

　売上原価　¥225,000 ＋ ¥728,000 － ¥250,000

　　　　　　＝¥703,000（仕入勘定残高の金額と一致）

　商品売買益　¥973,000 － ¥703,000 ＝ ¥270,000

　　　　　　（損益勘定で間接的に計算した金額と一致）

1

	借　　　方		貸　　　方	
(1)	仕　　　　入	396,000	繰　越　商　品	396,000
(2)	繰　越　商　品	340,000	仕　　　　入	340,000
(3)	売　　　　上	2,728,000	損　　　　益	2,728,000
(4)	損　　　　益	1,915,000	仕　　　　入	1,915,000

```
                繰　越　商　品
1/1前期繰越   396,000 │ 12/31仕   入   396,000
12/31仕   入  340,000 │  〃 次期繰越   340,000
              736,000 │             736,000

                売　　　上
                       │            142,000                2,870,000
12/31損   益  2,728,000 │
              2,870,000 │             2,870,000

                仕　　　　入
                          1,975,000 │              102,000
12/31繰越商品   396,000 │               14,000
                          │ 12/31繰越商品   340,000
                          │  〃 損   益   1,915,000
              2,371,000 │             2,371,000

                損　　　　益
12/31仕   入  1,915,000 │ 12/31売   上  2,728,000
```

解説

　売上原価と商品売買損益について，勘定上で明らかにする問題である。

　本問のように資料が複雑になると，勘定記入だけではなく，実際に計算をしておいて検証することが重要である。

　純売上高　￥2,870,000 − ￥142,000 ＝ ￥2,728,000

純仕入高　￥1,975,000 − ￥102,000 − ￥14,000
　　　　＝ ￥1,859,000

売上原価　￥396,000 ＋ ￥1,859,000 − ￥340,000
　　　　＝ ￥1,915,000（仕入勘定残高の金額と一致）

商品売買益　￥2,728,000 − ￥1,915,000 ＝ ￥813,000
　　　　（損益勘定で間接的に計算した金額と一致）

1

a	b	c	d
￥　850,000	￥　9,120,000	損　　益	2

解説

　商品に関する決算整理の一連の流れを問うている。

　勘定の記入から仕訳を考えると，

（借）仕　入　780,000　（貸）繰越商品　780,000

　　　繰越商品　850,000　　　仕　入　850,000

（借）売　　上　9,120,000　（貸）損　益　9,120,000

　　　損　益　6,450,000　　　仕　入　6,450,000

　この仕訳を勘定に転記し，それぞれの勘定の金額が何を意味するかを理解しておけば解答ができる。

a．繰越商品勘定の借方，相手科目「仕入」の金額（上記仕訳の2行目の金額）である。

b．純売上高＝総売上高−売上値引・返品高で求める。

　　売上勘定の記入より，

　　￥9,600,000 − ￥480,000 ＝ ￥9,120,000

　　または，売上勘定の残高￥9,120,000である。

c．前記仕訳より，「損益」と判明する。

d．商品に関する決算整理については，学習の要点や簿記の寄り道の内容が理解できていれば解答できる。

　　商品売買益については，損益勘定で求められる。

　　￥9,120,000 − ￥6,450,000 ＝ ￥2,670,000

　　純仕入高については，決算整理仕訳をする前の仕入勘定の残高￥6,520,000である。

2. 貸し倒れの見積もり（差額補充法）

■基本問題 （p.168）

1

借　　　方		貸　　　方	
貸倒引当金繰入	*15,000*	貸 倒 引 当 金	*15,000*

2

(1) 貸倒引当金残高がない場合

借　　　方		貸　　　方	
貸倒引当金繰入	*25,000*	貸 倒 引 当 金	*25,000*

貸倒引当金繰入

12/31 貸倒引当金	*25,000*	12/31 損　　益	*25,000*

貸 倒 引 当 金

12/31 次期繰越	*25,000*	12/31 貸倒引当金繰入	*25,000*

(2) 貸倒引当金残高が¥ *10,000* ある場合（差額を計上する方法による）

借　　　方		貸　　　方	
貸倒引当金繰入	*15,000*	貸 倒 引 当 金	*15,000*

貸倒引当金繰入

12/31 貸倒引当金	*15,000*	12/31 損　　益	*15,000*

貸 倒 引 当 金

12/31 次期繰越	*25,000*		*10,000*
		12/31 貸倒引当金繰入	*15,000*
	25,000		*25,000*

3

	借　　　方		貸　　　方	
(1)	貸　倒　損　失	200,000	売　　掛　　金	200,000
(2)	貸　倒　引　当　金	200,000	売　　掛　　金	200,000
(3)	貸　倒　引　当　金	160,000	売　　掛　　金	200,000
	貸　倒　損　失	40,000		

解説

(3) 貸倒引当金残高　¥160,000

　前期において，貸し倒れを予想していた。¥160,000までは貸倒引当金繰入として前期に費用を計上している。

　回収不能になった金額¥200,000のうち，¥160,000については貸倒引当金で充当し，残りの¥40,000については当期の貸倒損失の金額（費用）となる。

---×やってはダメ！×--

(2)（借）貸倒引当金 <u>220,000</u>　（貸）売掛金 <u>220,000</u>

──────────────────────────────── ダメ！

　売掛金が回収不能となったときは，まず回収不能となった売掛金の金額（本問では¥200,000）を貸方に計上し，借方の勘定

については，「貸倒引当金」の残高があればそれを充当し，なければ「貸倒損失」として処理することになります。貸倒引当金の残高が¥220,000あるからといって，売掛金が¥220,000減少するわけではありません。

■応用問題（p.169）────────────────────────────────────

1

	借　　　方		貸　　　方	
R○3. 12/31	貸倒引当金繰入	20,000	貸　倒　引　当　金	20,000
〃	損　　　　益	20,000	貸倒引当金繰入	20,000
6/18	貸　倒　引　当　金	12,000	売　　掛　　金	12,000
R○4. 12/31	貸倒引当金繰入	20,000	貸　倒　引　当　金	20,000
〃	損　　　　益	20,000	貸倒引当金繰入	20,000

貸倒引当金繰入

12/31 貸倒引当金	20,000	12/31 損　　益	20,000
12/31 貸倒引当金	20,000	12/31 損　　益	20,000

貸倒引当金

12/31 次期繰越	20,000	12/31 貸倒引当金繰入	20,000
6/18 売　掛　金	12,000	1/1 前期繰越	20,000
12/31 次期繰越	28,000	12/31 貸倒引当金繰入	20,000
	40,000		40,000
		1/1 前期繰越	28,000

解説　貸倒引当金の決算時の処理から期中で貸し倒れたときの処理の流れを理解する問題である。

　基本問題を参照して流れを理解したい。

84

1

借 方		貸 方	
(1)	貸 倒 引 当 金 　90,000	売 　掛 　金 　90,000
(2)	貸 倒 引 当 金 　190,000	売 　掛 　金 　190,000
(3)	貸 倒 引 当 金 　76,000	売 　掛 　金 　76,000

 解説　検定問題では，仕訳問題では期中貸し倒れの仕訳問題が出題される。

2

(1)

借 方		貸 方	
貸倒引当金繰入	32,000	貸 倒 引 当 金	32,000

(2)

貸 倒 引 当 金

2/14 売 掛 金	30,000	1/ 1 前期繰越	50,000
12/31 次期繰越	52,000	12/31 貸倒引当金繰入	32,000
	82,000		82,000

 解説

貸倒引当金繰入額の計算

売掛金残高¥2,600,000 × 2% ＝¥52,000 －¥20,000 ＝¥32,000

※　なお，元帳勘定残高の貸倒引当金残高¥20,000とは，当然貸倒引当金勘定の残高のことである。

　　貸倒引当金勘定の貸方1/1の前期繰越¥50,000から，借方の2/14の¥30,000を引けば¥20,000となることを確認しておきたい。

3. 固定資産の減価償却費の計算と記帳

1

(1)

〈計算式〉 $\dfrac{(¥300,000) - (¥30,000)}{(10 年)}$ ＝減価償却費（¥27,000）

(2)

〈計算式〉 $\dfrac{(¥300,000) - (¥0)}{(10 年)}$ ＝減価償却費（¥30,000）

 解説　減価償却費の計算問題である。

　取得原価，耐用年数，残存価額の3要素の意味を理解すること。

☆減価償却の3要素

　取得原価：固定資産を購入したときの価額

　残存価額：固定資産を耐用年数まで使用した後の見積処分価額（耐用年数後も価値が残る部分）

　耐用年数：固定資産の見積使用可能年数（固定資産が何年使えるか）

(1)

(イメージ) <u>¥300,000</u>で買った備品が,<u>10年後</u>に,<u>10%の¥30,000</u>になる。
　　　　　　（ア：取得原価）　　　（ウ：耐用年数）（イ：残存価額）
　　　　　　　　　　　　　　　　↓

1年間で価値が減る分はいくら？（減価償却費）　　　　　ア－イ＝‥‥‥‥全部でいくら価値が減るか（¥270,000）

$\dfrac{ア：¥300,000 - イ：¥30,000}{ウ：10年} = ¥27,000$　　　ウ＝‥‥‥‥‥何年間で減るか（10年）

　　　　　　　　　　　　　　　　　　　　　　　　　（ア－イ）÷ウ‥1年間でいくら減るか（¥27,000）

←―――――――――――――――――――――― ア：取得原価¥300,000 ――――――――――――――――――――――→										
¥27,000	¥27,000	¥27,000	¥27,000	¥27,000	¥27,000	¥27,000	¥27,000	¥27,000	¥27,000	イ：残存価額
1年目	2年目	3年目	4年目	5年目	6年目	7年目	8年目	9年目	10年目	¥30,000

　　　　　←――――――――― 10年で減価償却する金額（ア－イ）：¥270,000 ―――――――――→

(2)

(イメージ) <u>¥300,000</u>で買った備品が,<u>10年後</u>に,<u>零（¥0）</u>になる。
　　　　　　（ア：取得原価）　　　（ウ：耐用年数）（イ：残存価額）
　　　　　　　　　　　　　　　　↓

1年間で価値が減る分はいくら？（減価償却費）　　　　　ア－イ＝‥‥‥‥全部でいくら価値が減るか（¥300,000）

$\dfrac{ア：¥300,000 - イ：¥0}{ウ：10年} = ¥30,000$　　　ウ＝‥‥‥‥‥何年間で減るか（10年）

　　　　　　　　　　　　　　　　　　　　　　　　　（ア－イ）÷ウ‥1年間でいくら減るか（¥30,000）

2

借　　　　方		貸　　　　方	
減 価 償 却 費	45,000	備　　　　品	45,000

備　　　　品

1/4	400,000	12/31 減価償却費	45,000
		〃 次期繰越	355,000
	400,000		400,000

減 価 償 却 費

12/31 備　　品	45,000	12/31 損　　益	45,000

 減価償却費の仕訳と勘定記入。
直接法は備品の金額を直接減らす。

3

備品の帳簿価額	¥ 355,000

 帳簿価額：固定資産の現在の資産価値
取得原価－現在までの減価償却費の累計額
¥400,000 － ¥45,000 ＝ ¥355,000

■応用問題 (p.172)

1

	借　　　　方		貸　　　　方	
1/1	備　　　　品	500,000	当 座 預 金	500,000
12/31	減 価 償 却 費	100,000	備　　　　品	100,000

備　　　　品

1/1 当座預金	500,000	12/31 減価償却費	100,000
		〃 次期繰越	400,000
	500,000		500,000

減 価 償 却 費

12/31 備　　品	100,000	12/31 損　　益	100,000

4. 8けた精算表の作成

■基本問題 (p.174)

1

	借　方		貸　方	
a	仕　　入	810,000	繰　越　商　品	810,000
	繰　越　商　品	860,000	仕　　入	860,000
b	貸倒引当金繰入	125,000	貸　倒　引　当　金	125,000
c	減　価　償　却　費	120,000	備　　品	120,000
d	雑　　損	3,000	現　金　過　不　足	3,000
e	資　本　金	210,000	引　　出　　金	210,000

精　算　表
令和○年12月31日

勘定科目	残高試算表 借方	残高試算表 貸方	整理記入 借方	整理記入 貸方	損益計算書 借方	損益計算書 貸方	貸借対照表 借方	貸借対照表 貸方
現　　金	690,000						690,000	
当 座 預 金	2,630,000						2,630,000	
売 掛 金	3,000,000						3,000,000	
貸倒引当金		25,000		125,000				150,000
繰 越 商 品	810,000		860,000	810,000			860,000	
前 払 金	30,000						30,000	
備　　品	560,000			120,000			440,000	
買 掛 金		1,480,000						1,480,000
借 入 金		600,000						600,000
資 本 金		5,000,000	210,000					4,790,000
引 出 金	210,000			210,000				
売　　上		9,720,000				9,720,000		
受取手数料		230,000				230,000		
仕　　入	7,063,000		810,000	860,000	7,013,000			
給　　料	1,130,000				1,130,000			
支 払 家 賃	540,000				540,000			
水 道 光 熱 費	266,000				266,000			
雑　　費	78,000				78,000			
支 払 利 息	45,000				45,000			
現 金 過 不 足	3,000			3,000				
	17,055,000	17,055,000						
貸倒引当金繰入			125,000		125,000			
減 価 償 却 費			120,000		120,000			
雑　　損			3,000		3,000			
当期純(利益)					630,000			630,000
			2,128,000	2,128,000	9,950,000	9,950,000	7,650,000	7,650,000

a．売上原価算定のための仕訳である。

　　決算整理後の仕入勘定の残高は売上原価を示し，損益計算書欄の借方に表示される。また，繰越商品勘定の残高は期末商品棚卸高を示し，貸借対照表欄の借方に表示される。

b．貸倒引当金設定の仕訳である。

　　貸倒見積額（貸倒引当金の金額）→ ¥3,000,000 × 5% = ¥150,000

　　当期計上額（貸倒引当金繰入の金額）→ ¥150,000 - ¥25,000 = ¥125,000

c．減価償却費計上の仕訳である。

$$減価償却費 = \frac{¥800,000 - ¥80,000}{6年} = ¥120,000$$

d．現金過不足の整理に関する仕訳である。

　　現金過不足の残高が決算時においてもその原因が不明のときは，借方残高は雑損勘定（費用の勘定）の借方へ，貸方残高は雑益勘定（収益の勘定）の貸方へ振り替える。本問の場合は現金過不足勘定は借方残高なので，雑損勘定へ振り替える。

e．引出金の整理に関する仕訳である。

　　引出金は資本金のマイナスを表す勘定なので，引出金勘定の残高は通常借方にある。決算時には貸方に振り替え，あわせて資本金勘定の借方に振り替えて相殺する。

■応用問題（p.178）

1

	借　　　　方		貸　　　　方	
a	仕　　　　入	891,000	繰　越　商　品	891,000
	繰　越　商　品	946,000	仕　　　　入	946,000
b	貸倒引当金繰入	57,000	貸　倒　引　当　金	57,000
c	減　価　償　却　費	90,000	備　　　　品	90,000

精 算 表

令和○年12月31日

勘定科目	残高試算表 借方	残高試算表 貸方	整理記入 借方	整理記入 貸方	損益計算書 借方	損益計算書 貸方	貸借対照表 借方	貸借対照表 貸方
現　　　金	345,000						345,000	
当 座 預 金	767,000						767,000	
売 掛 金	2,340,000						2,340,000	
貸倒引当金		60,000		57,000				117,000
繰 越 商 品	891,000		946,000	891,000			946,000	
貸 付 金	637,000						637,000	
備　　　品	720,000			90,000			630,000	
買 掛 金		1,304,000						1,304,000
資 本 金		3,970,000						3,970,000
売　　　上		7,694,000				7,694,000		
受 取 利 息		62,000				62,000		
仕　　　入	5,172,000		891,000	946,000	5,117,000			
給　　　料	1,246,000				1,246,000			
支 払 家 賃	820,000				820,000			
水 道 光 熱 費	94,000				94,000			
雑　　　費	58,000				58,000			
	13,090,000	13,090,000						
貸倒引当金繰入			57,000		57,000			
減 価 償 却 費			90,000		90,000			
当期純（利益）					274,000			274,000
			1,984,000	1,984,000	7,756,000	7,756,000	5,665,000	5,665,000

解説

a．売上原価算定のための仕訳である。

　決算整理後の仕入勘定の残高は売上原価を示し，損益計算書欄の借方に表示される。また，繰越商品勘定の残高は
期末商品棚卸高を示し，貸借対照表欄の借方に表示される。

b．貸倒引当金設定の仕訳である。

　貸倒見積額（貸倒引当金の金額）→￥2,340,000×5％＝￥117,000

　当期計上額（貸倒引当金繰入の金額）→￥117,000－￥60,000＝￥57,000

c．減価償却費に関する仕訳である。

$$減価償却費 = \frac{￥900,000 - ￥0}{10年} = ￥90,000$$

2

精算表
令和○年12月31日

勘定科目	残高試算表 借方	残高試算表 貸方	整理記入 借方	整理記入 貸方	損益計算書 借方	損益計算書 貸方	貸借対照表 借方	貸借対照表 貸方
現　　　金	472,000						472,000	
当 座 預 金	1,390,000						1,390,000	
売 掛 金	2,400,000						2,400,000	
貸倒引当金		40,000		80,000				120,000
繰 越 商 品	1,360,000		1,400,000	1,360,000			1,400,000	
備　　　品	3,000,000			450,000			2,550,000	
支 払 手 形		762,000						762,000
買 掛 金		1,200,000						1,200,000
前 受 金		97,000						97,000
資 本 金		6,000,000	280,000					5,720,000
引 出 金	280,000			280,000				
売　　　上		9,430,000				9,430,000		
受取手数料		95,000				95,000		
仕　　　入	7,076,000		1,360,000	1,400,000	7,036,000			
給　　　料	1,278,000				1,278,000			
支 払 家 賃	240,000				240,000			
消 耗 品 費	56,000				56,000			
雑　　　費	48,000				48,000			
現金過不足	24,000			24,000				
	17,624,000	17,624,000						
貸倒引当金繰入			80,000		80,000			
減価償却費			450,000		450,000			
雑　　　損			24,000		24,000			
当期純利益					313,000			313,000
			3,594,000	3,594,000	9,525,000	9,525,000	8,212,000	8,212,000

解説

逆進の精算表とよばれる問題である。この問題は，決算整理仕訳を考えればよい。本問から考えられる決算仕訳は次のとおりである。

借　　　方		貸　　　方	
仕　　　入	1,360,000	繰 越 商 品	1,360,000
繰 越 商 品	1,400,000	仕　　　入	1,400,000
貸倒引当金繰入	80,000	貸 倒 引 当 金	80,000
減 価 償 却 費	450,000	備　　　品	450,000
雑　　　損	24,000	現 金 過 不 足	24,000
資 本 金	280,000	引 出 金	280,000

90

1

(1)

精　算　表

令和○年12月31日

勘定科目	残高試算表 借方	残高試算表 貸方	整理記入 借方	整理記入 貸方	損益計算書 借方	損益計算書 貸方	貸借対照表 借方	貸借対照表 貸方
現　　　金	462,000						462,000	
当座預金	1,231,000						1,231,000	
売　掛　金	2,600,000						2,600,000	
貸倒引当金		2,000		50,000				52,000
繰越商品	654,000		789,000	654,000			789,000	
備　　　品	480,000			160,000			320,000	
支払手形		753,000						753,000
買　掛　金		1,324,000						1,324,000
前　受　金		490,000						490,000
資　本　金		2,500,000						2,500,000
売　　　上		9,160,000				9,160,000		
受取手数料		27,000				27,000		
仕　　　入	6,412,000		654,000	789,000	6,277,000			
給　　　料	1,296,000				1,296,000			
支払家賃	864,000				864,000			
水道光熱費	239,000				239,000			
雑　　　費	18,000				18,000			
	14,256,000	14,256,000						
（貸倒引当金繰入）			50,000		50,000			
（減価償却費）			160,000		160,000			
（当期純利益）					283,000			283,000
			1,653,000	1,653,000	9,187,000	9,187,000	5,402,000	5,402,000

解説

決算整理事項を仕訳で示すと次のとおりである。

	借　方		貸　方	
a	仕　　入	654,000	繰越商品	654,000
	繰越商品	789,000	仕　　入	789,000
b	貸倒引当金繰入	50,000	貸倒引当金	50,000
c	減価償却費	160,000	備　　品	160,000

(2)

備　　品　　　　　6

1/1 前期繰越	480,000	12/31 減価償却費	160,000
		〃　次期繰越	320,000
	480,000		480,000

精　算　表

令和○年12月31日

勘定科目	残高試算表 借方	残高試算表 貸方	整理記入 借方	整理記入 貸方	損益計算書 借方	損益計算書 貸方	貸借対照表 借方	貸借対照表 貸方
現　　　金	478,000						478,000	
当 座 預 金	871,000						871,000	
売 　掛　 金	950,000						950,000	
貸 倒 引 当 金		4,000		15,000				19,000
繰 越 商 品	834,000		860,000	834,000			860,000	
備 　　　品	920,000			230,000			690,000	
買 　掛　 金		963,000						963,000
前 　受　 金		200,000						200,000
資 　本　 金		2,450,000						2,450,000
売 　　　上		8,219,000				8,219,000		
受 取 手 数 料		315,000				315,000		
仕 　　　入	6,210,000		834,000	860,000	6,184,000			
給 　　　料	1,044,000				1,044,000			
支 払 家 賃	570,000				570,000			
水 道 光 熱 費	187,000				187,000			
消 耗 品 費	62,000				62,000			
雑 　　　費	25,000				25,000			
	12,151,000	12,151,000						
貸倒引当金繰入			15,000		15,000			
減 価 償 却 費			230,000		230,000			
当 期 純 利 益					217,000			217,000
			1,939,000	1,939,000	8,534,000	8,534,000	3,849,000	3,849,000

解説

決算整理事項を仕訳で示すと次のとおりである。

	借　　　方		貸　　　方	
a	仕　　　　　入	834,000	繰 越 商 品	834,000
	繰 越 商 品	860,000	仕　　　　　入	860,000
b	貸倒引当金繰入	15,000	貸 倒 引 当 金	15,000
c	減 価 償 却 費	230,000	備　　　　　品	230,000

3

精　算　表

令和○年12月31日

勘定科目	残高試算表 借方	残高試算表 貸方	整理記入 借方	整理記入 貸方	損益計算書 借方	損益計算書 貸方	貸借対照表 借方	貸借対照表 貸方
現　　　金	850,000						850,000	
当 座 預 金	1,310,000						1,310,000	
売 掛 金	600,000						600,000	
貸 倒 引 当 金		9,000		3,000				12,000
繰 越 商 品	398,000		427,000	398,000			427,000	
備　　　品	1,500,000			500,000			1,000,000	
支 払 手 形		468,000						468,000
買 掛 金		715,000						715,000
資 本 金		2,775,000						2,775,000
売　　　上		5,911,000				5,911,000		
固定資産売却益		98,000				98,000		
仕　　　入	3,539,000		398,000	427,000	3,510,000			
給　　　料	1,128,000				1,128,000			
支 払 家 賃	480,000				480,000			
水 道 光 熱 費	132,000				132,000			
消 耗 品 費	24,000				24,000			
雑　　　費	15,000				15,000			
	9,976,000	9,976,000						
貸倒引当金繰入			3,000		3,000			
減 価 償 却 費			500,000		500,000			
当 期 純 利 益					217,000			217,000
			1,328,000	1,328,000	6,009,000	6,009,000	4,187,000	4,187,000

(2)

		固定資産売却益				11
12/31	損　　益	98,000	11/16	当座預金	98,000	

 解説

決算整理事項を仕訳で示すと次のとおりである。

	借　　　方		貸　　　方	
a	仕　　　　　入	398,000	繰 越 商 品	398,000
	繰 越 商 品	427,000	仕　　　　　入	427,000
b	貸倒引当金繰入	3,000	貸 倒 引 当 金	3,000
c	減 価 償 却 費	500,000	備　　　　　品	500,000

■基本問題 (p.184)

1

(1)

	借　　　　方		貸　　　　方	
繰越商品	仕　　　　入	390,000	繰 越 商 品	390,000
	繰 越 商 品	420,000	仕　　　　入	420,000
売 掛 金	貸倒引当金繰入	42,000	貸 倒 引 当 金	42,000
備　　品	減 価 償 却 費	135,000	備　　　　品	135,000

(2)

損 益 計 算 書

盛岡商店　令和○年1月1日から令和○年12月31日まで（単位：円）

費　　用	金　額	収　益	金　額
売 上 原 価	4,530,000	売 上 高	6,724,000
給　　料	920,000	受取手数料	68,000
貸倒引当金繰入	42,000		
減 価 償 却 費	135,000		
支 払 家 賃	612,000		
水 道 光 熱 費	256,000		
雑　　費	96,000		
当 期 純 利 益	**201,000**		
	6,792,000		6,792,000

貸 借 対 照 表

盛岡商店　　　令和○年12月31日

資　産	金　額	負債および純資産	金　額
現　金	400,000	支払手形	480,000
当 座 預 金	974,000	買 掛 金	384,000
売掛金(1,800,000)		資 本 金	3,000,000
貸倒引当金(54,000)	1,746,000	当期純利益	201,000
商　品	420,000		
備　品	525,000		
	4,065,000		4,065,000

解説

1. 棚卸表に記載されている「繰越商品」は，期末商品棚卸高を示している。よって，売上原価を算定するための決算整理仕訳をおこなう。

　決算整理後の仕入勘定の残高は売上原価を示し，損益計算書の借方に表示される。また，繰越商品勘定の残高は貸借対照表の借方に表示される。

2. 棚卸表に記載されている「売掛金」は，貸借対照表に記載する回収可能高を示している。よって，貸倒引当金の設定に関する仕訳をおこなう。

3. 棚卸表に記載されている「備品」は，貸借対照表に記載する期末帳簿価額を示している。よって，減価償却費計上に関する仕訳をおこなう。

1

	借　　　　　方		貸　　　　　方	
a	仕　　　　　入	800,000	繰 越 商 品	800,000
	繰 越 商 品	940,000	仕　　　　　入	940,000
b	貸倒引当金繰入	46,000	貸 倒 引 当 金	46,000
c	減 価 償 却 費	135,000	備　　　　　品	135,000

損 益 計 算 書

柴尾商店　　令和○年1月1日から令和○年12月31日まで

費　　用	金　　額	収　　益	金　　額
売 上 原 価	5,960,000	売 上 高	8,300,000
給　　料	1,200,000	受取手数料	130,000
支 払 家 賃	600,000		
貸倒引当金繰入	46,000		
減 価 償 却 費	135,000		
水 道 光 熱 費	240,000		
雑　　費	20,000		
当 期 純 利 益	229,000		
	8,430,000		8,430,000

貸 借 対 照 表

柴尾商店　　令和○年12月31日

資　　産	金　　額	負債および純資産	金　　額
現　　金	274,000	買 掛 金	980,000
当座預金	720,000	前 受 金	170,000
売掛金(1,000,000)		資 本 金	2,300,000
貸倒引当金(50,000)	950,000	当期純利益	229,000
商　　品	940,000		
備　　品	795,000		
	3,679,000		3,679,000

解説

　作成の手順は次のとおりである。

1. 決算整理事項を仕訳し，勘定残高を修正する。

　a．（借）仕　　　入　800,000　　（貸）繰越商品　800,000　　⟹　修正後　繰越商品　¥ 940,000（B/Sへ）
　　　　　　繰越商品　940,000　　　　　　仕　　　入　940,000　　　　　　仕　　　入　¥5,960,000（P/Lへ）

　b．（借）貸倒引当金繰入　46,000　　（貸）貸倒引当金　46,000　　⟹　修正後　貸倒引当金　¥　50,000（B/Sへ）
　　　　　　　　　　　　　　　　　　　　　　　　　　　　　　　　　　　　　貸倒引当金繰入　¥　46,000（P/Lへ）

　　　貸 倒 見 積 額　¥1,000,000 × 5% = ¥50,000

　　　貸倒償却計上額　¥50,000 − ¥4,000 = ¥46,000

　c．（借）減価償却費　135,000　　（貸）備　　品　135,000　　⟹　修正後　備　　品　¥ 795,000（B/Sへ）
　　　　　　　　　　　　　　　　　　　　　　　　　　　　　　　　　　　　減価償却費　¥ 135,000（P/Lへ）

　　　減価償却費 = $\dfrac{¥1,200,000 − ¥120,000}{8年}$ = ¥135,000

2. 損益計算書・貸借対照表を作成する。

①損益計算書作成の留意点

●「売上」は「売上高」とする。　●「仕入」は「売上原価」とし，aの仕訳で修正した金額を記入する。

②貸借対照表作成の留意点

●「繰越商品」は「商品」とし，aの仕訳で修正した金額を記入する。

●売掛金，貸倒引当金…控除形式とし，貸倒引当金はbの仕訳で修正した金額を記入する。

■検定問題（p.187）

1

(1)

	借　　　　方		貸　　　　方	
a	仕　　　　入	630,000	繰　越　商　品	630,000
	繰　越　商　品	670,000	仕　　　　入	670,000
b	貸倒引当金繰入	55,000	貸　倒　引　当　金	55,000
c	減　価　償　却　費	210,000	備　　　　品	210,000

(2)

損　益　計　算　書

北海道商店　令和○年1月1日から令和○年12月31日まで

費　　用	金　　額	収　　益	金　　額
売 上 原 価	6,890,000	売　上　高	9,823,000
給　　料	1,420,000	受取手数料	279,000
貸倒引当金繰入	55,000		
減 価 償 却 費	210,000		
支 払 家 賃	360,000		
水 道 光 熱 費	275,000		
雑　　費	144,000		
支 払 利 息	32,000		
当 期 純 利 益	716,000		
	10,102,000		10,102,000

貸　借　対　照　表

北海道商店　　　令和○年12月31日

資　　産	金　　額	負債および純資産	金　　額
現　金	931,000	支払手形	940,000
当 座 預 金	1,659,000	買 掛 金	530,000
売掛金(2,300,000)		借 入 金	1,200,000
貸倒引当金(69,000)	2,231,000	資 本 金	3,000,000
商　品	670,000	当期純利益	716,000
前 払 金	125,000		
備　品	770,000		
	6,386,000		6,386,000

解説

a．売上原価を算定するための仕訳である。

　決算整理後の仕入勘定の残高は売上原価を示し，損益計算書の借方に表示される。また，繰越商品勘定の残高は期末商品棚卸高を示し，貸借対照表の借方に表示される。

b．貸倒引当金の設定に関する仕訳である。

　貸倒見積額（貸倒引当金の金額）　¥2,300,000 × 3% = ¥69,000

　当期計上額（貸倒引当金繰入の金額）　¥69,000 − ¥14,000 = ¥55,000

c．減価償却に関する仕訳である。

　減価償却費 $= \dfrac{¥1,400,000 − ¥140,000}{6年} = ¥210,000$

2

(1)

	借　　　方		貸　　　方	
a	仕　　　　　入	870,000	繰 越 商 品	870,000
	繰 越 商 品	640,000	仕　　　　　入	640,000
b	貸倒引当金繰入	26,000	貸 倒 引 当 金	26,000
c	減 価 償 却 費	200,000	備　　　　　品	200,000

(2)

	広　　告　　料				17
3/30	現　金	29,000	12/31 損　益	58,000
9/28	現　金	29,000		
		58,000		58,000

(3)

貸 借 対 照 表

九州商店　　令和○年12月31日

資　　産	金　　額	負債および純資産	金　　額
現　　金	696,000	支 払 手 形	890,000
当 座 預 金	1,726,000	買 掛 金	1,479,000
売掛金(1,500,000)		(前 受 金)	150,000
貸倒引当金(30,000)	1,470,000	資 本 金	3,920,000
(商　品)	640,000	(当期純利益)	193,000
貸 付 金	1,300,000		
備　　品	800,000		
	6,632,000		6,632,000

解説

なお，損益計算書を作成すると，次のようになる。

損 益 計 算 書

九州商店　　令和○年1月1日から令和○年12月31日まで　（単位：円）

費　　用	金　　額	収　　益	金　　額
売 上 原 価	6,090,000	売 上 高	9,800,000
給　　料	2,760,000	受 取 利 息	39,000
貸倒引当金繰入	26,000		
減 価 償 却 費	200,000		
広 告 料	59,000		
支 払 家 賃	432,000		
消 耗 品 費	64,000		
雑　　費	15,000		
当 期 純 利 益	193,000		
	9,839,000		9,839,000

3

(1)

	借　　　　方		貸　　　　方	
a	仕　　　　入	740,000	繰　越　商　品	740,000
	繰　越　商　品	680,000	仕　　　　入	680,000
b	貸倒引当金繰入	40,000	貸　倒　引　当　金	40,000
c	減　価　償　却　費	145,000	備　　　　品	145,000

(2)

```
                    備           品                    7
1/1前期繰越   870,000 │ 12/31減価償却費   145,000
                      │   〃  次期繰越    725,000
              870,000 │                  870,000
```

(3)

損　益　計　算　書

北海道商店　　　令和○年1月1日から令和○年12月31日まで　（単位：円）

費　　用	金　　額	収　　益	金　　額
売 上 原 価	6,150,000	売 上 高	9,413,000
給　　料	1,662,000	受取手数料	89,000
（貸倒引当金繰入）	40,000		
（減価償却費）	145,000		
支 払 家 賃	924,000		
水 道 光 熱 費	276,000		
雑　　費	41,000		
（当期純利益）	264,000		
	9,502,000		9,502,000

解説

なお，貸借対照表を作成すると，次のようになる。

貸　借　対　照　表

北海道商店　　　令和○年12月31日　　　（単位：円）

資　　産	金　　額	負債および純資産	金　　額
現　金	610,000	支払手形	1,070,000
当座預金	1,175,000	買 掛 金	1,176,000
売掛金(2,300,000)		資 本 金	3,130,000
貸倒引当金(46,000)	2,254,000	当期純利益	264,000
商　品	680,000		
前 払 金	196,000		
備　品	725,000		
	5,640,000		5,640,000

4

(1)

	借　　　方		貸　　　方	
a	仕　　　　入	600,000	繰　越　商　品	600,000
	繰　越　商　品	560,000	仕　　　　入	560,000
b	貸倒引当金繰入	24,000	貸　倒　引　当　金	24,000
c	減　価　償　却　費	150,000	備　　　　品	150,000

(2)

```
                    資　本　金                    11
12/31（次期繰越） （3,136,000）  1/1前期繰越   2,934,000
                                12/31（損　益）    202,000
                  3,136,000                     3,136,000
```

(3)

損　益　計　算　書

四国商店　　令和○年1月1日から令和○年12月31日まで　（単位：円）

費　　用	金　　額	収　　益	金　　額
売　上　原　価	6,430,000	売　上　高	10,600,000
給　　料	2,070,000	受　取　利　息	32,000
（貸倒引当金繰入）	24,000		
（減価償却費）	150,000		
支　払　家　賃	1,440,000		
広　告　料	123,000		
通　信　費	96,000		
消　耗　品　費	61,000		
雑　　費	36,000		
（当期純利益）	202,000		
	10,632,000		10,632,000

解説

なお，貸借対照表を作成すると，次のようになる。

貸　借　対　照　表

四国商店　　　　令和○年12月31日　　　（単位：円）

資　　産	金　　額	負債および純資産	金　　額
現　　金	263,000	支　払　手　形	1,200,000
当　座　預　金	1,467,000	買　掛　金	1,432,000
売掛金（1,300,000）		前　受　金	146,000
貸倒引当金（26,000）	1,274,000	資　本　金	2,934,000
商　　品	560,000	当期純利益	202,000
貸　付　金	1,600,000		
備　　品	750,000		
	5,914,000		5,914,000

5

(1)

	借 方		貸 方	
a	仕 入	820,000	繰 越 商 品	820,000
	繰 越 商 品	740,000	仕 入	740,000
b	貸倒引当金繰入	31,000	貸 倒 引 当 金	31,000
c	減 価 償 却 費	225,000	備 品	225,000

(2)

売 上			11
	129,000		9,701,000
12/31 損 益 9,572,000			
9,701,000		9,701,000	

(3)

貸 借 対 照 表

北陸商店　　　　令和○年12月31日　　　（単位：円）

資 産	金 額	負債および純資産	金 額
現 金	782,000	買 掛 金	1,480,000
当 座 預 金	1,436,000	(前 受 金)	230,000
売掛金(1,850,000)		資 本 金	4,520,000
貸倒引当金(37,000)	1,813,000	(当期純利益)	591,000
(商 品)	740,000		
貸 付 金	1,600,000		
備 品	450,000		
	6,821,000		6,821,000

解説

なお，損益計算書を作成すると，次のようになる。

損 益 計 算 書

北陸商店　　　令和○年1月1日から令和○年12月31日まで　　（単位：円）

費 用	金 額	収 益	金 額
売 上 原 価	7,015,000	売 上 高	9,572,000
給 料	1,320,000	受 取 利 息	32,000
貸倒引当金繰入	31,000		
減 価 償 却 費	225,000		
支 払 家 賃	240,000		
消 耗 品 費	72,000		
雑 費	110,000		
当 期 純 利 益	591,000		
	9,604,000		9,604,000

1

	借　　　方		貸　　　方	
(1)	現　　　　　金	189,000	売　掛　金	189,000
(2)	備　　　　　品	250,000	未　払　金	250,000
(3)	現　　　　　金	65,000	受　取　地　代	65,000
(4)	貸　倒　引　当　金	20,000	売　掛　金	20,000
(5)	普　通　預　金	700,000	現　　　　　金	700,000
(6)	定　期　預　金	570,000	現　　　　　金	570,000
(7)	定　期　預　金	600,000	当　座　預　金	600,000
(8)	小　口　現　金	80,000	当　座　預　金	80,000
(9)	通　信　費	14,000	小　口　預　金	31,000
	交　通　費	12,000		
	消　耗　品　費	3,000		
	雑　　　　　費	2,000		
	小　口　現　金	31,000	当　座　預　金	31,000
(10)	仕　　　　　入	860,000	買　掛　金	850,000
			現　　　　　金	10,000
(11)	仕　　　　　入	450,000	支　払　手　形	60,000
			買　掛　金	390,000
(12)	受　取　手　形	270,000	売　　　　　上	630,000
	売　掛　金	360,000		
(13)	買　掛　金	390,000	支　払　手　形	390,000
(14)	広　告　料	20,000	現　　　　　金	20,000

2

	借　　方		貸　　方	
(1)	通　信　料	23,000	当　座　預　金	23,000
(2)	当　座　預　金	895,000	受　取　手　形	900,000
	手　形　売　却　損	5,000		
(3)	買　掛　金	400,000	受　取　手　形	400,000
(4)	前　払　金	20,000	当　座　預　金	20,000
(5)	仕　　入	860,000	前　払　金	130,000
			買　掛　金	730,000
(6)	前　受　金	100,000	売　　上	490,000
	当　座　預　金	390,000		
(7)	備　　品	243,000	当　座　預　金	243,000
(8)	貸　付　金	450,000	現　　金	450,000
(9)	現　　金	690,000	貸　付　金	690,000
(10)	現　　金	700,000	借　入　金	700,000
(11)	借　入　金	580,000	当　座　預　金	580,000
(12)	給　　料	700,000	所得税預り金	56,000
			現　　金	644,000
(13)	仮　払　金	40,000	現　　金	40,000
(14)	現　　金	3,000	仮　払　金	80,000
	旅　　費	77,000		
(15)	当　座　預　金	240,000	仮　受　金	240,000
(16)	仮　受　金	190,000	売　掛　金	190,000
(17)	現　　金	70,000	商　品　券	70,000
(18)	商　品　券	50,000	売　　上	390,000
	現　　金	340,000		

■語句問題（p.196）

1

(1)		(2)		(3)	
ア	イ	ウ	エ	オ	カ
4	**3**	**2**	**4**	**1**	**3**
(4)		(5)		(6)	
キ	ク	ケ	コ	サ	シ
4	**5**	**2**	**3**	**4**	**5**
(7)		(8)		(9)	
ス	セ	ソ	タ	チ	ツ
1	**2**	**4**	**2**	**2**	**1**
(10)		(11)			
テ	ト	ナ	ニ		
3	**4**	**2**	**3**		

1

(1)		(2)		(3)	
ア	イ	ウ	エ	オ	カ
¥2,550,000	¥460,000	¥2,870,000	¥580,000	¥1,910,000	¥1,680,000
(4)		(5)		(6)	
キ	ク	ケ	コ	サ	シ
¥7,870,000	¥3,770,000	¥5,810,000	¥540,000	¥2,190,000	¥610,000
(7)		(8)		(9)	
ス	セ	ソ	タ	チ	ツ
¥3,750,000	¥960,000	¥18,520,000	¥6,360,000	¥3,675,000	¥560,000
(10)					
テ	ト				
¥4,056,000	¥871,000				

解説

(5)　費用総額＝収益総額¥5,640,000＋当期純損失¥170,000＝¥5,810,000

　　期首純資産　①　期末資産¥1,830,000－期末負債¥1,460,000＝期末純資産¥370,000

　　　　　　　　②　期首純資産＝期末純資産¥370,000＋当期純損失¥170,000＝¥540,000

(6)　期末資産＝期末負債¥1,070,000＋期末純資産¥1,120,000＝¥2,190,000

　　期首純資産　①　収益総額¥2,750,000－費用総額¥2,240,000＝当期純利益¥510,000

　　　　　　　　②　期首純資産＝期末純資産¥1,120,000－当期純利益¥510,000＝¥610,000

2

(1)	a	¥	*7,770,000*	b	¥	*1,450,000*
(2)	a	¥	*3,280,000*	b	¥	*1,930,000*
(3)	a	¥	*4,030,000*	b	¥	*2,270,000*
(4)	a	¥	*2,745,000*	b	¥	*1,350,000*
(5)	a	¥	*1,500,000*	b	¥	*3,908,000*

解説

(4) a. 売上原価 ① 損益勘定の借方1行目の仕入勘定からの振替額を求める。

② 損益勘定の借方最終行の純資産金勘定への振替額は，当期純利益を意味する。

③ 差額で，売上原価が求められる→¥2,745,000

b. 期首負債 ① 期末資産¥3,445,000 －期末負債¥1,360,000 ＝期末純資産¥2,085,000

② 期末純資産¥2,085,000 －当期純利益¥185,000 ＝期首純資産¥1,900,000

③ 期首負債＝期首資産¥3,250,000 －期首純資産¥1,900,000 ＝¥1,350,000

(5) a. 期首の資本金

資本金勘定の前期繰越の金額を求める……¥1,860,000 － ¥360,000 ＝¥1,500,000

b. 期間中の費用総額

収益総額¥4,268,000 －当期純利益（資本金勘定の貸方に振り替えられた¥360,000）＝¥3,908,000

3

	ア	イ
(1)	¥　60,000	¥　200,000
(2)	ア	イ
	¥　84,000	¥　90,000

解説

(1) ア．1／1の残高¥300,000 − 1／8の引出額¥360,000 = ¥60,000（当座借越の残高）

　　イ．1／28の預入高¥540,000の内訳

　　　① 当座預金勘定の借方2行目の記入から¥340,000の預け入れと判明する。

　　　② ¥540,000 − ¥340,000 = ¥200,000（当座借越の返済額）

(2) ア．小口現金の当月の支出額を示すので，¥84,000となる。

　　イ．定額資金前渡法を採用しているので，前月繰越と次月繰越はつねに同額となる。したがって¥90,000となる。

4

	ア	イ
(1)	¥　840	¥　130,000
(2)	ア	イ
	¥　210,000	¥　476,000

解説

(1) アの金額…… 11日の残高を考える

　　（¥32,000 + ¥136,000）÷（40個 + 160個）= ¥840

　　イの金額……

　　① 15日の販売数量　¥126,000÷@¥900 = 140個

　　② 15日の払出数量　¥89,600÷140個 = @¥640

　　③ 14日の残高欄　300個×@¥640 = ¥192,000

　　④ 14日の受入金額　¥192,000 − ¥62,000 = ¥130,000

(2)アの金額…… 6日の払出数量400個

　　400個の内訳 { 100個×@¥620 = ¥62,000
　　　　　　　　{ 300個×@¥700 = ¥210,000

　　イの金額…… 11日の残高

　　6日の残高　200個×@¥700 = ¥140,000

　　11日の残高 { 200個×@¥700 = ¥140,000
　　　　　　　　{ 700個×@¥680 = ¥476,000

第3章　伝票・帳簿

■伝票問題（p.202）

1

入　金　伝　票						
令和○年 1 月 14 日				No.**32**		
科目	売掛金	入金先	別府商店　殿			
摘　　要		金　　額				
回収　小切手＃4		3	0	0	0	0
合　　計		3	0	0	0	0

出　金　伝　票						
令和○年 1 月 14 日				No.**18**		
科目	消耗品費	支払先	佐伯文具店殿			
摘　　要		金　　額				
コピー用紙・帳簿等購入			5	0	0	0
合　　計			5	0	0	0

振　替　伝　票

令和○年 1 月 14 日　　No.25

勘　定　科　目	借　　方	勘　定　科　目	貸　　方
買　　掛　　金	4 2 0 0 0 0	当　座　預　金	4 2 0 0 0 0
合　　計	4 2 0 0 0 0	合　　計	4 2 0 0 0 0

摘要　臼杵商店あて小切手＃16振り出し

2

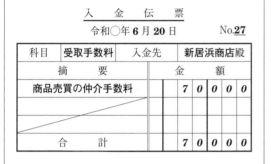

入　金　伝　票

令和○年 6 月 20 日　　No.27

科目	受取手数料	入金先	新居浜商店殿
摘　　　要		金　　額	
商品売買の仲介手数料		7 0 0 0 0	
合　　　計		7 0 0 0 0	

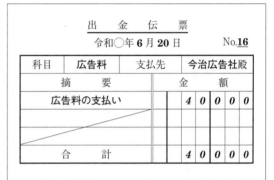

出　金　伝　票

令和○年 6 月 20 日　　No.16

科目	広告料	支払先	今治広告社殿
摘　　　要		金　　額	
広告料の支払い		4 0 0 0 0	
合　　　計		4 0 0 0 0	

振　替　伝　票

令和○年 6 月 20 日　　No.31

勘　定　科　目	借　　方	勘　定　科　目	貸　　方
備　　　　品	3 8 0 0 0 0	当　座　預　金	3 8 0 0 0 0
合　　計	3 8 0 0 0 0	合　　計	3 8 0 0 0 0

摘要　三島電器店から事務用のパーソナルコンピュータを買い入れ，小切手＃5

1

(1)

仕　訳　帳　　　1

令和○年		摘　　要	元丁	借　方	貸　方
1	1	前期繰越高	✓	3,600,000	3,600,000
	2	（仕　　入）諸　口		480,000	
		（当座預金）			170,000
		（買 掛 金）	14		310,000
	11	（買 掛 金）	14	21,000	
		（仕　　入）			21,000
	18	（仕　　入）		164,000	
		（買 掛 金）	14		164,000
	24	諸　口（売　上）			587,000
		（当座預金）		220,000	
		（売 掛 金）		367,000	

総 勘 定 元 帳
買　掛　金　　　14

令和○年		摘要	仕丁	借方	令和○年		摘要	仕丁	貸方
1	11	仕　入	1	21,000	1	1	前期繰越	✓	540,000
						2	仕　入	1	310,000
						18	仕　入	1	164,000

(2)

仕　入　帳　　　1

令和○年		摘　　要		内訳	金額
1	2	別府商店	小切手・掛け		
		A品　600 個@￥450		270,000	
		B品　500 個@￥420		210,000	480,000
	11	別府商店	掛け返品		
		B品　50 個@￥420			21,000
	18	臼杵商店	掛け		
		B品　400 個@￥410			164,000
	31		総 仕 入 高		644,000
	〃		仕入返品高		21,000
			純 仕 入 高		623,000

解説

本問の主要簿
　仕訳帳
　総勘定元帳（買掛金勘定のみ）
本問の補助簿
　仕入帳
　買掛金元帳（別府商店，臼杵商店）

買　掛　金　元　帳

別　府　商　店　　　1

令和○年		摘要	借方	貸方	借または貸	残高
1	1	前月繰越		240,000	貸	240,000
	2	仕 入 れ		310,000	〃	550,000
	11	返　　品	21,000		〃	529,000
	31	次 月 繰 越	529,000			
			550,000	550,000		

臼　杵　商　店　　　2

令和○年		摘要	借方	貸方	借または貸	残高
1	1	前月繰越		300,000	貸	300,000
	18	仕 入 れ		164,000	〃	464,000
	31	次 月 繰 越	464,000			
			464,000	464,000		

2

(1)

	仕 訳 帳		1		
令和○年	摘　要	元丁	借方	貸方
1 1	前期繰越高	✓	5,000,000	5,000,000
9	（売 掛 金）	3	280,000	
	（売　上）			280,000
14	（仕　入）諸　口		777,000	
	（当座預金）			600,000
	（買 掛 金）			177,000
19	諸　口（売　上）			549,000
	（当座預金）		350,000	
	（売 掛 金）	3	199,000	
21	（売　上）		15,000	
	（売 掛 金）	3		15,000
30	（現　金）		380,000	
	（売 掛 金）	3		380,000

総 勘 定 元 帳
売 掛 金　　　　3

令和○年	摘要	仕丁	借方	令和○年	摘要	仕丁	貸方
1 1	前期繰越	✓	380,000	1 21	売　上	1	15,000
9	売　上	1	280,000	30	現　金	1	380,000
19	売　上	1	199,000				

解説　本問の主要簿
　　　　仕訳帳
　　　　総勘定元帳（売掛金勘定のみ）

　　　本問の補助簿
　　　　売掛金元帳（松山商店，新居浜商店）
　　　　商品有高帳（A品のみ）

(2)

売 掛 金 元 帳

	松 山 商 店				1
令和○年	摘要	借方	貸方	借または貸	残高
1 1	前月繰越	380,000		借	380,000
9	売り上げ	280,000		〃	660,000
30	回　収		380,000	〃	280,000
31	次月繰越		280,000		
		660,000	660,000		

	新 居 浜 商 店				2
令和○年	摘要	借方	貸方	借または貸	残高
1 19	売り上げ	199,000		借	199,000
21	返　品		15,000	〃	184,000
31	次月繰越		184,000		
		199,000	199,000		

商 品 有 高 帳

（先入先出法）　　　　　　　　　　　品名A品　　　　　　　　　　　単位：個

令和○年	摘要	受　入			払　出			残　高		
		数量	単価	金額	数量	単価	金額	数量	単価	金額
1 1	前月繰越	700	440	308,000				700	440	308,000
9	松山商店				500	440	220,000	200	440	88,000
14	西条商店	900	450	405,000				200	440	88,000
								900	450	405,000
19	新居浜商店				200	440	88,000			
					400	450	180,000	500	450	225,000
31	次月繰越				500	450	225,000			
		1,600		713,000	1,600		713,000			

109

3

(1)

<table>
<tr><td colspan="6" align="center">仕　訳　帳</td><td align="right">1</td></tr>
<tr><td colspan="2">令和
○年</td><td align="center">摘　　要</td><td>元
丁</td><td align="center">借　方</td><td align="center">貸　方</td></tr>
<tr><td>1</td><td>1</td><td>前期繰越高</td><td>✓</td><td align="right">3,490,000</td><td align="right">3,490,000</td></tr>
<tr><td></td><td>8</td><td>（仕　　入）</td><td></td><td align="right">370,000</td><td></td></tr>
<tr><td></td><td></td><td>　　　　（買　掛　金）</td><td>14</td><td></td><td align="right">370,000</td></tr>
<tr><td></td><td>9</td><td>（買　掛　金）</td><td>14</td><td align="right">12,000</td><td></td></tr>
<tr><td></td><td></td><td>　　　　（仕　　入）</td><td></td><td></td><td align="right">12,000</td></tr>
<tr><td></td><td>10</td><td>諸　口（売　　上）</td><td></td><td></td><td align="right">280,000</td></tr>
<tr><td></td><td></td><td>（当座預金）</td><td></td><td align="right">200,000</td><td></td></tr>
<tr><td></td><td></td><td>（売　掛　金）</td><td></td><td align="right">80,000</td><td></td></tr>
<tr><td></td><td>12</td><td>（仕　　入）諸　口</td><td></td><td align="right">420,000</td><td></td></tr>
<tr><td></td><td></td><td>　　　　（現　　金）</td><td></td><td></td><td align="right">320,000</td></tr>
<tr><td></td><td></td><td>　　　　（買　掛　金）</td><td>14</td><td></td><td align="right">100,000</td></tr>
<tr><td></td><td>17</td><td>（買　掛　金）</td><td>14</td><td align="right">250,000</td><td></td></tr>
<tr><td></td><td></td><td>　　　　（当座預金）</td><td></td><td></td><td align="right">250,000</td></tr>
</table>

総　勘　定　元　帳

買　掛　金　14

<table>
<tr><td colspan="2">令和
○年</td><td>摘要</td><td>仕丁</td><td align="center">借方</td><td colspan="2">令和
○年</td><td>摘要</td><td>仕丁</td><td align="center">貸方</td></tr>
<tr><td>1</td><td>9</td><td>仕　　入</td><td>1</td><td align="right">12,000</td><td>1</td><td>1</td><td>前期繰越</td><td>✓</td><td align="right">380,000</td></tr>
<tr><td></td><td>17</td><td>当座預金</td><td>1</td><td align="right">250,000</td><td></td><td>8</td><td>仕　　入</td><td>1</td><td align="right">370,000</td></tr>
<tr><td></td><td></td><td></td><td></td><td></td><td></td><td>12</td><td>仕　　入</td><td>1</td><td align="right">100,000</td></tr>
</table>

解説 本問の主要簿
　　仕訳帳
　　総勘定元帳（買掛金勘定のみ）
本問の補助簿
　　当座預金出納帳
　　買掛金元帳（熊本商店，宮崎商店）

(2)

<table>
<tr><td colspan="6" align="center">当　座　預　金　出　納　帳</td><td align="right">1</td></tr>
<tr><td colspan="2">令和
○年</td><td align="center">摘　　　要</td><td align="center">預　入</td><td align="center">引　出</td><td>借また
は　貸</td><td align="center">残　高</td></tr>
<tr><td>1</td><td>1</td><td>前　月　繰　越</td><td align="right">760,000</td><td></td><td>借</td><td align="right">760,000</td></tr>
<tr><td></td><td>10</td><td>佐賀商店に売り上げ，小切手受け取り</td><td align="right">200,000</td><td></td><td>〃</td><td align="right">960,000</td></tr>
<tr><td></td><td>17</td><td>宮崎商店へ買掛金支払い，小切手振り出し</td><td></td><td align="right">250,000</td><td>〃</td><td align="right">710,000</td></tr>
<tr><td></td><td>31</td><td>次　月　繰　越</td><td></td><td align="right">710,000</td><td></td><td></td></tr>
<tr><td></td><td></td><td></td><td align="right">960,000</td><td align="right">960,000</td><td></td><td></td></tr>
</table>

買　掛　金　元　帳

熊　本　商　店　1

<table>
<tr><td colspan="2">令和
○年</td><td>摘要</td><td align="center">借方</td><td align="center">貸方</td><td>借また
は　貸</td><td align="center">残高</td></tr>
<tr><td>1</td><td>1</td><td>前月繰越</td><td></td><td align="right">100,000</td><td>貸</td><td align="right">100,000</td></tr>
<tr><td></td><td>8</td><td>仕入れ</td><td></td><td align="right">370,000</td><td>〃</td><td align="right">470,000</td></tr>
<tr><td></td><td>9</td><td>返　品</td><td align="right">12,000</td><td></td><td>〃</td><td align="right">458,000</td></tr>
<tr><td></td><td>31</td><td>次月繰越</td><td align="right">458,000</td><td></td><td></td><td></td></tr>
<tr><td></td><td></td><td></td><td align="right">470,000</td><td align="right">470,000</td><td></td><td></td></tr>
</table>

宮　崎　商　店　2

<table>
<tr><td colspan="2">令和
○年</td><td>摘要</td><td align="center">借方</td><td align="center">貸方</td><td>借また
は　貸</td><td align="center">残高</td></tr>
<tr><td>1</td><td>1</td><td>前月繰越</td><td></td><td align="right">280,000</td><td>貸</td><td align="right">280,000</td></tr>
<tr><td></td><td>12</td><td>仕入れ</td><td></td><td align="right">100,000</td><td>〃</td><td align="right">380,000</td></tr>
<tr><td></td><td>17</td><td>支払い</td><td align="right">250,000</td><td></td><td>〃</td><td align="right">130,000</td></tr>
<tr><td></td><td>31</td><td>次月繰越</td><td align="right">130,000</td><td></td><td></td><td></td></tr>
<tr><td></td><td></td><td></td><td align="right">380,000</td><td align="right">380,000</td><td></td><td></td></tr>
</table>

■損益計算書（p.210）

1

(1)

	借　　　方		貸　　　方	
a	仕　　　　　入	690,000	繰　越　商　品	690,000
	繰　越　商　品	750,000	仕　　　　　入	750,000
b	貸倒引当金繰入	41,000	貸　倒　引　当　金	41,000
c	減　価　償　却　費	108,000	備　　　　　品	108,000
d	現　　　　　金	8,000	雑　　　　　益	8,000

(2)

損　益　計　算　書

福岡商店　令和○年1月1日から令和○年12月31日まで

費　　用	金　　額	収　　益	金　　額
売 上 原 価	6,360,000	売　上　高	8,752,000
給　　　料	1,280,000	(受取手数料)	60,000
広　告　料	140,000	(雑　　益)	8,000
(貸倒引当金繰入)	41,000		
(減価償却費)	108,000		
支 払 家 賃	360,000		
雑　　　費	61,000		
(支 払 利 息)	90,000		
(当期純利益)	380,000		
	8,820,000		8,820,000

貸借対照表を作成した場合は，次のようになる。

貸　借　対　照　表

福岡商店　　　　令和○年12月31日

資　　産	金　　額	負債および純資産	金　　額
現　　金	542,000	買 掛 金	1,782,000
当 座 預 金	3,605,000	借 入 金	1,400,000
売掛金 1,980,000		資 本 金	3,600,000
貸倒引当金 99,000	1,881,000	当期純利益	380,000
商　　品	750,000		
備　　品	384,000		
	7,162,000		7,162,000

解説

a．売上原価を算定するための仕訳である。

b．貸倒引当金の設定に関する仕訳である。

　　貸倒見積額（貸倒引当金の金額）

　　　￥1,980,000×5％＝￥99,000

　　当期計上額（貸倒引当金繰入の金額）

　　　￥99,000−￥58,000＝￥41,000

c．減価償却に関する仕訳である。

　　減価償却費

$$\frac{￥600,000 − ￥60,000}{5年} = ￥108,000$$

d．現金の実際有高

　　￥542,000＞帳簿残高￥534,000

　　……差額は雑益とする。

2

(1)

	借　　　方		貸　　　方	
a	仕　　　　入	891,000	繰　越　商　品	891,000
	繰　越　商　品	946,000	仕　　　　入	946,000
b	貸倒引当金繰入	57,000	貸　倒　引　当　金	57,000
c	減　価　償　却　費	81,000	備　　　　品	81,000
d	雑　　　　損	30,000	現　　　　金	30,000

(2)

損　益　計　算　書

佐賀商店　令和○年1月1日から令和○年12月31日まで

費　　用	金　　額	収　　益	金　　額
売 上 原 価	5,117,000	売　上　高	7,694,000
給　　料	1,246,000	（受 取 利 息）	62,000
（貸倒引当金繰入）	57,000		
（減価償却費）	81,000		
支 払 家 賃	820,000		
水 道 光 熱 費	94,000		
雑　　費	58,000		
（雑　　損）	30,000		
（当期純利益）	253,000		
	7,756,000		7,756,000

貸借対照表を作成した場合は，次のようになる。

貸　借　対　照　表

佐賀商店　　　　令和○年12月31日

資　　産	金　　額	負債および純資産	金　　額
現　　金	345,000	買 掛 金	1,304,000
当 座 預 金	767,000	資 本 金	4,000,000
売掛金 2,340,000		当期純利益	253,000
貸倒引当金 117,000	2,223,000		
商　　品	946,000		
貸 付 金	619,000		
備　　品	657,000		
	5,557,000		5,557,000

解説

a．売上原価を算定するための仕訳である。

b．貸倒引当金の設定に関する仕訳である。

　　貸倒見積額（貸倒引当金の金額）

　　　￥2,340,000 × 5% ＝ ￥117,000

　　当期計上額（貸倒引当金繰入の金額）

　　　￥117,000 － ￥60,000 ＝ ￥57,000

c．減価償却に関する仕訳である。

　　減価償却費

$$\frac{￥900,000 － ￥90,000}{10 年} = ￥81,000$$

d．現金の実際有高が￥345,000で元帳勘定残高が￥375,000なので，差額の￥30,000を雑損として処理する。

1

(1)

	借　　　　方		貸　　　　方	
a	仕　　　　　　入	1,560,000	繰　越　商　品	1,560,000
	繰　越　商　品	1,480,000	仕　　　　　　入	1,480,000
b	貸倒引当金繰入	14,000	貸　倒　引　当　金	14,000
c	減　価　償　却　費	150,000	備　　　　　品	150,000

(2)

損益計算書を作成した場合は，次のようになる。

貸　借　対　照　表

長崎商店　　　令和○年12月31日

資　　産	金　　額	負債および純資産	金　　額
現　　金	731,000	買　掛　金	2,020,000
当座預金	2,562,000	（借　入　金）	1,295,000
売掛金 2,800,000		資　本　金	4,400,000
（貸倒引当金）84,000	2,716,000	（当期純利益）	374,000
（商　　品）	1,480,000		
備　　品	600,000		
	8,089,000		8,089,000

損　益　計　算　書

長崎商店　　令和○年1月1日から令和○年12月31日まで

費　　用	金　　額	収　　益	金　　額
売　上　原　価	6,414,000	売　上　高	9,351,000
給　　料	1,336,000	受取手数料	88,000
貸倒引当金繰入	14,000		
減　価　償　却　費	150,000		
支　払　家　賃	690,000		
水　道　光　熱　費	380,000		
雑　　費	54,000		
支　払　利　息	27,000		
当　期　純　利　益	**374,000**		
	9,439,000		9,439,000

解説

a．売上原価を算定するための仕訳である。

b．貸倒引当金の設定に関する仕訳である。

　　貸倒見積額（貸倒引当金の金額）

　　　¥2,800,000 × 3% = ¥84,000

　　当期計上額（貸倒引当金繰入の金額）

　　　¥84,000 − ¥70,000 = ¥14,000

c．減価償却に関する仕訳である。

　　減価償却費

$$\frac{¥1,200,000 − ¥0}{8\,年} = ¥150,000$$

2

(1)

	借 方		貸 方	
a	仕　　　入	934,000	繰 越 商 品	934,000
	繰 越 商 品	910,000	仕　　　入	910,000
b	貸倒引当金繰入	24,000	貸 倒 引 当 金	24,000
c	減 価 償 却 費	90,000	備　　　品	90,000

(2)

<table>
<tr><td colspan="5" align="center">貸 借 対 照 表</td></tr>
<tr><td colspan="5">熊本商店　　　　令和○年 12 月 31 日</td></tr>
<tr><td align="center">資　　産</td><td align="center">金　　額</td><td align="center">負債および純資産</td><td align="center">金　　額</td></tr>
<tr><td>現　　　金</td><td>728,000</td><td>買 掛 金</td><td>1,569,000</td></tr>
<tr><td>当 座 預 金</td><td>1,565,000</td><td>（借 入 金）</td><td>600,000</td></tr>
<tr><td>売掛金 2,900,000</td><td></td><td>資 本 金</td><td>3,880,000</td></tr>
<tr><td>（貸倒引当金）58,000</td><td>2,842,000</td><td>（当期純利益）</td><td>626,000</td></tr>
<tr><td>（商　　品）</td><td>910,000</td><td></td><td></td></tr>
<tr><td>備　　　品</td><td>630,000</td><td></td><td></td></tr>
<tr><td></td><td>6,675,000</td><td></td><td>6,675,000</td></tr>
</table>

損益計算書を作成した場合は，次のようになる。

<table>
<tr><td colspan="4" align="center">損 益 計 算 書</td></tr>
<tr><td colspan="4">熊本商店　　令和○年1月1日から令和○年12月31日まで</td></tr>
<tr><td align="center">費　　用</td><td align="center">金　　額</td><td align="center">収　　益</td><td align="center">金　　額</td></tr>
<tr><td>売 上 原 価</td><td>6,769,000</td><td>売 上 高</td><td>9,670,000</td></tr>
<tr><td>給　　料</td><td>1,481,000</td><td>受 取 手 数 料</td><td>89,000</td></tr>
<tr><td>貸倒引当金繰入</td><td>24,000</td><td></td><td></td></tr>
<tr><td>減 価 償 却 費</td><td>90,000</td><td></td><td></td></tr>
<tr><td>支 払 家 賃</td><td>575,000</td><td></td><td></td></tr>
<tr><td>消 耗 品 費</td><td>117,000</td><td></td><td></td></tr>
<tr><td>雑　　　費</td><td>36,000</td><td></td><td></td></tr>
<tr><td>支 払 利 息</td><td>41,000</td><td></td><td></td></tr>
<tr><td>**当 期 純 利 益**</td><td>**626,000**</td><td></td><td></td></tr>
<tr><td></td><td>9,759,000</td><td></td><td>9,759,000</td></tr>
</table>

 解説

a．売上原価を算定するための仕訳である。

b．貸倒引当金の設定に関する仕訳である。

　　貸倒見積額（貸倒引当金の金額）

　　　￥2,900,000 × 2% = ￥58,000

　　当期計上額（貸倒引当金繰入の金額）

　　　￥58,000 − ￥34,000 = ￥24,000

c．減価償却に関する仕訳である。

　　減価償却費

$$\frac{￥900,000 − ￥0}{10 年} = ￥90,000$$

3

(1)

	借　　　　方		貸　　　　方	
a	仕　　　　　入	680,000	繰　越　商　品	680,000
	繰　越　商　品	720,000	仕　　　　　入	720,000
b	貸倒引当金繰入	19,000	貸　倒　引　当　金	19,000
c	減　価　償　却　費	50,000	備　　　　　品	50,000

備　　　品　　　　7		
1/ 1前期繰越	400,000	12/31減価償却費　50,000
		〃　　次期繰越　350,000
	400,000	400,000

水　道　光　熱　費　　　17		
12/15現　金　52,000	12/31損　　益　52,000	

(2)

貸　借　対　照　表

四国商店　　　　令和○年12月31日

資　　産	金　　額	負債および純資産	金　　額
現　　　金	296,000	（買掛金）	884,000
当座預金	1,660,000	前受金	86,000
売掛金 1,300,000		資　本　金	2,970,000
（貸倒引当金） 39,000	1,261,000	（当期純利益）	627,000
（商　　品）	720,000		
貸　付　金	280,000		
（備　　品）	350,000		
	4,567,000		4,567,000

損益計算書を作成した場合は，次のようになる。

損　益　計　算　書

四国商店　　令和○年1月1日から令和○年12月31日まで

費　　用	金　　額	収　　益	金　　額
売　上　原　価	5,710,000	売　上　高	7,771,000
給　　　料	960,000	受取手数料	32,000
貸倒引当金繰入	19,000		
減　価　償　却　費	50,000		
支　払　家　賃	288,000		
水　道　光　熱　費	52,000		
雑　　　費	97,000		
当　期　純　利　益	**627,000**		
	7,803,000		7,803,000

解説

a．売上原価を算定するための仕訳である。

b．貸倒引当金の設定に関する仕訳である。

　　貸倒見積額（貸倒引当金の金額）

　　　￥1,300,000 × 3％ ＝ ￥39,000

　　当期計上額（貸倒引当金繰入の金額）

　　　￥39,000 － ￥20,000 ＝ ￥19,000

c．減価償却に関する仕訳である。

　　減価償却費

　　　$\dfrac{￥500,000 - ￥0}{10\,年} = ￥50,000$

1

精算表

令和○年12月31日

勘定科目	残高試算表 借方	残高試算表 貸方	整理記入 借方	整理記入 貸方	損益計算書 借方	損益計算書 貸方	貸借対照表 借方	貸借対照表 貸方
現　　　金	698,000						698,000	
当 座 預 金	3,189,000						3,189,000	
売 掛 金	2,600,000						2,600,000	
貸 倒 引 当 金		67,000		11,000				78,000
繰 越 商 品	916,000		986,000	916,000			986,000	
前 払 金	60,000						60,000	
備　　　品	480,000			80,000			400,000	
買 掛 金		1,685,000						1,685,000
借 入 金		800,000						800,000
資 本 金		4,820,000						4,820,000
売　　　上		9,450,000				9,450,000		
受 取 手 数 料		294,000				294,000		
仕　　　入	6,685,000		916,000	986,000	6,615,000			
給　　　料	1,728,000				1,728,000			
支 払 家 賃	510,000				510,000			
消 耗 品 費	129,000				129,000			
雑　　　費	86,000				86,000			
支 払 利 息	35,000				35,000			
	17,116,000	17,116,000						
（貸倒引当金繰入）			11,000		11,000			
（減価償却費）			80,000		80,000			
（当期純利益）					550,000			550,000
			1,993,000	1,993,000	9,744,000	9,744,000	7,933,000	7,933,000

解説

a．売上原価を算定するための仕訳である。

　（借）仕　　　　入　916,000　（貸）繰越商品　916,000

　　　　繰 越 商 品　986,000　　　　仕　　　入　986,000

b．貸倒引当金の設定に関する仕訳である。

　　　貸倒見積額（貸倒引当金の金額）

　　　　¥2,600,000 × 3% = ¥78,000

　　　当期計上額（貸倒引当金繰入の金額）

　　　　¥78,000 − ¥67,000 = ¥11,000

　（借）貸倒引当金繰入　11,000　（貸）貸倒引当金　11,000

c．減価償却に関する仕訳である。

　　　減価償却費

$$\frac{¥800,000 − ¥0}{10\,年} = ¥80,000$$

　（借）減価償却費　80,000　（貸）備　　　品　80,000

精 算 表

令和○年12月31日

勘定科目	残高試算表 借方	残高試算表 貸方	整理記入 借方	整理記入 貸方	損益計算書 借方	損益計算書 貸方	貸借対照表 借方	貸借対照表 貸方
現　　　金	693,000						693,000	
当 座 預 金	2,630,000						2,630,000	
売 　掛 　金	2,900,000						2,900,000	
貸倒引当金		20,000		38,000				58,000
繰 越 商 品	810,000		860,000	810,000			860,000	
前 　払 　金	80,000						80,000	
備　　　品	560,000			70,000			490,000	
買 　掛 　金		1,430,000						1,430,000
借 　入 　金		600,000						600,000
資 　本 　金		4,790,000						4,790,000
売 　　　上		9,720,000				9,720,000		
受取手数料		230,000				230,000		
仕 　　　入	7,063,000		810,000	860,000	7,013,000			
給 　　　料	1,130,000				1,130,000			
支 払 家 賃	540,000				540,000			
水 道 光 熱 費	266,000				266,000			
雑 　　　費	78,000				78,000			
支 払 利 息	40,000				40,000			
	16,790,000	16,790,000						
（貸倒引当金繰入）			38,000		38,000			
（減価償却費）			70,000		70,000			
（当期純利益）					775,000			775,000
			1,778,000	1,778,000	9,950,000	9,950,000	7,653,000	7,653,000

解説

a．売上原価を算定するための仕訳である。

（借)仕　　　入　810,000　（貸)繰 越 商 品　810,000

　　　繰 越 商 品　860,000　　　仕　　　入　860,000

b．貸倒引当金の設定に関する仕訳である。

　　貸倒見積額（貸倒引当金の金額)

　　　　¥2,900,000 × 2% = ¥58,000

　　当期計上額（貸倒引当金繰入の金額)

　　　　¥58,000 − ¥20,000 = ¥38,000

（借)貸倒引当金繰入　38,000　（貸)貸倒引当金　38,000

c．減価償却に関する仕訳である。

　　減価償却費

$$\frac{¥700,000 − ¥0}{10年} = ¥70,000$$

（借)減価償却費　70,000　（貸)備　　　品　70,000

精　算　表

令和○年12月31日

勘定科目	残高試算表		整理記入		損益計算書		貸借対照表	
	借　方	貸　方	借　方	貸　方	借　方	貸　方	借　方	貸　方
現　　　　金	260,000						260,000	
当 座 預 金	2,340,000						2,340,000	
売　掛　金	2,700,000						2,700,000	
貸倒引当金		64,000		17,000				81,000
繰 越 商 品	1,220,000		1,337,000	1,220,000			1,337,000	
備　　　　品	600,000			100,000			500,000	
買　掛　金		1,989,000						1,989,000
借　入　金		500,000						500,000
資　本　金		3,520,000						3,520,000
売　　　　上		9,734,000				9,734,000		
受 取 手 数 料		186,000				186,000		
仕　　　　入	6,759,000		1,220,000	1,337,000	6,642,000			
給　　　　料	1,650,000				1,650,000			
支 払 家 賃	264,000				264,000			
消 耗 品 費	98,000				98,000			
雑　　　　費	86,000				86,000			
支 払 利 息	16,000				16,000			
	15,993,000	15,993,000						
（貸倒引当金繰入）			17,000		17,000			
（減価償却費）			100,000		100,000			
（当期純利益）					1,047,000			1,047,000
			2,674,000	2,674,000	9,920,000	9,920,000	7,137,000	7,137,000

a．売上原価を算定するための仕訳である。

（借）仕　　　　入　1,220,000　（貸）繰 越 商 品　1,220,000

　　　繰 越 商 品　1,337,000　　　仕　　　　入　1,337,000

b．貸倒引当金の設定に関する仕訳である。

　　貸倒見積額（貸倒引当金の金額）

　　　　¥2,700,000 × 3% = ¥81,000

　　当期計上額（貸倒引当金繰入の金額）

　　　　¥81,000 − ¥64,000 = ¥17,000

（借）貸倒引当金繰入　17,000　（貸）貸倒引当金　17,000

c．減価償却に関する仕訳である。

　　減価償却費

　　　$\dfrac{¥1,000,000 − ¥0}{10年} = ¥100,000$

（借）減価償却費　100,000　（貸）備　　　　品　100,000

■基本問題（p.218）

1

ア	イ	ウ	エ	オ	カ	キ	ク
5	2	8	4	1	3	6	7

2

ア	イ	ウ	エ	オ	カ	キ	ク
8	3	6	9	4	7	11	10
ケ	コ	サ					
1	2	5					

3

ア	イ	ウ	エ	オ	カ	キ	ク
6	3	9	7	1	8	2	4
ケ							
5							

4

ア	イ	ウ	エ	オ	カ	キ	ク
6	5	7	2	8	3	4	1

5

ア	イ	ウ	エ	オ
3	4	2	5	1

6

ア	イ	ウ	エ	オ	カ	キ
4	5	2	7	3	1	6

7

ア	イ	ウ	エ	オ	カ	キ	ク
5	8	6	1	7	2	4	3

8

ア	イ	ウ	エ	オ
3	4	1	5	2

第1章 減価償却費の間接法による記帳

■基本問題 (p.222)

1

	借　　　　方		貸　　　　方	
直接法	減 価 償 却 費	18,000	備　　　　品	18,000
間接法	減 価 償 却 費	18,000	備品減価償却累計額	18,000

解説

減価償却費の記帳法で，直接法と間接法を比較させる問題である。

直接法が備品勘定から直接減らすのに対し，間接法は備品減価償却累計額勘定の貸方に記入することにより，備品の金額を間接的に減額する。学習の要点1を参照。

2

	借　　　　方		貸　　　　方	
直接法	減 価 償 却 費	180,000	建　　　　物	180,000

建　　　　物

1/10 当座預金	6,000,000	12/31 減価償却費	180,000
		〃 次期繰越	5,820,000
	6,000,000		6,000,000
1/ 1 前期繰越	5,820,000		

	借　　　　方		貸　　　　方	
間接法	減 価 償 却 費	180,000	建物減価償却累計額	180,000

建　　　　物

1/10 当座預金	6,000,000	12/31 次期繰越	6,000,000
1/ 1 前期繰越	6,000,000		

建物減価償却累計額

12/31 次期繰越	180,000	12/31 減価償却費	180,000
		1/ 1 前期繰越	180,000

解説

直接法・間接法の勘定記入の問題である。

●直接法

¥6,000,000 − ¥180,000 = ¥5,820,000

直接建物の金額を減少させるので¥5,820,000（帳簿価額）が次期に繰り越される。

●間接法

建物の金額は取得原価の¥6,000,000のまま次期に繰り越し，建物減価償却累計額の金額¥180,000 が，建物とは別に次期に繰り越される。

これによって，建物の取得原価¥6,000,000がつねに判明すると同時に，建物の¥6,000,000 と減価償却累計額¥180,000 を比べることで，建物の帳簿価額¥5,820,000も間接的に知ることができる。

3

建物の帳簿価額	¥5,820,000

 帳簿価額：現在の資産価値

●直接法…固定資産の次期繰越の金額（勘定残高）

●間接法…固定資産の取得原価（勘定残高）

－減価償却累計額の金額

4

	借　　　　方		貸　　　　方	
(1)	未　収　金	900,000	備　　　品	2,000,000
	備品減価償却累計額	1,200,000	固定資産売却益	100,000
(2)	未　収　金	400,000	備　　　品	1,500,000
	備品減価償却累計額	800,000		
	固定資産売却損	300,000		

解説

(1) 帳簿価額　取得原価：¥2,000,000 －減価償却累計額：¥1,200,000 ＝¥800,000
　　売却額：¥900,000 －帳簿価額：¥800,000 ＝＋¥100,000（固定資産売却益）

(2) 帳簿価額　取得原価：¥1,500,000 －減価償却累計額：¥800,000 ＝¥700,000
　　売却額：¥400,000 －帳簿価額：¥700,000 ＝－¥300,000（固定資産売却損）

第2章　有価証券の評価

■基本問題（p.225）

1

借　　　　方		貸　　　　方	
有価証券評価損	50,000	有　価　証　券	50,000

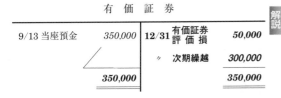

解説　決算時における有価証券の評価替えについての仕訳と
締め切りの問題である（学習の要点1参照）。

本問は公債についての評価替えである。

帳簿価額　¥350,000

時　　価　¥300,000

¥300,000 －¥350,000 ＝－¥50,000（損）

2

	借　　　　方		貸　　　　方	
6/25	有　価　証　券	550,000	当　座　預　金	550,000
12/31	有　価　証　券	30,000	有価証券評価益	30,000

有　価　証　券

6/25 当座預金	550,000	12/31 次期繰越	580,000
12/31 有価証券評価益	30,000		
	580,000		580,000

解説　期中における有価証券購入時の仕訳から，決算時の評
価までの流れを問う問題である。

本問は株式についての評価替えである。

帳簿価額　¥5,500 × 100株 ＝¥550,000

時　　価　¥5,800 × 100株 ＝¥580,000

¥580,000 －¥550,000 ＝＋¥30,000（益）

	借 方		貸 方	
3/11	有 価 証 券	12,240,000	当 座 預 金	12,240,000
12/31	有価証券評価損	1,040,000	有 価 証 券	1,040,000
	損 益	1,040,000	有価証券評価損	1,040,000

有 価 証 券

3/11 当座預金	12,240,000	12/31 有価証券評価損	1,040,000
		〃 次期繰越	11,200,000
	12,240,000		12,240,000

有価証券評価損

12/31 有価証券	1,040,000	12/31 損 益	1,040,000

解説　有価証券評価損勘定の締め切り方について問うている。

有価証券評価損は費用の勘定であるため，損益勘定へ振り替えられる。

帳簿価額　¥60,000×200 株＋¥240,000

　　　　　＝¥12,240,000

時　　価　¥56,000×200 株＝¥11,200,000

¥11,200,000－¥12,240,000＝－¥1,040,000（損）

第3章　費用・収益の繰り延べと見越し

1

	借 方		貸 方	
(1)	前 払 利 息	36,000	支 払 利 息	36,000
(2)	前 払 保 険 料	40,000	保 険 料	40,000
(3)	消 耗 品	10,000	消 耗 品 費	10,000
(4)	受 取 家 賃	63,000	前 受 家 賃	63,000
(5)	受 取 手 数 料	18,000	前 受 手 数 料	18,000

解説
(1)(2)　前払費用は資産の勘定である。
(3)　消耗品は資産の勘定である。
(4)(5)　前受収益は負債の勘定である。

2

	借 方		貸 方	
4/ 1	保 険 料	480,000	現 金	480,000
12/31	前 払 保 険 料	120,000	保 険 料	120,000
〃	損 益	360,000	保 険 料	360,000
1/ 1	保 険 料	120,000	前 払 保 険 料	120,000

保 険 料

4/ 1 現 金	480,000	12/31 前払保険料	120,000
		〃 損 益	360,000
	480,000		480,000
1/ 1 前払保険料	120,000		

前 払 保 険 料

12/31 保険料	120,000	12/31 次期繰越	120,000
1/ 1 前期繰越	120,000	1/ 1 保 険 料	120,000

損 益

12/31 保 険 料	360,000	

損益計算書（一部）　　　　　（単位：円）

費 用	金 額	収 益	金 額
保 険 料	360,000		

貸借対照表（一部）　　　　　（単位：円）

資 産	金 額	負債・純資産	金 額
前払保険料	120,000		

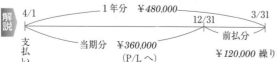

解説　4/1　　　　　1年分　¥480,000　　　　12/31　　　3/31

支払い　　　当期分　¥360,000　　　　　前払分

　　　　　　　　　（P/Lへ）　　　　¥120,000 繰り延べ（B/Sへ）

前払保険料

$$¥480,000 × \frac{3か月}{12か月} = ¥120,000$$

3

	借　　　　方		貸　　　　方	
8/ 1	消 耗 品 費	40,000	現　　　　金	40,000
12/31	消 耗 品	10,000	消 耗 品 費	10,000
〃	損　　　　益	30,000	消 耗 品 費	30,000
1/ 1	消 耗 品 費	10,000	消 耗 品	10,000

消 耗 品 費

8/ 1	現　金	40,000	12/31	消耗品	10,000
			〃	損　益	30,000
		40,000			40,000
1/ 1	消耗品	10,000			

消 耗 品

12/31	消耗品費	10,000	12/31	次期繰越	10,000
1/ 1	前期繰越	10,000	1/ 1	消耗品費	10,000

損 益

			12/31	消耗品費	30,000

損益計算書（一部）　　　（単位：円）

費　　用	金　　額	収　　益	金　　額
消 耗 品 費	30,000		

貸借対照表（一部）　　　（単位：円）

資　　産	金　　額	負債・純資産	金　　額
消 耗 品	10,000		

解説　購入時 ￥40,000 ┬ （使用）消耗品費 ￥30,000 （P/Lへ）
　　　　　　　　　　　└ （未使用）消耗品 ￥10,000 （B/Sへ）

4

	借　　　　方		貸　　　　方	
10/ 1	現　　　　金	72,000	受 取 利 息	72,000
12/31	受 取 利 息	36,000	前 受 利 息	36,000
〃	受 取 利 息	36,000	損　　　　益	36,000
1/ 1	前 受 利 息	36,000	受 取 利 息	36,000

受 取 利 息

12/31	前受利息	36,000	10/ 1	現　金	72,000
〃	損　益	36,000			
		72,000			72,000
			1/ 1	前受利息	36,000

前 受 利 息

12/31	次期繰越	36,000	12/31	受取利息	36,000
1/ 1	受取利息	36,000	1/ 1	前期繰越	36,000

損 益

			12/31	受取利息	36,000

損益計算書（一部）　　　（単位：円）

費　　用	金　　額	収　　益	金　　額
		受 取 利 息	36,000

貸借対照表（一部）　　　（単位：円）

資　　産	金　　額	負債・純資産	金　　額
		前 受 利 息	36,000

解説

前受利息
￥72,000 × $\dfrac{3か月}{6か月}$ = ￥36,000

5

	借　　　方		貸　　　方	
(1)	支　払　利　息	18,000	未　払　利　息	18,000
(2)	支　払　地　代	20,000	未　払　地　代	20,000
(3)	未　収　家　賃	90,000	受　取　家　賃	90,000
(4)	未　収　手　数　料	81,000	受　取　手　数　料	81,000

解説　(1)(2)　未払費用は負債の勘定である。

(3)(4)　未収収益は資産の勘定である。

6

	借　　　方		貸　　　方	
6/ 1	広　告　料	200,000	現　　　金	200,000
12/31	広　告　料	100,000	未　払　広　告　料	100,000
〃	損　　　益	300,000	広　告　料	300,000
1/ 1	未　払　広　告　料	100,000	広　告　料	100,000

広　告　料

6/ 1	現　金	200,000	12/31	損　益	300,000
12/31	未払広告料	100,000			
		300,000			300,000
			1/ 1	未払広告料	100,000

未　払　広　告　料

12/31	次期繰越	100,000	12/31	広告料	100,000
1/ 1	広告料	100,000	1/ 1	前期繰越	100,000

損　　益

12/31	広告料	300,000	

損益計算書(一部)　　　(単位：円)

費　用	金　額	収　益	金　額
広　告　料	300,000		

貸借対照表(一部)　　　(単位：円)

資　産	金　額	負債・純資産	金　額
		未払広告料	100,000

解説　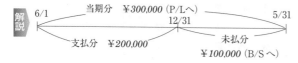

6/1　　当期分　¥300,000（P/Lへ）　　5/31
　　　　　　　　　12/31
　支払分　¥200,000　　　未払分
　　　　　　　　　¥100,000（B/Sへ）

7

	借　　　　　方		貸　　　　　方	
5/ 1	現　　　　　金	260,000	受 取 手 数 料	260,000
12/31	未 収 手 数 料	140,000	受 取 手 数 料	140,000
〃	受 取 手 数 料	400,000	損　　　　　益	400,000
1/ 1	受 取 手 数 料	140,000	未 収 手 数 料	140,000

受 取 手 数 料

12/31 損　益	400,000	5/ 1 現　　金	260,000
		12/31 未収手数料	140,000
	400,000		400,000
		1/ 1 未収手数料	140,000

未 収 手 数 料

12/31 受取手数料	140,000	12/31 次期繰越	140,000
1/ 1 前期繰越	140,000	1/ 1 受取手数料	140,000

損　　　　益

		12/31 受取手数料	400,000

損益計算書（一部）　（単位：円）

費　用	金　　額	収　益	金　　額
		受取手数料	400,000

貸借対照表（一部）　（単位：円）

資　産	金　　額	負債・純資産	金　　額
未収手数料	140,000		

解説

```
5/1        当期分　¥400,000（P/L へ）              4/30
|-------------------------|----------------------|
          受取分　¥260,000   12/31   未収分
                                   ¥140,000（B/S へ）
```

8

	借　　　　　方		貸　　　　　方	
(1)	前 払 保 険 料	40,000	保　険　料	40,000
(2)	消　耗　品	60,000	消 耗 品 費	60,000
(3)	受 取 家 賃	30,000	前 受 家 賃	30,000
(4)	支 払 利 息	20,000	未 払 利 息	20,000
(5)	未 収 地 代	10,000	受 取 地 代	10,000

■応用問題（p.234）

1

(1)

	借　　　　　方		貸　　　　　方	
a	仕　　　　　入	830,000	繰 越 商 品	830,000
	繰 越 商 品	770,000	仕　　　　　入	770,000
b	貸倒引当金繰入	28,000	貸 倒 引 当 金	28,000
c	減 価 償 却 費	81,000	備品減価償却累計額	81,000
d	有価証券評価損	60,000	有 価 証 券	60,000
e	前 払 保 険 料	120,000	保　険　料	120,000
f	消　耗　品	30,000	消 耗 品 費	30,000
g	支 払 利 息	4,000	未 払 利 息	4,000

(2)

精 算 表

令和○年12月31日

勘定科目	残高試算表 借方	残高試算表 貸方	整理記入 借方	整理記入 貸方	損益計算書 借方	損益計算書 貸方	貸借対照表 借方	貸借対照表 貸方
現　　　金	780,000						780,000	
当 座 預 金	3,314,000						3,314,000	
受 取 手 形	600,000						600,000	
売 　掛 　金	1,400,000						1,400,000	
貸 倒 引 当 金		72,000		28,000				100,000
有 価 証 券	2,250,000			60,000			2,190,000	
繰 越 商 品	830,000		770,000	830,000			770,000	
備　　　品	900,000						900,000	
備品減価償却累計額		162,000		81,000				243,000
支 払 手 形		900,000						900,000
買 　掛 　金		1,060,000						1,060,000
借 　入 　金		800,000						800,000
資 　本 　金		6,500,000						6,500,000
売 　　　上		5,320,000				5,320,000		
受 取 手 数 料		40,000				40,000		
仕 　　　入	3,930,000		830,000	770,000	3,990,000			
給 　　　料	480,000				480,000			
保 　険 　料	180,000			120,000	60,000			
消 耗 品 費	71,000			30,000	41,000			
雑 　　　費	87,000				87,000			
支 払 利 息	32,000		4,000		36,000			
	14,854,000	14,854,000						
貸倒引当金繰入			28,000		28,000			
減 価 償 却 費			81,000		81,000			
有価証券評価損			60,000		60,000			
前 払 保 険 料			120,000				120,000	
消 　耗 　品			30,000				30,000	
未 払 利 息				4,000				4,000
当 期 純 利 益					497,000			497,000
			1,923,000	1,923,000	5,360,000	5,360,000	10,104,000	10,104,000

 解説

b．貸 倒 見 積 額　（受取手形¥600,000 ＋売掛金¥1,400,000）× 5 ％ ＝ ¥100,000

c．減 価 償 却 費　$\dfrac{¥900,000 - ¥90,000}{10\,年} = ¥81,000$

d．有価証券評価損　¥7,300 × 300 株 － ¥2,250,000 ＝ － ¥60,000

e．前 払 保 険 料　$¥180,000 × \dfrac{8\,か月}{12\,か月} = ¥120,000$

2

(1)

	借　　方		貸　　方	
a	仕　　　　　入	1,240,000	繰　越　商　品	1,240,000
	繰　越　商　品	1,060,000	仕　　　　　入	1,060,000
b	貸倒引当金繰入	153,000	貸　倒　引　当　金	153,000
c	減　価　償　却　費	180,000	備品減価償却累計額	180,000
d	有価証券評価損	160,000	有　価　証　券	160,000
e	支　払　家　賃	52,000	未　払　家　賃	52,000
f	前　払　保　険　料	18,000	保　　険　　料	18,000
g	消　　耗　　品	20,000	消　耗　品　費	20,000

(2)

損　益　計　算　書

秋田商店　　令和○年1月1日から令和○年12月31日まで（単位：円）

費　用	金　額	収　益	金　額
売 上 原 価	12,100,000	売　上　高	14,900,000
給　　　料	1,670,000	受 取 利 息	72,000
貸倒引当金繰入	153,000		
減 価 償 却 費	180,000		
支 払 家 賃	312,000		
保　険　料	36,000		
消 耗 品 費	118,000		
雑　　　費	155,000		
有価証券評価損	160,000		
（当期純利益）	88,000		
	14,972,000		14,972,000

貸　借　対　照　表

秋田商店　　令和○年12月31日　　（単位：円）

資　産	金　額	負債および純資産	金　額
現　　金	489,000	買 掛 金	3,900,000
当 座 預 金	1,828,000	前 受 金	576,000
受取手形 (1,200,000)		従業員預り金	129,000
貸倒引当金 (60,000)	1,140,000	未 払 家 賃	52,000
売掛金 (4,400,000)		資 本 金	8,000,000
貸倒引当金 (220,000)	4,180,000	（当期純利益）	88,000
有 価 証 券	2,160,000		
商　　品	1,060,000		
消 耗 品	20,000		
貸 付 金	790,000		
前払保険料	18,000		
備品 (1,600,000)			
減価償却累計額 (540,000)	1,060,000		
	12,745,000		12,745,000

解説

b．貸倒見積額　（受取手形 ¥1,200,000 ＋売掛金 ¥4,400,000）× 5％ ＝ ¥280,000

c．減価償却費　$\dfrac{¥1,600,000 － ¥160,000}{8 年}$ ＝ ¥180,000

　　元帳勘定残高に備品減価償却累計額勘定があるので，間接法を用いていることがわかる。

d．有価証券評価損　¥5,400 × 400 株 － ¥2,320,000 ＝ － ¥160,000

f．前払保険料　$¥54,000 × \dfrac{4 か月}{12 か月}$ ＝ ¥18,000

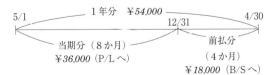

127

3

(1)

	借　　　　方		貸　　　　方	
a	仕　　　　　　入	1,700,000	繰　越　商　品	1,700,000
	繰　越　商　品	1,820,000	仕　　　　　　入	1,820,000
b	貸倒引当金繰入	69,000	貸　倒　引　当　金	69,000
c	減　価　償　却　費	225,000	備品減価償却累計額	225,000
d	消　　耗　　品	19,000	消　耗　品　費	19,000
e	前　払　保　険　料	14,000	保　　険　　料	14,000
f	支　払　家　賃	120,000	未　払　家　賃	120,000
g	未　収　利　息	27,000	受　取　利　息	27,000

(2)

損　益　計　算　書

四国商店　　令和○年1月1日から令和○年12月31日まで　（単位：円）

費　　用	金　　額	収　　益	金　　額
売 上 原 価	8,780,000	売　上　高	12,150,000
給　　料	1,480,000	受取手数料	143,000
貸倒引当金繰入	69,000	受 取 利 息	27,000
減 価 償 却 費	225,000		
支 払 家 賃	720,000		
保　険　料	42,000		
消 耗 品 費	52,000		
雑　　費	35,000		
（当期純利益）	917,000		
	12,320,000		12,320,000

貸　借　対　照　表

四国商店　　　　令和○年12月31日　　　（単位：円）

資　　産	金　　額	負債および純資産	金　　額
現　　金	508,000	支払手形	1,040,000
当座預金	2,070,000	買　掛　金	3,500,000
受取手形 (1,800,000)		前　受　金	170,000
貸倒引当金 (54,000)	1,746,000	所得税預り金	59,000
売掛金 (4,100,000)		未払家賃	120,000
貸倒引当金 (123,000)	3,977,000	資　本　金	6,000,000
商　　品	1,820,000	当期純利益	917,000
消　耗　品	19,000		
貸　付　金	1,200,000		
前払保険料	14,000		
未収利息	27,000		
備品 (2,000,000)			
減価償却累計額 (1,575,000)	425,000		
	11,806,000		11,806,000

 解説

b．貸倒見積額（貸倒引当金の金額）（¥1,800,000 ＋ ¥4,100,000）× 3% ＝ ¥177,000

　　貸倒引当金繰入　¥177,000 － ¥108,000 ＝ ¥69,000

c．減価償却費　$\dfrac{¥2,000,000 － ¥200,000}{8 年}$ ＝ ¥225,000

　　減価償却累計額　¥1,350,000 ＋ ¥225,000 ＝ ¥1,575,000

g．4月1日から12月31日までが未収となっているので，9か月分を計上することになる。

　　未収利息　$\dfrac{¥36,000}{12 か月}$ × 9か月 ＝ ¥27,000

けっして難問や奇問にこだわる必要はないよ。まずはこの問題集を解いてみて，わからない所は必ず復習しておこう。何事も基本が大事なんだ。そうすれば確実に合格できる!!

A2XTS